Flowers of Evil and Other Works

Les Fleurs du Mal et Oeuvres Choisies

A Dual-Language Book

Charles Baudelaire

EDITED AND TRANSLATED BY WALLACE FOWLIE

James B. Duke Professor of French
Duke University

WITH A CRITICAL INTRODUCTION, NOTES AND
GLOSSARY BY THE EDITOR

DOVER PUBLICATIONS, INC.
New York

This Dover edition, first published in 1992, is a slightly altered repub-
lication of *Flowers of Evil and Other Works / Les Fleurs du Mal et Oeuvres
Choisies: A Bantam Dual-Language Book*, published by Bantam Books,
Inc., New York, in 1964. In the present edition, the original Publisher's
Note has been omitted.

Manufactured in the United States of America
Dover Publications, Inc., 31 East 2nd Street, Mineola, N.Y. 11501

Library of Congress Cataloging-in-Publication Data

Baudelaire, Charles, 1821–1867.
   [Fleurs du mal. English & French]
   Flowers of evil and other works = Les fleurs du mal et oeuvres
choisies / Charles Baudelaire ; edited and translated by Wallace Fowlie ;
with an introduction, notes, and glossary by the editor. — Dover ed.
      p.   cm. — (A Dual-language book)
   Originally published: New York : Bantam Books, 1964.
   English and French.
   Includes bibliographical references.
   ISBN 0-486-27092-0 (pbk.)
   1. Baudelaire, Charles, 1821–1867—Translations into English.
I. Fowlie, Wallace, 1908–   . II. Title. III. Title: Fleurs du mal et
oeuvres choisies. IV. Series.
PQ2191.A2244   1992
841'.8—dc20   91-37863
                                         CIP

CONTENTS

INTRODUCTION

It has been claimed, notably by A. E. Housman in a Cambridge conversation with André Gide in 1917, that there is no tradition of French poetry comparable to that of England or Germany or Italy. Housman stated that between Villon and Baudelaire, during four hundred years, French poetry was given over to rhymed discourse, in which there was eloquence, wit, vituperation, pathos, but no poetry. Even the romantics, in their abundant lyricism, were denied a place among the legitimate poets.

Gide's first answer to this challenge was to acknowledge that perhaps the French as a nation do have a deficiency in lyric sentiment, but that this very deficiency accounts for the elaborate system of French prosody which developed during those four hundred years. The strict rules of versification, acting as constraints on the poets' spontaneity, caused poetry to be looked upon in France as a difficult art form, more rigorously perfected there than in other countries.

In answer to Housman's second point, "After all, what is poetry?" Gide turned to a definition of Baudelaire which is found in notes for a preface to the poet's own *Fleurs du Mal*. "Rhythm and rhyme," Baudelaire wrote, "answer man's immortal need for monotony and symmetry, as opposed to the vanity and danger of inspiration." This theory of Baudelaire, indicating that poetry is related to music in its prosody, which comes from the deepest and most primitive part of man's nature, is a theory bearing not only on the entire history of French poetry, but also on Baudelaire's own revolution in this history, on the significance of *Les Fleurs du Mal*.

The fate of the artist, the difficulty of existing as an artist in the modern world, the inevitable clash between the artistic temperament and the conventions of society, all are aspects of the same problem which the entire nineteenth century raised to a degree of eminence and which has continued to flourish in the twentieth century. Far more than a subject of mere sociological speculation, it has grown into a literary theme, a literary study of high importance. Baudelaire's name heads a distinguished list of writers who have incorporated this problem into their work: Mallarmé, Proust, Joyce, Henry James, Eliot. The list could easily be prolonged because almost no major writer of recent times has omitted discussion of the artist's role and his dilemma.

To Baudelaire's name is attached the exceptional degree of boldness with which he castigated the French under Louis-Philippe for the injustices they showed the artist. He protested with the same vehemence against the Americans for their treatment of Poe. It is in spite of themselves, he writes in his *Journaux Intimes*, that the nations of the world produce geniuses. The great man, in order to exist at all, has to possess strength and will power far greater than the strength and will power of the countless inhabitants of his country who are aligned against him.

After a century, Baudelaire appears to us today as a classical writer—classical not simply in the sense that he is established and recognized and studied in school programs, but classical in a far deeper sense. Readers of poetry and poets today admire many aspects of Baudelaire's poetry, but especially perhaps his lucidity, his power of analysis. In his poem *Bénédiction*, which is about the modern poet one hundred years ago, Baudelaire speaks of this poet's lucidity of thought, his *esprit lucide*. He is classical in his taste for a kind of analysis which offered him sources of poetry richer than a more purely romantic interest in nature and exoticism. *Les Fleurs du Mal* occupies such a central position in the history of modern poetry because it satisfies this need of analysis and exploration of man's consciousness

which the Frenchman has always demanded of his writers and even of his poets.

Baudelaire is classical also in the importance he places on the sense of order and architecture of a poem, as well as of a book of poems. One of the principal passions of the poet, according to Baudelaire, is the passion for order, for symmetry and structure. The writing of a poem is the discipline of form imposed upon emotion and experience and ideas. In this sense, the lyrics of Baudelaire are comparable to the speeches of a Racinian character, in which the formalized rhymed alexandrines impose a discipline and a clarification on sentiments and passions and action. Baudelaire professed an exalted belief in the will power of the artist. He practiced his will power, not in his personal life, but in the writing of his poems. *Il n'y a pas de hasard dans l'oeuvre d'art* ("There is no chance in a work of art"), he wrote in 1846. He admired Delacroix as the type of painter who joined to tremendous feeling and passion a willed consecration to work. The rules and constraints of art Baudelaire believed to be necessary for the full development and expression of originality. His famous definition of beauty is a classical precept. "Beauty," he says, "is the infinite in the finite." *C'est l'infini dans le fini.*

The influence of this basic or essential classicism of Baudelaire did not diminish during the symbolist period and during the past fifty years. If the term "classicism" is not used very much in the symbolist theories and treatises, it is there, somewhat disguised under newer and perhaps more psychological terms. Modern poetry presupposes a system of metaphysics. It affirms, first with the example of Baudelaire and later with the philosophy of Bergson, that the poet should place himself in the very center of what is real and merge his consciousness and his sensibility with the universe. Whereas the Parnassian poet, in his descriptions of the phenomena of the world, stays within the domain of the relative, the symbolist poet, taking Baudelaire as guide, tries to penetrate beyond the physical phenomena and reach what he calls the heart of reality. The goal of

symbolist poets—and here they repeat the classical ideal as redefined by Baudelaire—is the creation of beauty.

Valéry's temperament, and Baudelaire's before his, were exceptionally sensitive to formal beauty, to the plastic beauty of the human body, to the mysterious beauty of the sea, to the harmony of architectural forms. Both Baudelaire and Valéry argued that the poet's drama is the struggle that is constantly going on between his sensuality and his critical mind. Valéry, more cautiously than Baudelaire, admits such a term as "inspiration," but his aesthetics is based upon a study of those relationships implied in the opposite term, "calculation." He claimed that the great discovery of symbolism was the concept of "pure poetry" and ascribed this discovery to Baudelaire. The greatest poems of the past, the *Aeneid, De Natura Rerum, La Divina Commedia,* he would say, are contaminated with elements foreign to poetry. Toward the middle of the nineteenth century, especially in the work of Baudelaire and Poe, an effort was made to isolate poetry from all essences other than itself.

The three terms—classicism, romanticism and symbolism—have become, through the diligence of theorists and professors, almost too complex to be of much use. All three, in their basic meanings, have always existed, and often side by side, in far greater harmony than literary scholars would lead us to believe. All three terms have been applied to the art of Baudelaire. The particularly striking aspect of this achievement is the profound meaning, and not the cliché definition, of each school as it finds its justification in the author of *Les Fleurs du Mal.* The classical trait of this poet is his longing for perfection, his lifelong striving to discover the ideal form of art and beauty. Romanticism in Baudelaire is a revolt of those inner psychological potentialities which the classical ideal in its historical sense had seemingly repressed. This resurgence of the psyche was favored at the same time by a wave of idealism in Europe which was more or less mystical by nature. Romanticism was, at its beginnings and in the personal drama of Baude-

laire, a longing for the infinite, and lyricism was the natural form in which it expressed itself. Symbolism was already for Baudelaire what it was to be for the subsequent poets, a longing to reach the essence of poetry, to reach the subconscious and thus to enter into communication with supreme Reality.

"Baudelairism" has become a frequently used term in modern criticism. It involves many matters which are difficult to define briefly: attitudes of the dandy and the dilettante, an attraction to the unhealthy and the morbid, habits of provocation and scorn. Rimbaud's celebrated claim, in his *Lettre du Voyant*, that Baudelaire was the "first *voyant*, the king of poets, a true god," has been steadily offset in recent years by the more human and perhaps more profound judgment that Baudelaire was essentially a man who felt the contradictions of his nature more acutely than most, who waged a spiritual struggle between the opposing forces of his greatness and his weakness, and who engaged his entire being in what may be called the adventure of poetry. In asking of poetry a solution to his personal dilemmas, he was forging a union between poetry and philosophy which has grown into the principal ambition of modern poetry.

Long before the publication of *Les Fleurs du Mal* in 1857, Baudelaire had been looked upon in Paris as a dandy, and, more than that, as a mystifier, and, more even than that, as a poet who wrote about vermin, rotting bodies, assassins and worms. Two years earlier, in 1855, eighteen of his most remarkable poems were published in *La Revue des Deux Mondes* and called forth virulent and vituperative attacks. At the poet's death, in 1867, his obituaries stressed sensational details in his life, his eccentricities, his diabolism, his dandyism. It is true that Baudelaire lived the role of dandy in the Hôtel Lauzun on the Ile-Saint-Louis, that he often shocked the French bourgeoisie with his immorality and cynicism, that he cultivated an attitude toward Satanism and the Gothic tale or *roman noir*. But today, thanks to the accessibility of all of his writings, we know that far

more important than the exterior dandyism of his appearance and behavior was the "inner dandyism" of his spirit, his feelings of horror and ecstasy which made him into an instrument of supernatural forces, both good and evil. Baudelaire is the first "modern poet," not because of his behavior and dress, but because of his awareness of disorder in the world and in himself. Satanism is at the center of his work, not by histrionic black-magic values, but by the poet's horror of man's fate and his obsession over guilt. The pathology of Baudelaire's sado-masochism has been elaborately studied in recent years, but it reveals very little unless it is considered in terms of his entire spiritual drama.

The official academic criticism, as late as 1885, looked upon Baudelaire essentially as a monster. The essay of Paul Bourget in that year was one of the first to try to understand the poet's character and the particular qualities of his art. Since that time, the scrupulous investigations of Eugène and Jacques Crépet and of other scholars have gradually corrected the legends of a satanic and perverted Baudelaire. The first unjust criticism of Baudelaire named him the leading exponent of sacrilege and blasphemy, as easily as it named Poe a dipsomaniac, Verlaine a vagabond, Mallarmé an incomprehensible poet. Today we know that Baudelaire the sarcastic dandy, as he appeared to so many of his contemporaries —he in fact did a great deal to encourage this opinion, it must be said—was in reality an object of compassion.

Today we know something of the remarkable lineage of poets founded by Baudelaire: Rimbaud, Lautréamont and the surrealists, for whom true reality is in dreams— not the ordinary dream, but the "hieroglyphic" dream, which is a way of knowledge and a mode of perception. "Limbus" was one of the early titles for Les Fleurs du Mal. It is the state of Baudelaire's intense nostalgia, a fourth state, outside the suffering of hell, the hope of purgatory and the joy of paradise. For the psychologist, such a place could easily represent a memory of the womb, a desire to know again that kind of peacefulness. Yet Baudelaire's own lesson about the poet has

taught the modern reader how to consider his own work. Out of all his complex of experience, of longing, of voyage and suffering, Baudelaire created the very positive, the very real poems. He was courageously and uninterruptedly the poet, convinced of his vocation. In fact, he was so unswervingly the poet that he was never concerned with formulating a system or a philosophy.

During the 1920s Baudelaire was praised with great fervor for the first time by a large number of men of letters, by creative writers and thinkers such as Gide in his *Journal* and essays, Suarès in a study of the poet's personal drama, Du Bos in his celebrated *Meditation on the Life of Baudelaire*, and Valéry in an essay ultimately printed in *Variété*. This attention carried over through the 1930s in France and America, where T. S. Eliot's two essays called attention to the French poet. The decade of the 1940s was extraordinarily dominated in France by Mallarmé; a semi-official biography appeared at that time, as well as critical monographs and exegeses. The public in France who would normally have been reading Baudelaire turned to Mallarmé and the strange fascination of deciphering the difficult sonnets. In the 1950s three or four newer poets have been closely read: Eluard, Char, Ponge, Saint-John Perse, but in company with them Baudelaire seems to have been reinstated after having passed through a slight eclipse. The renewed and continued interest in Baudelaire parallels the new interest, both historical and philosophical, in the origins and meanings of the romantic movement in Europe.

When Baudelaire was writing his earliest poems, about 1845, his principal references and directions came from romanticism. He felt a close affinity with the enthusiasms of Gautier and Banville, with the esoteric interests of Nerval, with the macabre audacities of Pétrus Borel. These men, more than the so-called leaders of the romantic movement—Hugo, Lamartine, Vigny— helped Baudelaire to define modern art by its secrecy, its spirituality, its aspiration toward the infinite. He was among the first to define romanticism as a way of feel-

ing (*une manière de sentir*). The examples of Delacroix, Poe and Wagner, as well as the more philosophical Swedenborg and Joseph de Maistre, confirmed the intuitions of Baudelaire concerning the modern form of melancholy and nostalgia. In his search for beauty through the "forests of symbols," where every element is hieroglyph, he practiced the art of symbolism instinctively long before it reached its consecration in theory and manifesto.

For many Americans, Baudelaire is still the French poet who was influenced by Poe and who exaggerated the importance of Poe. On a recent visit to the United States, Mme Simone de Beauvoir had many literary conversations with American writers; she said that the same names kept recurring in these conversations—Melville, Hawthorne, Thoreau, James, Faulkner. Never was Poe mentioned, and Mme de Beauvoir finally concluded that Americans now consider Poe a French writer! Recent discoveries of Professor W. T. Bandy, of the University of Wisconsin, have confirmed beliefs of French scholars that Poe exerted no influence on Baudelaire's poetry. In fact, Baudelaire had written most of his poetry before he began reading and translating Poe. Henry James' unjust attack on Poe established to a considerable degree the fate of Poe in American letters. But in the recent criticism of Malcolm Cowley and Edmund Wilson and Allen Tate, the attitudes of Baudelaire on Poe have been revindicated. Baudelaire recognized himself in the American poet. He translated Poe because of their common traits: hysteria, which often replaced the free functioning of the will; a lack of harmony between the nervous tensions and the intellect; a scorn for the concept of progress and for the materialism of their century; a love for the secrecy and the suggestiveness of dreams. The psychological analyses of Laclos, the prose style of Chateaubriand, the philosophy of Joseph de Maistre probably exerted a far deeper influence on Baudelaire than any aspect of Poe's writing. But the American poet had for the Frenchman the power of a myth, and the particular significance which Baudelaire

found in Poe was to play an important role in the development of Mallarmé's genius and Valéry's.

In France today—and this is generally true for the past quarter of a century—the most persistent problem in Baudelaire criticism concerns the poet's spirituality and religious drama. Many of the Catholic writers— Stanislas Fumet, Charles Du Bos, Jean Massin—have pointed out that Baudelaire addresses the fundamental part of his message to Christians and that without Catholic dogma Les Fleurs du Mal would not have been written. Contradictions which obscure every phase of the study of Baudelaire are particularly forceful in the problem of his religious experience. His Christianity is constantly being contradicted by his eroticism, his pride, his blasphemies. Passages in letters to his mother reveal even a doubt concerning the existence of a personal God.

Baudelaire's theory about the beautiful and about the distinction between art and morality have often been discussed but have never received the extensive critical treatment they deserve. He was always struck by the very special privilege given to beauty to survive moral deficiencies. He certainly believed, with many modern aestheticians, that a blasphemous idea in a line of poetry did not necessarily diminish the formal beauty of the line. He would accept the belief that beauty may continue within the realm of evil. Baudelaire's theory may one day be studied in its relationship to Plato and the doctrine exposed especially in the Phaedrus that beauty is a mark left on the soul which the soul never loses no matter how low it may sink.

At the time of Les Fleurs du Mal, philosophers had been quite humbled in the presence of the positivistic scientists. Baudelaire's revelation of poetry revindicated belief in the spiritual destiny of man. His example and his art convinced his readers that man has the right to ask of poetry the solution to the problems of human destiny. The poets of his day, the Parnassians, were creating a purely descriptive art of exterior concrete objects. Baudelaire's revelation was to provide a metaphysical conception of the same universe. His famous

sonnet on synesthesia and symbolism, *Les Correspondances*, reassigned to the poet his ancient role of *vates*, of soothsayer, who by his intuition of the concrete, of immediately perceived things, is led to the idea of those things, to the intricate system of "correspondences." The sonnet was to become the principal key to symbolism as defined by subsequent poets. Already, for Baudelaire, nature is a word, an allegory. To the poet is revealed the "dark deep unison" (*une ténébreuse et profonde unité*) which is the unison of the sensible and spiritual universes. The experience of the poet is the participation of all things invading him, with their harmonies and analogies. They bear the sign of the First Word, of their original Unity.

Baudelaire was obsessed by a small number of problems to which he returned ceaselessly. They were all present in him at the beginning of his career and all present in his earliest poems. Baudelaire is not one of those writers who evolve drastically and whose art can be divided into chronological periods. He died at the age of forty-six, after passing through a year of almost total silence. His death was far more tragic than that of Nietzsche and Nerval, with which it has been often compared, because through the period of muteness and paralysis Baudelaire maintained his lucidity. It was the last escape in his life, the final phase of what he called in one of his most important poems (which he placed as conclusion in the second edition of his book), *Le Voyage*. The poem is a poignant piece on Baudelaire's effort to find order in himself and in the world. It summarizes all aspects of *Les Fleurs du Mal:* its saturnine and orgiastic aspects and its melancholy. His is not the book for the peaceful reader. His poetry is addressed solely to those for whom nothing is more noble than the knowing of a man's heart. Jacques Rivière begins his essay on Baudelaire with the sentence, *Il est parmi nous.* It is still remarkably true that from all the adventures of his heart which form the subject matter of *Les Fleurs du Mal,* Baudelaire re-establishes a vital contact with his reader. His poetry is so exclusively of confession

that the responsibility of the reader often becomes unbearable.

The example of Baudelaire has collected around his name other poetic geniuses—Nerval, Rimbaud and Mallarmé, all of whom are similar in being artists suspended over an abyss. *Le gouffre*, which Baudelaire wrote about, is one of the clues to his spirituality which we are just beginning today to comprehend in our own terms. This spirituality, in its metaphor of abyss, is an ambiguous dimension, a distance both physical and psychic which separates Baudelaire from things in the world and from himself. The ambiguity of this distance lies in the fact that it may be crossed, that its expanse may be peopled, and hence serve as that dimension which will ultimately unite Baudelaire with himself and with all things in the world. Baudelaire felt this ambiguity as poignantly as he felt the dual function of any great work of literature which leads us simultaneously toward a depth of obscurity and a fresh insight into that very obscurity as it deepens.

Some years seem to count more than others in the development of the creative human spirit. The year 1857 gave to France *Madame Bovary*, which was promptly condemned, and a few months later, *Les Fleurs du Mal*, which was also condemned. It was the year when Dostoievsky and Tolstoi received their first real recognition and when Richard Wagner completed the second act of *Tristan*. Today *Les Fleurs du Mal* is one of the most frequently edited books in world literature (the claim is made that it is the most often edited book after the Bible). It is undoubtedly the book translated into the largest number of languages during the past fifty years. How can this phenomenon be explained? It would almost seem that Baudelaire has become the poet we cannot escape from. All civilized Europeans not only know his name, but also read him. His art is a communication between himself and his reader. In it he identifies his reader with himself. The introductory poem, *Au lecteur*, which is a study of modern man's

spiritual malady, an analysis of his famous *ennui*, ends with the challenging apostrophe, *Hypocrite lecteur, mon semblable, mon frère.* It is a line which Eliot takes over whole into *The Waste Land.*

In *L'Albatros*, one of his easiest and most frequently anthologized poems, Baudelaire projects the story of his deepest drama. The poet is caught by the world as the albatross is caught on the deck of a ship. His large wings, which are the source of his strength and beauty in the air, make it impossible for him to rise when he is placed on the deck. Baudelaire turns the drama into an almost comic picture of frustration. He makes his personal tragedy of a poet, which is the constant fear of sterility, into an almost ludicrous caricature. This most personal tragedy of the poet which is aesthetic in its search for perfection and spiritual in its restless agitation, far outdistances the lesser conflicts in Baudelaire's life: his endless arguments with his mother; the long, more than fifteen years' liaison with Jeanne Duval, who was, as far as can be ascertained, a stupid unfeeling companion; his constant fights with creditors and notaries; his struggles with a hostile press.

How can Baudelaire's art be described? His kind of poetic beauty is the hardest to create. It is the most perfected, the most rewritten; it starts from hard complex notions and proceeds to reach a total simplicity of form and rhetoric. It is true there are weak and imperfect lines in Baudelaire, but his best lines are among the greatest in French, equal to the greatest lines of Racine, Rimbaud, Mallarmé. The final line, for example, of *Recueillement*, where the poet asks his grief to listen to the moving of night:

Entends, ma chère, entends la douce nuit qui marche.

The fourth line in the poem written about his old nurse Mariette, when he thinks of the suffering of the dead:

Les morts, les pauvres morts, ont de grandes douleurs.

The line in the love sonnet, *Semper Eadem,* when the poet asks permission to allow his heart to fall in love with a lie:

Laissez, laissez mon coeur s'enivrer d'un mensonge.

Baudelaire never describes in his poetry. He transforms his visions into sentiments. And yet he is not sentimental; he is passionate. He is closer to us than Hugo and the other romantics, closer to us than Ronsard and the Pléiade poets, because he is representative of elements which French poetry did not have before him and which are today defended and fought over. Baudelaire believed in the absolute autonomy of the imagination which he looked upon as the highest faculty of the human spirit. His teaching on this point has had as much effect on painting as on poetry. His belief about poetry is as far from the theory of art for art's sake as it is from the utilitarian theory of art. For us, in 1964, Baudelaire has grown into what he was in 1857, but not recognized then as such, the pure artist. A pure artist attached to a tragedy so concealed that it has no name. A rebel of a revolt that no political party could profit from. The elements of pathos in the poems are so universal and so humble that we can easily fraternize with this poet, as we read in his work of the indefinable sadness of a large city, the dreams and idealizations of a drunkard, the heart of an old servant woman. Whatever can be called metaphysical suffering in Baudelaire is so joined with daily anguish of the most commonplace kind that one illuminates the other and provides an experience of warmth and love which already in our modern critical jargon we refer to as "Baudelairian."

It is difficult to speak lucidly of Baudelaire's extraordinary heroism. It has to do with an aspect of his temperament and themes of his work which are usually described as morbid and pathological. Baudelaire has been psychoanalyzed, first by a famous doctor, René Laforgue, and recently by Jean-Paul Sartre. But before these writers, Baudelaire psychoanalyzed himself with

his usual lucidity, and derived a principle which psycho-analysis has extolled. The principle of compensation. *Tout mystique a un vice caché, souvent très matériel . . .* His childhood love, his pure love for his mother, *le vert paradis des amours enfantines* never left his thought for long. This carefully protected memory of early happiness led him to write that poetry is childhood willfully recovered (*l'enfance retrouvée à volonté*). Baudelaire defines genius as childhood lucidly formulated (*l'enfance nettement formulée*). This thought corresponds to Stendhal's definition, which Baudelaire liked: "Art is a promise of happiness."

The happiness which Baudelaire as a child felt when he was alone with his mother was an experience which continued to count throughout his life. It explains for the student of Baudelaire many things without placing undue emphasis on psychoanalysis. It explains notably Baudelaire's attitude toward woman. It explains the traumatic moment when the mother remarried, when in Baudelaire's prose poem the toy of the rich child turns into the living rat of the poor child. Baudelaire's so-called Satanism did not derive from Byron but from his own experience, from his own existence. Most of the events of his life can be thus accounted for as if he lived a labyrinthine drama of which the thread was the lost childhood. It turned him into a déclassé, a pariah, a man expelled from Paradise. Some of the highest creations of his mind may be looked upon today as means he invented by which to recover this Paradise.

School after school of poets have chosen objects which seemed at the time distinctive and privileged. Voiture and other *précieux* poets favored chains and fires of love, the blushing dagger, compendious oceans (to designate tears). Hugo and the romantics chose twilight, stars, meadows. The emblems of Mallarmé and the symbolists were vases, swans, jewels. But what of *Les Fleurs du Mal*? Baudelaire described a world as unpoetic, in the traditional sense, as possible. The words he chose were: skeletons, cemeteries, barracks, hovels, prostitutes, gamblers, clowns. Baudelaire's art involved the

creation of their beauty. But they were the words relating to his most personal experience. It was undeniably an experience in pessimism. Baudelaire had a distinct distaste for the advocates of optimism, for those who denied the existence of evil or who justified it, or for those who dissimulated it under concepts of evolution and racial perfectibility. In distinguishing himself from these advocates, Baudelaire became the poet and the thinker of our age, of what we like to call modernity.

BAUDELAIRE

POEMS
PROSE POEMS
CRITICAL WRITINGS
PERSONAL JOURNALS
LETTERS

LES FLEURS DU MAL[1]

AU LECTEUR

La sottise, l'erreur, le péché, la lésine,
Occupent nos esprits et travaillent nos corps,
Et nous alimentons nos aimables remords,
Comme les mendiants nourrissent leur vermine.

Nos péchés sont têtus, nos repentirs sont lâches;
Nous nous faisons payer grassement nos aveux,
Et nous rentrons gaiement dans le chemin bourbeux,
Croyant par de vils pleurs laver toutes nos taches.

Sur l'oreiller du mal c'est Satan Trismégiste
Qui berce longuement notre esprit enchanté,
Et le riche métal de notre volonté
Est tout vaporisé par ce savant chimiste.

C'est le Diable qui tient les fils qui nous remuent!
Aux objets répugnants nous trouvons des appas;
Chaque jour vers l'Enfer nous descendons d'un pas,
Sans horreur, à travers des ténèbres qui puent.

Ainsi qu'un débauché pauvre qui baise et mange
Le sein martyrisé d'une antique catin,
Nous volons au passage un plaisir clandestin
Que nous pressons bien fort comme une vieille orange.

Serré, fourmillant, comme un million d'helminthes,
Dans nos cerveaux ribote un peuple de Démons,
Et, quand nous respirons, la Mort dans nos poumons
Descend, fleuve invisible, avec de sourdes plaintes.

Si le viol, le poison, le poignard, l'incendie,
N'ont pas encor brodé de leurs plaisants dessins
Le canevas banal de nos piteux destins,
C'est que notre âme, hélas! n'est pas assez hardie.

[1] All the notes are at the end of the volume.

FLOWERS OF EVIL

TO THE READER

Folly, error, sin and avarice
Occupy our minds and waste our bodies,
And we feed our polite remorse
As beggars feed their lice.

Our sins are stubborn, our repentance is cowardly;
We ask high prices for our vows,
And we gaily return to the muddy road,
Believing we will wash away all our spots with vile tears.

On the pillow of evil it is Thrice-Great Satan
Who endlessly rocks our bewitched mind,
And the rich metal of our will
Is vaporized by that wise chemist.

It is the Devil who pulls the strings that move us!
In repulsive objects we find enticing lures;
Each day we go down one more step toward Hell,
Without horror, through the darkness which smells rank.

Just as a lustful pauper who kisses and bites
The martyred breast of an aged whore,
We steal, as we move along, a clandestine pleasure
Which we squeeze hard like an old orange.

Packed tight and swarming like a million maggots,
A crowd of Demons carouse in our brains,
And, when we breathe, Death into our lungs
Descends, an invisible river, with heavy wailings.

If rape, poison, the knife and arson
Have not yet woven with their pleasing patterns
The banal canvas of our pitiful fate,
It is because our soul, alas, is not bold enough.

Mais parmi les chacals, les panthères, les lices,
Les singes, les scorpions, les vautours, les serpents,
Les monstres glapissants, hurlants, grognants, rampants,
Dans la ménagerie infâme de nos vices,

Il en est un plus laid, plus méchant, plus immonde!
Quoiqu'il ne pousse ni grands gestes ni grands cris,
Il ferait volontiers de la terre un débris
Et dans un bâillement avalerait le monde;

C'est l'Ennui!—l'oeil chargé d'un pleur involontaire,
Il rêve d'échafauds en fumant son houka.
Tu le connais, lecteur, ce monstre délicat,
—Hypocrite lecteur,—mon semblable,—mon frère!

BÉNÉDICTION

Lorsque, par un décret des puissances, suprêmes,
Le Poëte apparaît en ce monde ennuyé,
Sa mère épouvantée et pleine de blasphèmes
Crispe ses poings vers Dieu, qui la prend en pitié:

—"Ah! que n'ai-je mis bas tout un noeud de vipères,
Plutôt que de nourrir cette dérision!
Maudite soit la nuit aux plaisirs éphémères
Où mon ventre a conçu mon expiation!

Puisque tu m'as choisie entre toutes les femmes
Pour être le dégoût de mon triste mari,
Et que je ne puis pas rejeter dans les flammes,
Comme un billet d'amour, ce monstre rabougri,

Je ferai rejaillir ta haine qui m'accable
Sur l'instrument maudit de tes méchancetés,
Et je tordrai si bien cet arbre misérable,
Qu'il ne pourra pousser ses boutons empestés!"

Elle ravale ainsi l'écume de sa haine,
Et, ne comprenant pas les desseins éternels,
Elle-même prépare au fond de la Géhenne
Les bûchers consacrés aux crimes maternels.

Pourtant, sous la tutelle invisible d'un Ange,
L'Enfant déshérité s'enivre de soleil,

But among the jackals, panthers, bitches,
Monkeys, scorpions, vultures, serpents,
The monsters squealing, yelling, grunting, crawling
In the infamous menagerie of our vices

There is one uglier, more wicked and more foul than all!
Although he does not make great gestures or great cries,
He would gladly make the earth a shambles
And swallow the world in a yawn;

It is boredom! his eyes weeping an involuntary tear,
He dreams of gibbets as he smokes his hookah.
You know him, reader, this delicate monster,
—Hypocrite reader—my twin—my brother!

THE BLESSING

When, by a decree of the sovereign powers,
The Poet comes into this bored world,
His mother, terrified and full of blasphemy,
Clenches her fists toward God, who has pity on her:

"Ah, why didn't I litter a nest of vipers,
Rather than give birth to this mockery?
A curse on that night with its fleeting pleasures
When my womb conceived my expiation!

Since you chose me from among all women
To be the disgust of my disappointed husband,
And since I cannot throw back into the fire
This weak monster, like a love letter,

I will make your hate which stifles me gush forth
On the accursed instrument of your plottings,
And I will twist this wretched tree so far
That its blighted buds will not grow!"

Thus she swallows the foam of her hate,
And, without understanding the eternal designs,
She prepares in the pit of Hell
The pyres consecrated to the crimes of a mother.

Meanwhile, under the invisible care of an Angel,
The disinherited Child is intoxicated with sunlight,

Et dans tout ce qu'il boit et dans tout ce qu'il mange
Retrouve l'ambroisie et le nectar vermeil.

Il joue avec le vent, cause avec le nuage,
Et s'enivre en chantant du chemin de la croix;
Et l'Esprit qui le suit dans son pèlerinage
Pleure de le voir gai comme un oiseau des bois.

Tous ceux qu'il veut aimer l'observent avec crainte,
Ou bien, s'enhardissant de sa tranquillité,
Cherchent à qui saura lui tirer une plainte,
Et font sur lui l'essai de leur férocité.

Dans le pain et le vin destinés à sa bouche
Ils mêlent de la cendre avec d'impurs crachats;
Avec hypocrisie ils jettent ce qu'il touche,
Et s'accusent d'avoir mis leurs pieds dans ses pas.

Sa femme va criant sur les places publiques:
"Puisqu'il me trouve assez belle pour m'adorer,
Je ferai le métier des idoles antiques,
Et comme elles je veux me faire redorer;

Et je me soûlerai de nard, d'encens, de myrrhe,
De génuflexions, de viandes et de vins,
Pour savoir si je puis dans un coeur qui m'admire
Usurper en riant les hommages divins!

Et, quand je m'ennuierai de ces farces impies,
Je poserai sur lui ma frêle et forte main;
Et mes ongles, pareils aux ongles des harpies,
Sauront jusqu'à son coeur se frayer un chemin.

Comme un tout jeune oiseau qui tremble et qui palpite,
J'arracherai ce coeur tout rouge de son sein,
Et, pour rassasier ma bête favorite,
Je le lui jetterai par terre avec dédain!"

Vers le Ciel, où son oeil voit un trône splendide,
Le Poëte serein lève ses bras pieux,
Et les vastes éclairs de son esprit lucide
Lui dérobent l'aspect des peuples furieux:

—"Soyez béni, mon Dieu, qui donnez la souffrance
Comme un divin remède à nos impuretés

And in all he drinks and in all he eats
Discovers ambrosia and vermillion nectar.

He plays with the wind, talks with the cloud,
And singing revels in the way of the cross;
And the Spirit following him in his pilgrimage
Weeps at seeing him happy as a bird in the forest.

All those he would love look at him with fear,
Or, emboldened by his calm manner,
Vie with one another in drawing from him a complaint
And practice on him the experiments of their cruelty.

In the bread and wine destined for his mouth
They mingle ashes with filthy spittings;
Hypocritically they throw away what he touches,
And blame themselves for stepping where he stepped.

His wife cries in the public places:
"Since he finds me beautiful enough to worship,
I will take on the profession of ancient idols,
And like them I will cover my body with gold;

And I will get drunk on nard, incense, myrrh,
Genuflections, meats and wines,
To learn if I can from an admiring heart
Laughingly usurp the homage of the gods!

And, when I am bored with these impious farces,
I will lay on him my frail and strong hand;
And my nails, like the nails of harpies,
Will dig a path to his heart.

Like a very young bird trembling and palpitating
I will pull that red heart out from his breast,
And, in order to satiate my favorite beast,
Scornfully I will throw it to him on the ground!"

Toward Heaven, where his eyes see a shining throne,
The serene Poet raises his reverent arms,
And the vast visions of his lucid mind
Shut off from him the sight of cruel races:

"Be blessed, my Lord, who give suffering
As a divine remedy for our impurities

Et comme la meilleure et la plus pure essence
Qui prépare les forts aux saintes voluptés !

Je sais que vous gardez une place au Poëte
Dans les rangs bienheureux des saintes Légions,
Et que vous l'invitez à l'éternelle fête
Des Trônes, des Vertus, des Dominations.

Je sais que la douleur est la noblesse unique
Où ne mordront jamais la terre et les enfers,
Et qu'il faut pour tresser ma couronne mystique
Imposer tous les temps et tous les univers.

Mais les bijoux perdus de l'antique Palmyre,
Les métaux inconnus, les perles de la mer,
Par votre main montés, ne pourraient pas suffire
A ce beau diadème éblouissant et clair;

Car il ne sera fait que de pure lumière,
Puisée au foyer saint des rayons primitifs,
Et dont les yeux mortels, dans leur splendeur entière,
Ne sont que des miroirs obscurcis et plaintifs!"

L'ALBATROS

Souvent, pour s'amuser, les hommes d'équipage
Prennent des albatros, vastes oiseaux des mers,
Qui suivent, indolents compagnons de voyage,
Le navire glissant sur les gouffres amers.

A peine les ont-ils déposés sur les planches,
Que ces rois de l'azur, maladroits et honteux,
Laissent piteusement leurs grandes ailes blanches
Comme des avirons traîner à côté d'eux.

Ce voyageur ailé, comme il est gauche et veule!
Lui, naguère si beau, qu'il est comique et laid!
L'un agace son bec avec un brûle-gueule,
L'autre mime, en boitant, l'infirme qui volait!

Le Poëte est semblable au prince des nuées
Qui hante la tempête et se rit de l'archer;
Exilé sur le sol au milieu des huées,
Ses ailes de géant l'empêchent de marcher.

And as the best and the purest essence
Which prepares the strong for holy ecstasies!

I know that you keep a place for the Poet
In the blessed ranks of the holy legions,
And that you invite him to the eternal feast
Of Thrones, Virtues and Dominations.

I know that suffering is the one nobility
Where the earth and hell will have no effect,
And that in order to weave my mystic crown
All times and all worlds must be used.

But the lost jewels of ancient Palmyra,
The unknown metals, the pearls of the sea,
Mounted by your hand, could not suffice
For this handsome diadem shining and clear;

For it will be made only of pure light,
Drawn from the holy hearth of primal rays,
And to which mortal eyes, in their full splendor,
Are but tarnished and sad mirrors!"

THE ALBATROSS

Often, as an amusement, crewmen
Catch albatrosses, huge birds of the sea,
Who follow, indolent companions of the voyage,
The ship gliding over the salty deeps.

As soon as they have placed them on the deck,
These kings of the sky, awkward and ashamed,
Pitiably let their large white wings
Drag at their sides like oars.

This winged voyager, how gauche and weak he is!
Once so handsome, how comic and ugly he is!
One sailor irritates his beak with a pipestem,
Another mimes, as he limps, the invalid who once flew!

The Poet is like the prince of the clouds,
Who haunts the tempest and mocks the archer;
Exiled on the earth in the midst of derision,
His giant wings keep him from walking.

ELÉVATION

Au-dessus des étangs, au-dessus des vallées,
Des montagnes, des bois, des nuages, des mers,
Par delà le soleil, par delà les éthers,
Par delà les confins des sphères étoilées,

Mon esprit, tu te meus avec agilité,
Et, comme un bon nageur qui se pâme dans l'onde,
Tu sillonnes gaiement l'immensité profonde
Avec une indicible et mâle volupté.

Envole-toi bien loin de ces miasmes morbides;
Va te purifier dans l'air supérieur,
Et bois, comme une pure et divine liqueur,
Le feu clair qui remplit les espaces limpides.

Derrière les ennuis et les vastes chagrins
Qui chargent de leur poids l'existence brumeuse,
Heureux celui qui peut d'une aile vigoureuse
S'élancer vers les champs lumineux et sereins!

Celui dont les pensers, comme des alouettes,
Vers les cieux le matin prennent un libre essor,
—Qui plane sur la vie, et comprend sans effort
Le language des fleurs et des choses muettes!

CORRESPONDANCES[2]

La Nature est un temple où de vivants piliers
Laissent parfois sortir de confuses paroles;
L'homme y passe à travers des forêts de symboles
Qui l'observent avec des regards familiers.

Comme de longs échos qui de loin se confondent
Dans une ténébreuse et profonde unité,
Vaste comme la nuit et comme la clarté,
Les parfums, les couleurs et les sons se répondent.

Il est des parfums frais comme des chairs d'enfants,
Doux comme les hautbois, verts comme les prairies,
—Et d'autres, corrompus, riches et triomphants,

ELEVATION

Above ponds, above valleys,
Mountains, woods, clouds, seas,
Beyond the sun, beyond the ether,
Beyond the limits of the starry spheres,

My spirit, you move with agility,
And, like a good swimmer who collapses in the water,
You gaily furrow the deep expanse
With an unspeakable male delight.

Fly far away from these fetid marshes;
Purify yourself in the upper air,
And drink, like some pure divine liqueur,
The clear fire that fills the limpid spaces.

Behind the boredom and endless cares
Which burden our fogged existence with their weight,
Happy is the man who can with vigorous wing
Mount to those luminous serene fields!

The man whose thoughts, like larks,
Take liberated flight toward the morning skies
—Who hovers over life and understands without effort
The language of flowers and voiceless things!

CORRESPONDENCES

Nature is a temple where living pillars
At times allow confused words to come forth;
There man passes through forests of symbols
Which observe him with familiar eyes.

Like long echoes which in a distance are mingled
In a dark and profound unison
Vast as night is and light,
Perfumes, colors and sounds answer one another.

There are perfumes as cool as the flesh of children,
Sweet as oboes, green as prairies
—And others, corrupt, rich and triumphant,

Ayant l'expansion des choses infinies,
Comme l'ambre, le musc, le benjoin et l'encens,
Qui chantent les transports de l'esprit et des sens.

LES PHARES

Rubens, fleuve d'oubli, jardin de la paresse,
Oreiller de chair fraîche où l'on ne peut aimer,
Mais où la vie afflue et s'agite sans cesse,
Comme l'air dans le ciel et la mer dans la mer;

Léonard de Vinci, miroir profond et sombre,
Où les anges charmants, avec un doux souris
Tout chargé de mystère, apparaissent à l'ombre
Des glaciers et des pins qui ferment leur pays;

Rembrandt, triste hôpital tout rempli de murmures,
Et d'un grand crucifix décoré seulement,
Où la prière en pleurs s'exhale des ordures,
Et d'un rayon d'hiver traversé brusquement;

Michel-Ange, lieu vague où l'on voit des Hercules
Se mêler à des Christs, et se lever tout droits
Des fantômes puissants qui dans les crépuscules
Déchirent leur suaire en étirant leurs doigts;

Colères de boxeur, impudences de faune,
Toi qui sus ramasser la beauté des goujats,
Grand coeur gonflé d'orgueil, homme débile et jaune,
Puget, mélancolique empereur des forçats;

Watteau, ce carnaval où bien des coeurs illustres,
Comme des papillons, errent en flamboyant,
Décors frais et légers éclairés par des lustres
Qui versent la folie à ce bal tournoyant;

Goya, cauchemar plein de choses inconnues,
De foetus qu'on fait cuire au milieu des sabbats,

De vieilles au miroir et d'enfants toutes nues,
Pour tenter les démons ajustant bien leurs bas;

Delacroix, lac de sang hanté des mauvais anges,
Ombragé par un bois de sapins toujours vert,

Having the expansion of infinite things,
Like amber, musk, myrrh and incense,
Which sing of the transports of the mind and the senses.

BEACONS

Rubens, river of forgetfulness, garden of idleness,
Pillow of cool flesh where one cannot love,
But where life abounds and writhes ceaselessly,
Like air in the sky and the sea in the sea;

Leonardo da Vinci, deep and dark mirror,
Where charming angels, with a sweet smile
Charged with mystery, appear under the shadow
Of glaciers and pines which shut in their country;

Rembrandt, sad hospital filled with murmurings,
And decorated only with a large crucifix,
Where tearful prayers are exhaled from excrement
And abruptly crossed by a winter ray;

Michelangelo, vague place where are seen Hercules
Mingling with Christs, and rising upright
Powerful phantoms which at twilight
Rip open their shrouds when they stretch their fingers;

Anger of the wrestler, impudence of the faun,
You who collected the beauty of soldiers,
Noble heart swollen with pride, weak jaundiced man,
Puget, melancholy emperor of convicts;

Watteau, that carnival where many illustrious hearts,
Like moths, wander as flames catch them,
Fresh, light decors illuminated by chandeliers
Which pour madness over the turning dance;

Goya, nightmare filled with unknown things,
With foetuses which are cooked in the midst of a witch's
        feast,
Of old women at a mirror and naked girls
Adjusting their stockings to tempt the demons;

Delacroix, lake of blood haunted by evil angels,
Under the shadow of a green forest of firs,

Où, sous un ciel chagrin, des fanfares étranges
Passent, comme un soupir étouffé de Weber;

Ces malédictions, ces blasphèmes, ces plaintes,
Ces extases, ces cris, ces pleurs, ces *Te Deum*,
Sont un écho redit par mille labyrinthes;
C'est pour les coeurs mortels un divin opium!

C'est un cri répété par mille sentinelles,
Un ordre renvoyé par mille porte-voix;
C'est un phare allumé sur mille citadelles,
Un appel de chasseurs perdus dans les grands bois!

Car c'est vraiment, Seigneur, le meilleur témoignage
Que nous puissions donner de notre dignité
Que cet ardent sanglot qui roule d'âge en âge
Et vient mourir au bord de votre éternité!

L'ENNEMI

Ma jeunesse ne fut qu'un ténébreux orage,
Traversé çà et là par de brillants soleils;
Le tonnerre et la pluie ont fait un tel ravage,
Qu'il reste en mon jardin bien peu de fruits vermeils.

Voilà que j'ai touché l'automne des idées,
Et qu'il faut employer la pelle et les râteaux
Pour rassembler à neuf les terres inondées,
Où l'eau creuse des trous grands comme des tombeaux.

Et qui sait si les fleurs nouvelles que je rêve
Trouveront dans ce sol lavé comme une grève
Le mystique aliment qui ferait leur vigueur?

—O douleur! ô douleur! Le Temps mange la vie,
Et l'obscur Ennemi qui nous ronge le coeur
Du sang que nous perdons croît et se fortifie!

LE GUIGNON[3]

Pour soulever un poids si lourd,
Sisyphe, il faudrait ton courage!
Bien qu'on ait du coeur à l'ouvrage,
L'Art est long et le Temps est court.

Where, under a gloomy sky, strange fanfares
Pass, like a muffled sigh of Weber;

These curses, blasphemies, complaints,
These ecstasies, cries, tears, these *Te Deums*,
Are an echo repeated by a thousand labyrinths;
They are for the hearts of men a divine opium!

It is a cry repeated by a thousand sentinels,
An order returned by a thousand loud-speakers;
It is a beacon lighted on a thousand citadels,
A call of hunters lost in the deep woods!

For it is in truth, O Lord, the best testimonial
We can give of our dignity—
This ardent sobbing which rolls from age to age
And comes to die at the edge of your eternity!

THE ENEMY

My youth was a dark storm,
Crossed here and there by brilliant suns;
Thunder and rain have caused such quick ravage
That there remain in my garden very few red fruits.

Now I have touched the autumn of my mind,
And I must use the spade and rakes
To assemble again the drenched lands,
Where the water digs holes as large as graves.

And who knows whether the new flowers I dream of
Will find in this soil washed like a shore
The mystic food which would create their strength?

—O grief! O grief! Time eats away life,
And the dark Enemy who gnaws the heart
Grows and thrives on the blood we lose.

ILL LUCK

To raise a weight so heavy,
Sisyphus, we would need your courage!
Although we have a strong heart for the work,
Art is long and Time is short.

Loin des sépultures célèbres,
Vers un cimetière isolé,
Mon coeur, comme un tambour voilé,
Va battant des marches funèbres.

—Maint joyau dort enseveli
Dans les ténèbres et l'oubli,
Bien loin des pioches et des sondes;

Mainte fleur épanche à regret
Son parfum doux comme un secret
Dans les solitudes profondes.

LA VIE ANTÉRIEURE[4]

J'ai longtemps habité sous de vastes portiques
Que les soleils marins teignaient de mille feux,
Et que leurs grands piliers, droits et majestueux,
Rendaient pareils, le soir, aux grottes basaltiques.

Les houles, en roulant les images des cieux,
Mêlaient d'une façon solennelle et mystique
Les tout-puissants accords de leur riche musique
Aux couleurs du couchant reflété par mes yeux.

C'est là que j'ai vécu dans les voluptés calmes,
Au milieu de l'azur, des vagues, des splendeurs
Et des esclaves nus, tout imprégnés d'odeurs,

Qui me rafraîchissaient le front avec des palmes,
Et dont l'unique soin était d'approfondir
Le secret douloureux qui me faisait languir.

L'HOMME ET LA MER

Homme libre, toujours tu chériras la mer!
La mer est ton miroir; tu contemples ton âme
Dans le déroulement infini de sa lame,
Et ton esprit n'est pas un gouffre moins amer.

Tu te plais à plonger au sein de ton image;

Tu l'embrasses des yeux et des bras, et ton coeur

Far from famous graves,
Toward a lonely cemetery,
My heart, like a muffled drum,
Comes beating a funeral march.

—Many a gem lies buried
In darkness and oblivion,
Far from pickaxes and drills;

Many a flower pours forth regretfully
Its perfume sweet as a secret
In solitary shades.

FORMER LIFE

A long time I lived under vast porticoes
Which marine suns tinged with a thousand fires,
And which their tall pillars, straight and majestic,
Caused to resemble basalt caves at night.

The surge, as it rolled images of the sky,
Mingled in a solemn mystical way
The omnipotent harmonies of its rich music
With the colors of the setting sun reflected in my eyes.

It is there I lived in serene sensuousness,
In the midst of blue sky, waves, splendor
And naked slaves, impregnated with perfumes,

Who cooled my brow with palms,
And whose one care was to understand
The grievous secret which made me sad.

MAN AND THE SEA

Free man, you will always cherish the sea!
The sea is your mirror; you contemplate your soul
In the infinite rolling of its surface,
And your spirit is not a less bitter abyss.

You take pleasure in plunging into the heart of your
image;
You embrace it with your eyes and your arms, and your
heart

Se distrait quelquefois de sa propre rumeur
Au bruit de cette plainte indomptable et sauvage.

Vous êtes tous les deux ténébreux et discrets:
Homme, nul n'a sondé le fond de tes abîmes,
O mer, nul ne connaît tes richesses intimes,
Tant vous êtes jaloux de garder vos secrets!

Et cependant voilà des siècles innombrables
Que vous vous combattez sans pitié ni remord,
Tellement vous aimez le carnage et la mort,
O lutteurs éternels, ô frères implacables!

DON JUAN AUX ENFERS[5]

Quand Don Juan descendit vers l'onde souterraine
Et lorsqu'il eut donné son obole à Charon,
Un sombre mendiant, l'oeil fier comme Antisthène,
D'un bras vengeur et fort saisit chaque aviron.

Montrant leurs seins pendants et leurs robes ouvertes,
Des femmes se tordaient sous le noir firmament,
Et, comme un grand troupeau de victimes offertes,
Derrière lui traînaient un long mugissement.

Sganarelle en riant lui réclamait ses gages,
Tandis que don Luis avec un doigt tremblant
Montrait à tous les morts errant sur les rivages
Le fils audacieux qui railla son front blanc.

Frissonnant sous son deuil, la chaste et maigre Elvire,
Près de l'époux perfide et qui fut son amant,
Semblait lui réclamer un suprême sourire
Où brillât la douceur de son premier serment.

Tout droit dans son armure, un grand homme de pierre
Se tenait à la barre et coupait le flot noir;
Mais le calme héros, courbé sur sa rapière,
Regardait le sillage et ne daignait rien voir.

At times forgets its own rhythm
In the noise of that wild and tameless complaint.

Both of you are dark and discreet:
Man, no one has sounded the depths of your being,
Sea, no one knows your intimate secrets,
So eager are you to retain your secrets!

And yet for countless centuries
You have fought without pity and without remorse,
So much do you love carnage and death,
O eternal fighters, O implacable brothers!

DON JUAN IN HELL

When Don Juan descended to the lower water
And when he had given his fee to Charon,
A solemn beggar, with eyes as proud as Antisthenes,
Seized each oar with an avenging strong arm.

Showing their drooping breasts and their opened dresses,
Some women were swaying under the black firmament,
And, like a large herd of sacrificed victims,
Trailed behind him with long moans.

Sganarelle laughing asked him for his wages,
While Don Luis with a trembling finger
Pointed out to all the dead wandering on the banks
The bold son who mocked his white brow.

Trembling under her veils, chaste and thin Elvira,
Near the perfidious husband who had been her lover,
Seemed to claim from him one last smile
Where the sweetness of his first vows would shine forth.

Upright in his armor, a tall man of stone
Stood at the helm and cleft the dark waves;
But the calm hero, leaning on his sword,
Looked at the wake and did not deign to see anything
    else.

LA BEAUTÉ

Je suis belle, ô mortels! comme un rêve de pierre,
Et mon sein, où chacun s'est meurtri tour à tour,
Est fait pour inspirer au poëte un amour
Eternel et muet ainsi que la matière.

Je trône dans l'azur comme un sphinx incompris;
J'unis un coeur de neige à la blancheur des cygnes;
Je hais le mouvement qui déplace les lignes,
Et jamais je ne pleure et jamais je ne ris.

Les poëtes, devant mes grandes attitudes,
Que j'ai l'air d'emprunter aux plus fiers monuments,
Consumeront leurs jours en d'austères études;

Car j'ai, pour fasciner ces dociles amants,
De purs miroirs qui font toutes choses plus belles:
Mes yeux, mes larges yeux aux clartés éternelles!

LA GÉANTE

Du temps que la Nature en sa verve puissante
Concevait chaque jour des enfants monstrueux,
J'eusse aimé vivre auprès d'une jeune géante,
Comme aux pieds d'une reine un chat voluptueux.

J'eusse aimé voir son corps fleurir avec son âme
Et grandir librement dans ses terribles jeux;
Deviner si son coeur couve une sombre flamme
Aux humides brouillards qui nagent dans ses yeux;

Parcourir à loisir ses magnifiques formes;
Ramper sur le versant de ses genoux énormes,
Et parfois en été, quand les soleils malsains,

Lasse, la font s'étendre à travers la campagne,
Dormir nonchalamment à l'ombre de ses seins,
Comme un hameau paisible au pied d'une montagne.

BEAUTY

I am as beautiful, O mortals! as a dream of stone,
And my breast, on which each man is wounded in turn,
Is made to inspire in the poet a love
As eternal and mute as matter.

I preside in the heavens like a misunderstood sphinx;
I unite a heart of snow with the whiteness of swans;
I hate all movement which displaces lines,
And I never weep and I never laugh.

The poets before my great poses,
Which I seem to borrow from the proudest monuments,
Will consume their days in austere studies;

For I have, in order to fascinate these docile lovers,
Pure mirrors which make all things more beautiful:
My eyes, my large eyes with their eternal light!

THE GIANTESS

At that time when Nature in her powerful ardor
Conceived monstrous children each day,
I would have loved living near a young giantess,
As a voluptuous cat at the feet of a queen.

I should like to have seen her body flower with her soul
And grow freely in her dreadful games;
And guess whether her heart conceals a somber flame
From the wet fog swimming in her eyes;

Feel at my leisure her magnificent shape;
Climb on the slope of her huge knees,
And at times in summer, when the unhealthy suns,

Wearying, make her stretch out across the country,
Sleep without worry in the shade of her breast,
Like a peaceful hamlet at the foot of a mountain.

LE MASQUE
Statue allégorique
dans le goût de la Renaissance

À Ernest Christophe, statuaire

Contemplons ce trésor de grâces florentines;
Dans l'ondulation de ce corps musculeux
L'Elégance et la Force abondent, soeurs divines.
Cette femme, morceau vraiment miraculeux,
Divinement robuste, adorablement mince,
Est faite pour trôner sur des lits somptueux,
Et charmer les loisirs d'un pontife ou d'un prince.

—Aussi, vois ce souris fin et voluptueux
Où la Fatuité promène son extase;
Ce long regard sournois, langoureux et moqueur;
Ce visage mignard, tout encadré de gaze,
Dont chaque trait nous dit avec un air vainqueur:
"La Volupté m'appelle et l'Amour me couronne!"
A cet être doué de tant de majesté
Vois quel charme excitant la gentillesse donne!
Approchons, et tournons autour de sa beauté.

O blasphème de l'art! ô surprise fatale!
La femme au corps divin, promettant le bonheur,
Par le haut se termine en monstre bicéphale!

—Mais non! ce n'est qu'un masque, un décor suborneur,
Ce visage éclairé d'une exquise grimace,
Et, regarde, voici, crispée atrocement,
La véritable tête, et la sincère face
Renversée à l'abri de la face qui ment.
Pauvre grande beauté! le magnifique fleuve
De tes pleurs aboutit dans mon coeur soucieux;
Ton mensonge m'enivre, et mon âme s'abreuve
Aux flots que la Douleur fait jaillir de tes yeux!

—Mais pourquoi pleure-t-elle? Elle, beauté parfaite
Qui mettrait à ses pieds le genre humain vaincu,
Quel mal mystérieux ronge son flanc d'athlète?

THE MASK

An allegorical statue
in the style of the Renaissance

To Ernest Christophe, sculptor

Let us look at this treasure of Florentine grace;
In the curves of this muscular body
Elegance and Force abound, divine sisters.
This woman, a truly miraculous work,
Divinely strong, adorably thin,
Is made to preside over sumptuous beds,
And charm the idleness of a pontiff or of a prince.

—Also, see that enticing voluptuous smile
In which Fatuity parades its ecstasy;
That long sly look, languorous and mocking;
That charming face, surrounded by a veil,
In which each feature tells us with a triumphant air:
"Passion calls me and Love crowns me!"
To that being endowed with such majesty
See what exciting charm kindness gives!
Let us approach, and walk around her beauty.

Oh blasphemy of art! Oh fatal shock!
The woman with the divine body, promising happiness,
Ends at the top in a two-headed monster!

—No! this face is only a mask, a wicked ornament,
Illuminated by an exquisite grimace,
Look and see, atrociously contorted,
The real head, and the sincere face
Turned back under the shadow of the face which lies.
Poor noble beauty! the magnificent river
Of your tears ends in my anxious heart;
Your lie intoxicates me, and my soul drinks
From the waves which Grief causes to gush from your
    eyes!

—But why does she cry? She, a perfected beauty
Who would cast at her feet mankind conquered,
What mysterious malady eats into her supple side?

—Elle pleure, insensé, parce qu'elle a vécu!
Et parce qu'elle vit! Mais ce qu'elle déplore
Surtout, ce qui la fait frémir jusqu'aux genoux,
C'est que demain, hélas! il faudra vivre encore!
Demain, après-demain et toujours!—comme nous!

HYMNE À LA BEAUTÉ

Viens-tu du ciel profond ou sors-tu de l'abîme,

O Beauté? ton regard, infernal et divin,
Verse confusément le bienfait et le crime,
Et l'on peut pour cela te comparer au vin.

Tu contiens dans ton oeil le couchant et l'aurore;
Tu répands des parfums comme un soir orageux;
Tes baisers sont un philtre et ta bouche une amphore
Qui font le héros lâche et l'enfant courageux.

Sors-tu du gouffre noir ou descends-tu des astres?

Le Destin charmé suit tes jupons comme un chien;
Tu sèmes au hasard la joie et les désastres,
Et tu gouvernes tout et ne réponds de rien.

Tu marches sur des morts, Beauté, dont tu te moques;
De tes bijoux l'Horreur n'est pas le moins charmant,
Et le Meurtre, parmi tes plus chères breloques,
Sur ton ventre orgueilleux danse amoureusement.

L'éphémère ébloui vole vers toi, chandelle,
Crépite, flambe et dit: Bénissons ce flambeau!
L'amoureux pantelant incliné sur sa belle
A l'air d'un moribond caressant son tombeau.

Que tu viennes du ciel ou de l'enfer, qu'importe,

O Beauté! monstre énorme, effrayant, ingénu!
Si ton oeil, ton souris, ton pied, m'ouvrent la porte
D'un Infini que j'aime et n'ai jamais connu?

—O fool, she cries because she has lived!
And because she is living! But what she deplores
Above all, what makes her tremble to her knees,
Is that tomorrow, alas! she will have to live again!
Tomorrow, the day after tomorrow and forever—as we
have to!

HYMN TO BEAUTY

Do you come from deep heaven or do you come from
hell,
O Beauty? Your eyes, infernal and divine,
Pour out both goodness and crime,
And for that you can be compared to wine.

You contain in your eyes the sunset and dawn;
You scatter perfumes like a stormy night;
Your kisses are a philtre and your mouth an amphora
Which make the hero a coward and the child courageous.

Do you come from a black abyss or do you come down
from the stars?
Charmed Destiny follows your skirts like a dog;
At random you sow joy and disasters,
And you govern all and answer for nothing.

You walk over the dead, O Beauty, and mock them.
Among your jewels, Horror is not the least charming,
And Murder, among your dearest baubles,
Dances amorously on your proud body.

The dazzled moth flies to you, a candle,
Crackles, flames and says: Let us bless this torch!
The panting lover bending over his mistress
Resembles a dying man caressing his tomb.

It is of little consequence whether you come from heaven
or hell,
O Beauty! huge, terrifying, artless monster!
If your eyes, your smile, your feet open for me the gate
Of an Infinity I love and have never known.

De Satan ou de Dieu, qu'importe? Ange ou Sirène,
Qu'importe, si tu rends,—fée aux yeux de velours,
Rhythme, parfum, lueur,—ô mon unique reine!—
L'univers moins hideux et les instants moins lourds?

LA CHEVELURE[6]

O toison, moutonnant jusque sur l'encolure!
O boucles! O parfum chargé de nonchaloir!
Extase! Pour peupler ce soir l'alcôve obscure
Des souvenirs dormant dans cette chevelure,
Je la veux agiter dans l'air comme un mouchoir!

La langoureuse Asie et la brûlante Afrique,
Tout un monde lointain, absent, presque défunt,
Vit dans tes profondeurs, forêt aromatique!
Comme d'autres esprits voguent sur la musique,
Le mien, ô mon amour! nage sur ton parfum.

J'irai là-bas où l'arbre et l'homme, pleins de sève,
Se pâment longuement sous l'ardeur des climats;
Fortes tresses, soyez la houle qui m'enlève!
Tu contiens, mer d'ébène, un éblouissant rêve
De voiles, de rameurs, de flammes et de mâts:

Un port retentissant où mon âme peut boire
A grands flots le parfum, le son et la couleur;
Où les vaisseux, glissant dans l'or et dans la moire,
Ouvrent leurs vastes bras pour embrasser la gloire
D'un ciel pur où frémit l'éternelle chaleur.

Je plongerai ma tête amoureuse d'ivresse
Dans ce noir océan où l'autre est enfermé;
Et mon esprit subtil que le roulis caresse
Saura vous retrouver, ô féconde paresse!
Infinis bercements du loisir embaumé!

Cheveux bleus, pavillon de ténèbres tendues,
Vous me rendez l'azur du ciel immense et rond;
Sur les bords duvetés de vos mèches tordues
Je m'enivre ardemment des senteurs confondues
De l'huile de coco, du musc et du goudron.

From Satan or God, what difference? Angel or Siren,
What difference, if you make—O fairy with soft eyes,
Rhythm, perfume, light, O my one queen—
The universe less hideous and time less heavy?

HER HAIR

O fleece, which covers her neck like wool!
O curls! O perfume heavy with nonchalance!
Ecstasy! Tonight, in order to people this dark alcove
With the memories sleeping in this hair,
I want to shake it in the air like a handkerchief!

Languorous Asia and burning Africa,
A whole distant world, absent, almost defunct,
Lives in your depths, O aromatic forest!
As other spirits sail on music,
Mine, O my love, swims on your perfume.

I will go there where the tree and man, full of sap,
Swoon for a long time under the ardor of the climate;
Strong tresses, be the ocean swell which carries me off!
You contain, O sea of ebony, a dazzling dream
Of sails and rowers of flames and masts:

A resounding port where my soul can drink
In long draughts perfume, sound and color;
Where ships, gliding in the gold and mixed shades,
Open their vast arms to embrace the glory
Of a pure sky where eternal heat quivers.

I shall plunge my head in love with intoxication
Into that black ocean where she is enclosed;
And my subtle spirit which the rolling surface caresses
Will be able to find you again, O fertile idleness!
Infinite rockings of my embalmed leisure!

Blue hair, tent of stretched darkness,
You give me back the blue of the huge round sky;
On the downy edges of your twisted locks
My ardor grows drunk on the mingled smells
Of coconut oil, of musk and tar.

Longtemps! toujours! ma main dans ta crinière lourde
Sèmera le rubis, la perle et le saphir,
Afin qu'à mon désir tu ne sois jamais sourde!
N'es-tu pas l'oasis où je rêve, et la gourde
Où je hume à longs traits le vin du souvenir?

"JE T'ADORE À L'ÉGAL"[7]

Je t'adore à l'égal de la voûte nocturne,
O vase de tristesse, ô grande taciturne,
Et t'aime d'autant plus, belle, que tu me fuis,
Et que tu me parais, ornement de mes nuits,
Plus ironiquement accumuler les lieues
Qui séparent mes bras des immensités bleues.

Je m'avance à l'attaque, et je grimpe aux assauts,
Comme après un cadavre un choeur de vermisseaux,
Et je chéris, ô bête implacable et cruelle!
Jusqu'à cette froideur par où tu m'es plus belle!

UNE CHAROGNE

Rappelez-vous l'objet que nous vîmes, mon âme,
　　Ce beau matin d'été si doux:
Au détour d'un sentier une charogne infâme
　　Sur un lit semé de cailloux,

Les jambes en l'air, comme une femme lubrique,
　　Brûlante et suant les poisons,
Ouvrait d'une façon nonchalante et cynique
　　Son ventre plein d'exhalaisons.

Le soleil rayonnait sur cette pourriture,
　　Comme afin de la cuire à point,
Et de rendre au centuple à la grande Nature
　　Tout ce qu'ensemble elle avait joint.

Et le ciel regardait la carcasse superbe
　　Comme une fleur s'épanouir.
La puanteur était si forte, que sur l'herbe
　　Vous crûtes vous évanouir.

For a long time! forever! my hand in your heavy mane
Will sow rubies, pearls and sapphires,
So that you will never be deaf to my desire!
Are you not the oasis where I dream, and the gourd
From which I draw in long draughts the wine of memory?

"I WORSHIP YOU"

I worship you as I worship the firmament of night,
O urn of sadness, great silent woman,
And love you, beautiful one, the more you flee from me,
And seem to me, ornament of my nights,
To accumulate ironically the leagues
Which separate my arms from the expanse of blue.

I advance to the attack, and I climb to the assault,
As a chorus of worms climb over a corpse,
And I cherish, O implacable cruel beast,
Even that coldness by which you are for me more beautiful!

A CARRION

Remember the object we saw, dear one,
    On that fine summer morning so mild:
At the turn of a path a loathsome carrion
    On a bed sown with pebbles,

Its legs in the air, like a lubricious woman,
    Burning and sweating venom,
Opened in a nonchalant cynical way
    Her body full of stench.

The sun shone on that rottenness,
    As if to roast it thoroughly,
And return a hundredfold to great Nature
    All that it joined together.

And the sky looked at the superb carcass
    Like a flower blossoming.
The smell was so strong that there on the grass
    You believed you might faint.

Les mouches bourdonnaient sur ce ventre putride,
 D'où sortaient de noirs bataillons
De larves, qui coulaient comme un épais liquide
 Le long de ces vivants haillons.

Tout cela descendait, montait comme une vague,
 Ou s'élançait en pétillant;
On eût dit que le corps, enflé d'un souffle vague,

 Vivait en se multipliant.

Et ce monde rendait une étrange musique,
 Comme l'eau courante et le vent,
Ou le grain qu'un vanneur d'un mouvement rhythmique
 Agite et tourne dans son van.

Les formes s'effaçaient et n'étaient plus qu'un rêve,
 Une ébauche lente à venir,
Sur la toile oubliée, et que l'artiste achève
 Seulement par le souvenir.

Derrière les rochers une chienne inquiète
 Nous regardait d'un oeil fâché,
Epiant le moment de reprendre au squelette
 Le morceau qu'elle avait lâché.

—Et pourtant vous serez semblable à cette ordure,
 A cette horrible infection,
Etoile de mes yeux, soleil de ma nature,
 Vous, mon ange et ma passion!

Oui! telle vous serez, ô la reine des grâces,
 Après les derniers sacrements,
Quand vous irez, sous l'herbe et les floraisons grasses,
 Moisir parmi les ossements.

Alors, ô ma beauté! dites à la vermine
 Qui vous mangera de baisers,
Que j'ai gardé la forme et l'essence divine
 De mes amours décomposés!

The flies swarmed over the putrid belly,
From which emerged black battalions
Of maggots, which flowed like a thick liquid
Along those human rags.

All of it descended, or rose like a wave,
Or rushed forth buzzing;
One might have said that the body, swollen with a
vague breath,
Lived by multiplying itself.

And that world gave forth a strange music,
Like running water and wind,
Or the grain which a winnower in rhythmic motion
Shakes and turns in his basket.

The shapes had dimmed and were only a dream,
A sketch slow to emerge
On the forgotten canvas, and which the artist finishes
Only by memory.

Behind rocks a restless bitch
Watched us with an angry eye,
Waiting for the moment to take from the skeleton
The piece it had relinquished.

—And yet you will be similar to that filth,
To that horrible infection,
Star of my eyes, sun of my nature,
You, my angel and my passion!

Yes! you will be like that, O queen of graces,
After the last sacraments,
When you go, under the grass and rich blossomings,
To rot among the bones.

Then, O my beauty, tell the vermin
Which will eat you with kisses,
That I have kept the form and the divine essence
Of my decomposed loves!

DE PROFUNDIS CLAMAVI[8]

J'implore ta pitié, Toi, l'unique que j'aime,
Du fond du gouffre obscur où mon coeur est tombé.
C'est un univers morne à l'horizon plombé,
Où nagent dans la nuit l'horreur et le blasphème;

Un soleil sans chaleur plane au-dessus six mois,
Et les six autres mois la nuit couvre la terre;
C'est un pays plus nu que la terre polaire;
—Ni bêtes, ni ruisseaux, ni verdure, ni bois!

Or il n'est pas d'horreur au monde qui surpasse
La froide cruauté de ce soleil de glace
Et cette immense nuit semblable au vieux Chaos;

Je jalouse le sort des plus vils animaux
Qui peuvent se plonger dans un sommeil stupide,
Tant l'écheveau du temps lentement se dévide!

DUELLUM[9]

Deux guerriers ont couru l'un sur l'autre; leurs armes
Ont éclaboussé l'air de lueurs et de sang.
Ces jeux, ces cliquetis du fer sont les vacarmes
D'une jeunesse en proie à l'amour vagissant.

Les glaives sont brisés! comme notre jeunesse,
Ma chère! Mais les dents, les ongles acérés,
Vengent bientôt l'épée et la dague traîtresse.
—O fureur des coeurs mûrs par l'amour ulcérés!

Dans le ravin hanté des chats-pards et des onces
Nos héros, s'étreignant méchamment, ont roulé,
Et leur peau fleurira l'aridité des ronces.

—Ce gouffre, c'est l'enfer, de nos amis peuplé!
Roulons-y sans remords, amazone inhumaine,
Afin d'éterniser l'ardeur de notre haine!

DE PROFUNDIS CLAMAVI

I implore your pity, You, the only one I love,
From the depth of the dark abyss where my heart fell.
It is a mournful universe with a leaden horizon,
Where horror and blasphemy swim in the night;

A sun without heat hovers above for six months,
And the other six months night covers the earth;
It is a country more bare than the polar land
—No beasts, no streams, no green, no woods!

For there is no horror in the world which surpasses
The cold cruelty of that icy sun
And that vast night similar to the old Chaos;

I envy the fate of the lowest animals
Who can sink into a stupid sleep,
Because the skein of time is so slow to unravel!

DUELLUM

Two warriors rushed at one another; their weapons
Splashed the air with streaks of light and blood.
These plays, this clinking of steel are the tumult
Of youth prey to bleating love.

The swords were broken! like our youth,
Beloved! But the teeth, the sharp nails,
Soon avenge the saber and the treacherous dagger
—O fury of matured hearts exasperated by love!

Into the ravine haunted by lynxes and leopards
Our heroes, wickedly wrestling, rolled,
And their skin will cover the arid briars with flowers.

—This abyss is hell, peopled with our friends!
Let us roll there without remorse, inhuman Amazon,
In order to make eternal the ardor of our hate!

LE BALCON[10]

Mère des souvenirs, maîtresse des maîtresses,
O toi, tous mes plaisirs! ô toi, tous mes devoirs!
Tu te rappelleras la beauté des caresses,
La douceur du foyer et le charme des soirs,
Mère des souvenirs, maîtresse des maîtresses!

Les soirs illuminés par l'ardeur du charbon,
Et les soirs au balcon, voilés de vapeurs roses.
Que ton sein m'était doux! que ton coeur m'était bon!
Nous avons dit souvent d'impérissables choses
Les soirs illuminés par l'ardeur du charbon.

Que les soleils sont beaux dans les chaudes soirées!
Que l'espace est profond! que le coeur est puissant!
En me penchant vers toi, reine des adorées,
Je croyais respirer le parfum de ton sang.
Que les soleils sont beaux dans les chaudes soirées!

La nuit s'épaississait ainsi qu'une cloison,
Et mes yeux dans le noir devinaient tes prunelles,
Et je buvais ton souffle, ô douceur! ô poison!
Et tes pieds s'endormaient dans mes mains fraternelles.
La nuit s'épaississait ainsi qu'une cloison.

Je sais l'art d'évoquer les minutes heureuses,
Et revis mon passé blotti dans tes genoux.
Car à quoi bon chercher tes beautés langoureuses
Ailleurs qu'en ton cher corps et qu'en ton coeur si doux?
Je sais l'art d'évoquer les minutes heureuses!

Ces serments, ces parfums, ces baisers infinis,
Renaîtront-ils d'un gouffre interdit à nos sondes,
Comme montent au ciel les soleils rajeunis
Après s'être lavés au fond des mers profondes?
—O serments! ô parfums! ô baisers infinis!

THE BALCONY

Mother of memories, mistress of mistresses,
You, all my pleasures! You, all my duties!
You will remember the beauty of caresses,
The sweetness of the hearth and the spell of evenings,
Mother of memories, mistress of mistresses!

Evenings lighted by the burning of the coals,
And evenings on the balcony, veiled with rosy vapors.
How soft your breast was for me! how kind your heart
    was!
We often said imperishable things
On evenings lighted by the burning of the coals.

How beautiful the sun is in the warm evening!
How deep is space! How powerful is the heart!
As I bent over you, queen of worshiped women,
I believed I could smell the perfume of your blood.
How beautiful the sun is in the warm evening!

Night thickened as if it were a partition,
And my eyes in the dark could hardly see your eyeballs,
And I drank your breath, O sweetness, O poison!
And your feet went to sleep in my fraternal hands.
Night thickened as if it were a partition.

I know the art of evoking minutes of happiness,
And I saw again my past hidden in your knees.
Why look for your languorous beauty
Elsewhere than in your dear body and in your gentle
    heart?
I know the art of evoking minutes of happiness.

Will these vows, perfumes and infinite kisses
Be born again from an abyss forbidden to our soundings,
As rejuvenated suns climb in the heavens
After being washed at the bottom of deep seas?
—O vows! O perfumes! O infinite kisses!

"JE TE DONNE CES VERS"

Je te donne ces vers afin que si mon nom
Aborde heureusement aux époques lointaines,
Et fait rêver un soir les cervelles humaines,
Vaisseau favorisé par un grand aquilon,

Ta mémoire, pareille aux fables incertaines,
Fatigue le lecteur ainsi qu'un tympanon,
Et par un fraternel et mystique chaînon
Reste comme pendue à mes rimes hautaines;

Etre maudit à qui, de l'abîme profond
Jusqu'au plus haut du ciel, rien, hors moi, ne répond!
—O toi, qui, comme une ombre à la trace éphémère,

Foules d'un pied léger et d'un regard serein
Les stupides mortels qui t'ont jugée amère,
Statue aux yeux de jais, grand ange au front d'airain!

SEMPER EADEM[11]

"D'où vous vient, disiez-vous, cette tristesse étrange,

Montant comme la mer sur le roc noir et nu?"
—Quand notre coeur a fait une fois sa vendange,
Vivre est un mal. C'est un secret de tous connu,

Une douleur très-simple et non mystérieuse,
Et, comme votre joie, éclatante pour tous.
Cessez donc de chercher, ô belle curieuse!
Et, bien que votre voix soit douce, taisez-vous!

Taisez-vous, ignorante! âme toujours ravie!

Bouche au rire enfantin! Plus encor que la Vie,
La Mort nous tient souvent par des liens subtils.

Laissez, laissez mon coeur s'enivrer d'un *mensonge*,
Plonger dans vos beaux yeux comme dans un beau songe,
Et sommeiller longtemps à l'ombre de vos cils!

"I GIVE YOU THESE VERSES"

I give you these verses so that if my name
Happily lands in distant epochs,
And one evening makes the human spirit dream,
Vessel favored by a great northwind,

The memory of you, resembling obscure fables,
Will weary the reader like a dulcimer,
And through a brotherly and mystic link
Remain as if hanging from my lofty rhymes;

Accursed one to whom, from the deep abyss
To the highest sky, nothing gives answer, save me!
You who like a shade with tracks ephemeral,

Walk with light step and serene glance
Over the stupid mortals who have judged you badly,
Statue with eyes of jet, great angel with your brow of
    brass!

SEMPER EADEM

You used to say, "Whence comes to you this strange
    sadness,
Mounting like the sea over the black bare rock?"
When our heart has once made its vintage,
To live is a curse. It is a secret known to all,

A very simple grief and not mysterious,
And, like your joy, clear to everyone.
So stop your search, O beauty so curious,
And, even if your voice is sweet, be silent!

Be silent, you who are ignorant, whose soul is always
    charmed,
Whose lips have a child's laugh! Much more than Life,
Death often holds us by subtle bonds.

Let, yes, let my heart grow passionate on a *lie*,
Let it sink into your lovely eyes as into a lovely dream,
And sleep for a long time under the shadow of your
    lashes!

"QUE DIRAS-TU?"

Que diras-tu ce soir, pauvre âme solitaire,
Que diras-tu, mon coeur, coeur autrefois flétri,
A la très-belle, à la très-bonne, à la très-chère,
Dont le regard divin t'a soudain refleuri?

—Nous mettrons notre orgueil à chanter ses louanges:
Rien ne vaut la douceur de son autorité;
Sa chair spirituelle a le parfum des Anges,
Et son oeil nous revêt d'un habit de clarté.

Que ce soit dans la nuit et dans la solitude,
Que ce soit dans la rue et dans la multitude,
Son fantôme dans l'air danse comme un flambeau.

Parfois il parle et dit: "Je suis belle, et j'ordonne

Que pour l'amour de moi vous n'aimiez que le Beau;
Je suis l'Ange gardien, la Muse et la Madone!"

L'AUBE SPIRITUELLE

Quand chez les débauchés l'aube blanche et vermeille
Entre en société de l'Idéal rongeur,
Par l'opération d'un mystère vengeur
Dans la brute assoupie un ange se réveille.

Des Cieux Spirituels l'inaccessible azur,
Pour l'homme terrassé qui rêve encore et souffre,
S'ouvre et s'enfonce avec l'attirance du gouffre.
Ainsi, chère Déesse, Etre lucide et pur,

Sur les débris fumeux des stupides orgies
Ton souvenir plus clair, plus rose, plus charmant,
A mes yeux agrandis voltige incessamment.

Le soleil a noirci la flamme des bougies;
Ainsi, toujours vainqueur, ton fantôme est pareil,
Ame resplendissante, à l'immortel soleil!

"WHAT WILL YOU SAY?"

What will you say this evening, poor solitary soul,
What will you say, my heart, heart once disgraced,
To that beauty who is kind and dear,
And whose divine glance has suddenly given you new
    life?

—We will place our pride in singing her praises:
Nothing is worth the sweetness of her authority;
The flesh of her spirit has the perfume of Angels,
And her eyes clothe us with a cloak of light.

Whether it be at night and in solitude,
Whether it be in the street and within a multitude,
Her phantom dances in the air like a torch.

Sometimes it speaks and says: "I am beautiful, and I
    command
That for my love you love only what is Beauty;
I am the guardian Angel, the Muse and the Madonna!"

DAWN OF THE SPIRIT

When with revelers the white crimson dawn
Comes to join the persistent Ideal,
Through the operation of an avenging mystery
An angel is awakened in the sated brute.

The inaccessible blue of Spiritual Skies,
For the crushed man who still dreams and suffers,
Opens and sinks down with the attraction of the abyss.
Thus, dear Goddess, lucid pure Being,

Over the smoky wrecks of stupid orgies
Your memory more clear, roseate, and charming,
Ceaselessly hovers before my wide-opened eyes.

The sun has darkened the flame of the candles;
Thus, always conquering, your phantom is like
The immortal sun, O soul of splendor!

HARMONIE DU SOIR[12]

Voici venir les temps où vibrant sur sa tige
Chaque fleur s'évapore ainsi qu'un encensoir;
Les sons et les parfums tournent dans l'air du soir;
Valse mélancolique et langoureux vertige!

Chaque fleur s'évapore ainsi qu'un encensoir;
Le violon frémit comme un coeur qu'on afflige;
Valse mélancolique et langoureux vertige!
Le ciel est triste et beau comme un grand reposoir.

Le violon frémit comme un coeur qu'on afflige,
Un coeur tendre, qui hait le néant vaste et noir!
Le ciel est triste et beau comme un grand reposoir;
Le soleil s'est noyé dans son sang qui se fige.

Un coeur tendre, qui hait le néant vaste et noir,
Du passé lumineux recueille tout vestige!
Le soleil s'est noyé dans son sang qui se fige...
Ton souvenir en moi luit comme un ostensoir!

L'INVITATION AU VOYAGE[13]

Mon enfant, ma soeur,
Songe à la douceur
D'aller là-bas vivre ensemble!
Aimer à loisir,
Aimer et mourir
Au pays qui te ressemble!
Les soleils mouillés
De ces ciels brouillés
Pour mon esprit ont les charmes
Si mystérieux
De tes traîtres yeux,
Brillant à travers leurs larmes.

Là, tout n'est qu'ordre et beauté,
Luxe, calme et volupté.

Des meubles luisants,
Polis par les ans,
Décoreraient notre chambre;

EVENING HARMONY

Now comes the time when quivering on its stem
Each flower exhales like a censer;
Sounds and perfumes turn in the evening air;
Melancholy waltz and languorous vertigo!

Each flower exhales like a censer;
The violin sobs like an afflicted heart;
Melancholy waltz and languorous vertigo!
The sky is as sad and beautiful as a great altar of rest.

The violin sobs like an afflicted heart,
A tender heart, which hates the huge black void!
The sky is as sad and beautiful as a great altar of rest.
The sun drowned in its blood which coagulates.

A tender heart, which hates the huge black void,
Welcomes every vestige of a luminous past!
The sun drowned in its blood which coagulates . . .
Your memory shines in me like a monstrance!

AN INVITATION TO VOYAGE

My child, my sister,
Think of the delight
Of going far off and living together!
Of loving peacefully,
Loving and dying
In the land that bears your resemblance!
The wet suns
Of those disheveled skies
Have for my spirit
The mysterious charm
Of your treacherous eyes
Shining through their tears.

There, all is order and beauty,
Richness, quiet and pleasure.

Highly polished furniture,
Made beautiful by time,
Would decorate our room;

Les plus rares fleurs
Mêlant leurs odeurs
Aux vagues senteurs de l'ambre,
Les riches plafonds,
Les miroirs profonds,
La splendeur orientale,
Tout y parlerait
A l'âme en secret
Sa douce langue natale.

Là, tout n'est qu'ordre et beauté,
Luxe, calme et volupté.

Vois sur ces canaux
Dormir ces vaisseaux
Dont l'humeur est vagabonde;
C'est pour assouvir
Ton moindre désir
Qu'ils viennent du bout du monde.
—Les soleils couchants
Revêtent les champs,
Les canaux, la ville entière,
D'hyacinthe et d'or;
Le monde s'endort
Dans une chaude lumière.

Là, tout n'est qu'ordre et beauté,
Luxe, calme et volupté.

L'IRRÉPARABLE[14]

Pouvons-nous étouffer le vieux, le long Remords,
    Qui vit, s'agite et se tortille,
Et se nourrit de nous comme le ver des morts,
    Comme du chêne la chenille?
Pouvons-nous étouffer l'implacable Remords?

Dans quel philtre, dans quel vin, dans quelle tisane,
    Noierons-nous ce vieil ennemi,
Destructeur et gourmand comme la courtisane,
    Patient comme la fourmi?
Dans quel philtre?—dans quel vin?—dans quelle tisane?

The rarest flowers
Mingling their odors
With the vague fragrance of amber,
Rich ceilings,
Deep mirrors,
Eastern splendor,
Everything there would speak
In secret to the soul
Its sweet native tongue.

There, all is order and beauty,
Richness, quiet and pleasure.

Behold sleeping
On the canals those ships
Whose temperament is a wanderer's;
It is to satisfy
Your slightest desire
That they come from the ends of the world.
—The setting sun
Clothes the fields,
The canals, the entire city,
With hyacinth and gold;
The world goes to sleep
In a warm light.

There, all is order and beauty,
Richness, quiet and pleasure.

IRREPARABLE

Can we stifle the old, the long Remorse,
Which lives, writhes and twists,
And feeds on us as the worm feeds on the dead,
As the maggot on the oak?
Can we stifle the implacable Remorse?

In what flask, in what wine, in what infusion,
Shall we drown this old enemy,
Destructive and ravenous as a courtesan,
Patient as an ant?
In what flask? in what wine? in what infusion?

Dis-le, belle sorcière, oh! dis, si tu le sais,
    A cet esprit comblé d'angoisse
Et pareil au mourant qu'écrasent les blessés,
    Que le sabot du cheval froisse,
Dis-le, belle sorcière, oh! dis, si tu le sais,

A cet agonisant que le loup déjà flaire
    Et que surveille le corbeau,
A ce soldat brisé! s'il faut qu'il désespère
    D'avoir sa croix et son tombeau;
Ce pauvre agonisant que déjà le loup flaire!

Peut-on illuminer un ciel bourbeux et noir?
    Peut-on déchirer des ténèbres
Plus denses que la poix, sans matin et sans soir,
    Sans astres, sans éclairs funèbres?
Peut-on illuminer un ciel bourbeux et noir?

L'Espérance qui brille aux carreaux de l'Auberge
    Est soufflée, est morte à jamais!
Sans lune et sans rayons, trouver où l'on héberge
    Les martyrs d'un chemin mauvais!
Le Diable a tout éteint aux carreaux de l'Auberge!

Adorable sorcière, aimes-tu les damnés?
    Dis, connais-tu l'irrémissible?
Connais-tu le Remords, aux traits empoisonnés,
    A qui notre coeur sert de cible?
Adorable sorcière, aimes-tu les damnés?

L'Irréparable ronge avec sa dent maudite
    Notre âme, piteux monument,
Et souvent il attaque, ainsi que le termite,
    Par la base le bâtiment.
L'Irréparable ronge avec sa dent maudite!

—J'ai vu parfois, au fond d'un théâtre banal
    Qu'enflammait l'orchestre sonore,
Une fée allumer dans un ciel infernal
    Une miraculeuse aurore;
J'ai vu parfois au fond d'un théâtre banal

Tell it, beautiful sorceress, yes, tell it, if you can,
  To this soul distraught with anguish
And like unto the dying man crushed by the wounded,
  And who is bruised by the horse's hoof.
Tell it, beautiful sorceress, yes, tell it, if you can,

To this dying man whom the wolf already detects
  And over whom the vulture is flying,
To this broken soldier! if he must despair
  Of having his cross and his tomb;
This poor dying man whom the wolf already detects!

Can one light up a murky black sky?
  Can one pierce darkness
Thicker than pitch, without morning and evening,
  Without stars, without funereal flashes?
Can one light up a murky black sky?

Hope which shines in the windows of the Inn
  Is blown out, and dead forever!
Without moon and rays, one can find where the martyrs
  Of a bad road are sheltered!
The Devil has made everything dark in the windows of
    the Inn!

Adorable sorceress, do you love the damned?
  Tell me, do you know what is irremissible?
Do you know Remorse, with the poisoned arrows,
  For which our heart serves as target?
Adorable sorceress, do you love the damned?

The Irreparable gnaws with its vile teeth
  Our soul, that pitiful monument,
And often it attacks, like the termite,
  The building at the foundation.
The Irreparable gnaws with its vile teeth!

—I have seen at times, upstage in a shoddy theater
  Which a resonant orchestra enflamed,
A fairy light up in an infernal sky
  A miraculous dawn;
I have seen at times upstage in a shoddy theater

Un être, qui n'était que lumière, or et gaze,
  Terrasser l'énorme Satan;
Mais mon coeur, que jamais ne visite l'extase,
  Est un théâtre où l'on attend
Toujours, toujours en vain, l'Etre aux ailes de gaze!

CHANT D'AUTOMNE

I

Bientôt nous plongerons dans les froides ténèbres;
Adieu, vive clarté de nos étés trop courts!
J'entends déjà tomber avec des chocs funèbres
Le bois retentissant sur le pavé des cours.

Tout l'hiver va rentrer dans mon être: colère,
Haine, frissons, horreur, labeur dur et forcé,
Et, comme le soleil dans son enfer polaire,
Mon coeur ne sera plus qu'un bloc rouge et glacé.

J'écoute en frémissant chaque bûche qui tombe;
L'échafaud qu'on bâtit n'a pas d'écho plus sourd.

Mon esprit est pareil à la tour qui succombe
Sous les coups du bélier infatigable et lourd.

Il me semble, bercé par ce choc monotone,
Qu'on cloue en grande hâte un cercueil quelque part.
Pour qui?—C'était hier l'été; voici l'automne!
Ce bruit mystérieux sonne comme un départ.

II

J'aime de vos longs yeux la lumière verdâtre,
Douce beauté, mais tout aujourd'hui m'est amer,
Et rien, ni votre amour, ni le boudoir, ni l'âtre,

Ne me vaut le soleil rayonnant sur la mer.

Et pourtant aimez-moi, tendre coeur! soyez mère,
Même pour un ingrat, même pour un méchant;

A spirit, who was only light, gold and gauze,
    Fling to earth an enormous Satan;
But my heart, which ecstasy never visits,
    Is a theater where I wait,
Always in vain, for that Spirit with wings of gauze!

SONG OF AUTUMN

I

Soon we shall plunge into cold darkness;
Farewell, strong light of our too brief summers!
I already hear falling, with funereal thuds,
The wood resounding on the pavement of the court-
    yards.

All of winter will gather in my being: anger,
Hate, chills, horror, hard and forced labor,
And, like the sun in its polar hell,
My heart will be only a red icy block.

I listen shuddering to each log that falls;
The scaffold which is being built has not a hollower
    echo.
My mind is like the tower which falls
Under the blows of the indefatigable heavy battering
    ram.

It seems to me, lulled by the monotonous thuds,
That somewhere a casket is being nailed in great haste.
For whom? Yesterday it was summer; here is autumn!
This mysterious noise sounds like a departure.

II

I love the green light of your long eyes,
Sweet beauty, but everything today is bitter for me,
And nothing, neither your love, nor the boudoir, nor
    the hearth,
Is worth as much to me as the sun shining over the sea.

But despite all that, love me, tender heart! be maternal,
Even for an ingrate, even for a wicked man;

Amante ou soeur, soyez la douceur éphémère
D'un glorieux automne ou d'un soleil couchant.
Courte tâche! La tombe attend; elle est avide!
Ah! laissez-moi, mon front posé sur vos genoux,
Goûter, en regrettant l'été blanc et torride,
De l'arrière-saison le rayon jaune et doux!

MOESTA ET ERRABUNDA[15]

Dis-moi, ton coeur, parfois, s'envole-t-il, Agathe,
Loin du noir océan de l'immonde cité,
Vers un autre océan où la splendeur éclate,
Bleu, clair, profond, ainsi que la virginité?
Dis-moi, ton coeur, parfois, s'envole-t-il, Agathe?

La mer, la vaste mer, console nos labeurs!
Quel démon a doté la mer, rauque chanteuse
Qu'accompagne l'immense orgue des vents grondeurs,
De cette fonction sublime de berceuse?
La mer, la vaste mer, console nos labeurs!

Emporte-moi, wagon! enlève-moi, frégate!
Loin! loin! ici la boue est faite de nos pleurs!
—Est-il vrai que parfois le triste coeur d'Agathe
Dise: Loin des remords, des crimes, des douleurs,
Emporte-moi, wagon, enlève-moi, frégate?

Comme vous êtes loin, paradis parfumé,
Où sous un clair azur tout n'est qu'amour et joie,
Où tout ce que l'on aime est digne d'être aimé,
Où dans la volupté pure le coeur se noie!
Comme vous êtes loin, paradis parfumé!

Mais le vert paradis des amours enfantines,
Les courses, les chansons, les baisers, les bouquets,
Les violons vibrant derrière les collines,
Avec les brocs de vin, le soir, dans les bosquets,
—Mais le vert paradis des amours enfantines,

L'innocent paradis, plein de plaisirs furtifs,
Est-il déjà plus loin que l'Inde et que la Chine?

Lover or sister, be the passing tenderness
Of a glorious autumn or of a setting sun.

A brief task! The grave is waiting; it is avid!
My head resting on your knees, let me
Enjoy, as I grieve for the white torrid summer,
The yellow gentle ray of the earlier season!

MOESTA ET ERRABUNDA

Tell me, Agatha, does your heart, at times, fly away,
Far from the black ocean of the sordid city,
Toward another ocean where splendor breaks forth,
As blue, clear, and deep as virginity?
Tell me, Agatha, does your heart at times fly away?

The sea, the mighty sea, consoles our labor!
What demon endowed the sea, the raucous singer
Whom the huge organ of howling winds accompanies,
With this sublime function of nurse?
The sea, the mighty sea, consoles our labor!

Take me away, O train! carry me off, O ship!
Far! far! Here the mud is made from our tears!
—Is it true that at times the sad heart of Agatha
Says: Far from remorse, and crimes, and grief,
Take me away, O train, carry me off, O ship?

How far away you are, perfumed paradise,
Where under a clear blue all is love and joy,
Where all that one loves is worthy of being loved,
Where in pure sensation the heart is drowned!
How far away you are, perfumed paradise!

But the green paradise of childish loves,
Races, songs, kisses, bouquets,
Violins vibrating behind the hills,
With jars of wine, at evening, in the groves
—But the green paradise of childish loves,

That innocent paradise, full of furtive joys,
Is it already farther away than India and China?

Peut-on le rappeler avec des cris plaintifs,
Et l'animer encor d'une voix argentine,
L'innocent paradis plein de plaisirs furtifs?

LES CHATS

Les amoureux fervents et les savants austères
Aiment également, dans leur mûre saison,
Les chats puissants et doux, orgueil de la maison,
Qui comme eux sont frileux et comme eux sédentaires.

Amis de la science et de la volupté,
Ils cherchent le silence et l'horreur des ténèbres;
L'Érèbe les eût pris pour ses coursiers funèbres,
S'ils pouvaient au servage incliner leur fierté.

Ils prennent en songeant les nobles attitudes
Des grands sphinx allongés au fond des solitudes,

Qui semblent s'endormir dans un rêve sans fin;

Leurs reins féconds sont pleins d'étincelles magiques,
Et des parcelles d'or, ainsi qu'un sable fin,
Etoilent vaguement leurs prunelles mystiques.

LA CLOCHE FÊLÉE

Il est amer et doux, pendant les nuits d'hiver,
D'écouter, près du feu qui palpite et qui fume,
Les souvenirs lointains lentement s'élever
Au bruit des carillons qui chantent dans la brume.

Bienheureuse la cloche au gosier vigoureux
Qui, malgré sa vieillesse, alerte et bien portante,
Jette fidèlement son cri religieux,
Ainsi qu'un vieux soldat qui veille sous la tente!

Moi, mon âme est fêlée, et lorsqu'en ses ennuis
Elle veut de ses chants peupler l'air froid des nuits,
Il arrive souvent que sa voix affaiblie

Can we remember with plaintive cries,
And still animate with a silver voice,
That innocent paradise full of furtive joys?

CATS

Fervent lovers and austere scholars
Both love, in their mature season,
The powerful gentle cats, pride of the house,
Which like them are sensitive to the cold and sedentary.

Friends of science and ecstasy,
They search for silence and the horror of darkness;
Erebus would have taken them for his funereal steeds,
If they could bend their pride to slavery.

While dreaming they take the noble attitudes
Of great Sphinxes stretched out in the heart of the
    desert,
Which seem to sleep in an endless revery;

Their fecund loins are full of magic sparks,
And specks of gold, like fine sand,
Add vague stars to their mystical eyeballs.

THE BROKEN BELL

It is bitter and sweet, during winter nights,
To listen, near the fire which crackles and smokes,
To the distant memories slowly rising
At the noise of chimes singing in the fog.

Happy is the bell with the vigorous throat
Which, despite its age, alert and strong,
Faithfully sends forth its religious cry,
Like an old soldier standing sentinel under the tent!

My soul is cracked, and when in its boredom
It wishes to fill the cold air of night with its songs,
It often comes about that its weakened voice

Semble le râle épais d'un blessé qu'on oublie
Au bord d'un lac de sang, sous un grand tas de morts,

Et qui meurt, sans bouger, dans d'immenses efforts.

SPLEEN[16]

Pluviôse, irrité contre la ville entière,
De son urne à grands flots verse un froid ténébreux
Aux pâles habitants du voisin cimetière
Et la mortalité sur les faubourgs brumeux.

Mon chat sur le carreau cherchant une litière
Agite sans repos son corps maigre et galeux;
L'âme d'un vieux poëte erre dans la gouttière
Avec la triste voix d'un fantôme frileux.

Le bourdon se lamente, et la bûche enfumée
Accompagne en fausset la pendule enrhumée,
Cependant qu'en un jeu plein de sales parfums,

Héritage fatal d'une vieille hydropique,
Le beau valet de coeur et la dame de pique
Causent sinistrement de leurs amours défunts.

L'HÉAUTONTIMOROUMÉNOS[17]

Je te frapperai sans colère
Et sans haine, comme un boucher
Comme Moïse le rocher!
Et je ferai de ta paupière,

Pour abreuver mon Sahara,
Jaillir les eaux de la souffrance.
Mon désir gonflé d'espérance
Sur tes pleurs salés nagera

Comme un vaisseau qui prend le large,
Et dans mon coeur qu'ils soûleront
Tes chers sanglots retentiront
Comme un tambour qui bat la charge!

Resembles the thick rattle of a wounded man forgotten
On the edge of a lake of blood, under a great pile of the
    dead,
And who dies, without moving, after tremendous efforts.

SPLEEN

Pluvius, irritated with the entire city,
Pours from his urn in great waves a dismal cold
Over the pale inhabitants of the neighboring cemetery
And mortality over the foggy outskirts.

My cat on the stones looking for a litter
Ceaselessly moves its thin mangy body;
The soul of an old poet wanders along the rain spout
With the sad voice of a chilblained phantom.

The bell mourns, and the smoky log
Accompanies in falsetto the wheezing clock,
While in a pack of cards full of filthy odors,

The fatal bequest of an old dropsical woman,
The handsome knave of hearts and the queen of spades
Talk darkly about their dead love.

HEAUTONTIMOROUMENOS

Like a butcher I will strike you
Without anger and without hate
As Moses struck the rock!
And from your eyelid I will cause,

In order to irrigate my Sahara,
The waters of suffering to gush forth.
My desire swollen with hope
Will float on your salty tears

Like a vessel moving out from shore,
And in my heart which they will intoxicate
Your dear sobs will resound
Like a drum beating the charge!

Ne suis-je pas un faux accord
Dans la divine symphonie,
Grâce à la vorace Ironie
Qui me secoue et qui me mord?

Elle est dans ma voix, la criarde!
C'est tout mon sang, ce poison noir!
Je suis le sinistre miroir
Où la mégère se regarde!

Je suis la plaie et le couteau!
Je suis le soufflet et la joue!
Je suis les membres et la roue,
Et la victime et le bourreau!

Je suis de mon coeur le vampire,
—Un de ces grands abandonnés
Au rire éternel condamnés,
Et qui ne peuvent plus sourire!

L'IRRÉMÉDIABLE[18]

I

Une Idée, une Forme, un Etre
Parti de l'azur et tombé
Dans un Styx bourbeux et plombé
Où nul oeil du Ciel ne pénètre;

Un Ange, imprudent voyageur
Qu'a tenté l'amour du difforme,
Au fond d'un cauchemar énorme
Se débattant comme un nageur,

Et luttant, angoisses funèbres!
Contre un gigantesque remous
Qui va chantant comme les fous
Et pirouettant dans les ténèbres;

Un malheureux ensorcelé
Dans ses tâtonnements futiles,
Pour fuir d'un lieu plein de reptiles,
Cherchant la lumière et la clé;

Am I not a false chord
In the divine symphony,
Thanks to the voracious Irony
Which shakes and bites me?

The raucous girl is in my voice!
This black poison is my blood!
I am the sinister mirror
In which the megara looks at herself!

I am the wound and the blade!
I am the slap and the cheek!
I am the limbs and the wheel,
The victim and the executioner!

I am the vampire of my own heart
—One of the deserted men
Condemned to eternal laughter,
And who can no longer smile!

THE IRREMEDIABLE

I

An Idea, a Form, a Being
Leaving the blue and falling
Into a murky leaden Styx
Where no eye of Heaven penetrates;

An Angel, impudent traveler
Tempted by love of the deformed,
At the bottom of a huge nightmare
Floundering like a swimmer,

And struggling, O funereal anguish!
Against a gigantic whirlpool
Which sings like madmen
And pirouettes in the darkness;

A spellbound wretch
In his futile gropings,
In order to flee a serpent-filled place,
Looking for light and a key;

Un damné descendant sans lampe,
Au bord d'un gouffre dont l'odeur
Trahit l'humide profondeur,
D'éternels escaliers sans rampe,

Où veillent des monstres visqueux
Dont les larges yeux de phosphore
Font une nuit plus noire encore
Et ne rendent visibles qu'eux;

Un navire pris dans le pôle,
Comme en un piège de cristal,
Cherchant par quel détroit fatal
Il est tombé dans cette geôle;

—Emblèmes nets, tableau parfait
D'une fortune irrémédiable,
Qui donne à penser que le Diable
Fait toujours bien tout ce qu'il fait!

II

Tête-à-tête sombre et limpide
Qu'un coeur devenu son miroir!
Puits de Vérité, clair et noir,
Où tremble une étoile livide,

Un phare ironique, infernal,
Flambeau des grâces sataniques,
Soulagement et gloire uniques,
—La conscience dans le Mal!

LE CYGNE

à Victor Hugo

I

Andromaque, je pense à vous! Ce petit fleuve,
Pauvre et triste miroir où jadis resplendit
L'immense majesté de vos douleurs de veuve,
Ce Simoïs menteur qui par vos pleurs grandit,

One damned descending without lamp,
On the edge of an abyss whose stench
Betrays the wet depths
Of endless stairways with no rail,

Where clammy monsters watch
Whose large phosphorous eyes
Create a night still blacker
And leave only themselves visible;

A ship caught at the pole,
As in a crystal trap,
Looking for the fatal aperture
Through which it fell into this jail

—Clear emblems, perfect picture
Of an irremediable fortune,
Which makes one think that the Devil
Always does well everything he does!

II

Somber clear dialogue
Of a heart which has become its own mirror!
Well of Truth, clear and black,
Where a pale star trembles,

An ironic, infernal beacon,
Torch of satanic grace,
A unique solace and glory,
—Consciousness in doing Evil!

THE SWAN

To Victor Hugo

I

Andromache, I think of you! This small river,
Poor sad mirror where once shone
The immense majesty of your widow's grief,
This deceptive Simoïs which grows with your tears,

Simoïs — River in Phrygia

A fécondé soudain ma mémoire fertile,
Comme je traversais le nouveau Carrousel.
Le vieux Paris n'est plus (la forme d'une ville
Change plus vite, hélas! que le coeur d'un mortel);

Je ne vois qu'en esprit tout ce camp de baraques,
Ces tas de chapiteaux ébauchés et de fûts,
Les herbes, les gros blocs verdis par l'eau des flaques,

Et, brillant aux carreaux, le bric-à-brac confus.

Là s'étalait jadis une ménagerie;
Là je vis, un matin, à l'heure où sous les cieux
Froids et clairs le Travail s'éveille, où la voirie
Pousse un sombre ouragan dans l'air silencieux,

Un cygne qui s'était évadé de sa cage,
Et, de ses pieds palmés frottant le pavé sec,
Sur le sol raboteux traînait son blanc plumage.
Près d'un ruisseau sans eau la bête ouvrant le bec

Baignait nerveusement ses ailes dans la poudre,
Et disait, le coeur plein de son beau lac natal:
"Eau, quand donc pleuvras-tu? quand tonneras-tu,
    foudre?"
Je vois ce malheureux, mythe étrange et fatal,

Vers le ciel quelquefois, comme l'homme d'Ovide,
Vers le ciel ironique et cruellement bleu,
Sur son cou convulsif tendant sa tête avide,
Comme s'il adressait des reproches à Dieu!

II

Paris change! mais rien dans ma mélancolie
N'a bougé! palais neufs, échafaudages, blocs,
Vieux faubourgs, tout pour moi devient allégorie,
Et mes chers souvenirs sont plus lourds que des rocs.

Aussi devant ce Louvre une image m'opprime:
Je pense à mon grand cygne, avec ses gestes fous,
Comme les exilés, ridicule et sublime,
Et rongé d'un désir sans trêve! et puis à vous,

Suddenly enriched my fertile memory,
As I crossed the newly built Carrousel.
Old Paris is no more (the form of a city
Changes more quickly, alas, than the heart of a man);

I see only in my mind that camp of booths,
The piles of rough-hewn capitals and shafts,
The grass, the heavy blocks turned green by the water
    of pools,
And, shining on the tiles, the crowded bric-à-brac.

There once a menagerie spread out;
There I saw, one morning, at the time when under a cold
Clear sky Labor awakens, when the road
Pushes a dark storm through the silent air,

A swan which had escaped from its cage,
And, with its webby feet rubbing the dry pavement,
Was dragging its white plumage over the level ground.
Near a stream without water the bird opening its beak

Nervously bathed its wings in the dust,
And said, its heart full of its beautiful native lake:
"Water, when will you rain down? When will you
    thunder, O lightning?"
I see that wretched bird, a strange and fatal myth,

Toward the sky at times, like the man of Ovid,
Toward the ironic and cruelly blue sky,
Stretching its avid head over its convulsed neck,
As if it were addressing reproaches to God!

II

Paris changes! But nothing in my sadness
Has moved! new palaces, scaffoldings, blocks,
Old suburbs, everything becomes an allegory for me,
And my dear memories are heavier than rocks.

In front of the Louvre an image vexes me:
I think of my great swan, with its mad gestures,
Like exiles, ridiculous and sublime,
And devoured by an unrelenting desire! And then of
    you,

Andromaque, des bras d'un grand époux tombée,
Vil bétail, sous la main du superbe Pyrrhus,
Auprès d'un tombeau vide en extase courbée;
Veuve d'Hector, hélas! et femme d'Hélénus!

Je pense à la négresse, amaigrie et phthisique,
Piétinant dans la boue, et cherchant, l'oeil hagard,
Les cocotiers absents de la superbe Afrique
Derrière la muraille immense du brouillard;

A quiconque a perdu ce qui ne se retrouve
Jamais, jamais! à ceux qui s'abreuvent de pleurs
Et tettent la Douleur comme une bonne louve!
Aux maigres orphelins séchant comme des fleurs!

Ainsi dans la forêt où mon esprit s'exile
Un vieux Souvenir sonne à plein souffle du cor!
Je pense aux matelots oubliés dans une île,
Aux captifs, aux vaincus!...à bien d'autres encor!

"LA SERVANTE AU GRAND COEUR"[19]

La servante au grand coeur dont vous étiez jalouse,
Et qui dort son sommeil sous une humble pelouse,
Nous devrions pourtant lui porter quelques fleurs.
Les morts, les pauvres morts, ont de grandes douleurs,
Et quand Octobre souffle, émondeur des vieux arbres,
Son vent mélancolique à l'entour de leurs marbres,
Certe, ils doivent trouver les vivants bien ingrats,
A dormir, comme ils font, chaudement dans leurs draps,
Tandis que, dévorés, de noires songeries,
Sans compagnon de lit, sans bonnes causeries,
Vieux squelettes gelés travaillés par le ver,
Ils sentent s'égoutter les neiges de l'hiver
Et le siècle couler, sans qu'amis ni famille
Remplacent les lambeaux qui pendent à leur grille.

Lorsque la bûche siffle et chante, si le soir,
Calme, dans le fauteuil je la voyais s'asseoir,
Si, par une nuit bleue et froide de décembre,
Je la trouvais tapie en un coin de ma chambre,

Andromache, fallen from the arms of a great husband,
A degraded animal, in the hands of proud Pyrrhus,
Near an empty tomb bent over in ecstasy;
Widow of Hector, alas, and wife of Helenus!

I think of the Negress, thin and phthisical,
Walking in mud, and looking, with haggard eyes,
For the absent palm trees of proud Africa
Behind the huge wall of fog;

Of whoever has lost what can never
Be found again! Of those who collapse in tears
And suckle Grief as if she were a kind wolf!
Of sickly orphans drying like flowers!

As if in a forest where my mind is exiled
An old memory sounds as in a blast from a horn!
I think of sailors forgotten on an island,
Of prisoners, of conquered men! . . . And of many
    others!

"THE WARM-HEARTED SERVANT"

The warm-hearted servant of whom you were jealous,
And who is sleeping her sleep under humble grass,
Yes, we should take her some flowers.
The dead, the poor dead, know deep grief,
And when October, the stripper of old trees, blows
Its melancholy wind around their marble stone,
Certainly they must find the living ungrateful
In sleeping, as they do, warmly between their sheets,
While, racked by ominous dreams,
Without a bedmate, without intimate talk,
Old frozen skeletons worked over by worms,
They feel the winter snow dripping away
And the century melting, when no friends and no family
Replace the tattered wreathes hanging on the grill,

When the log whistles and sings, if in the evening
I saw her sitting calmly in the armchair,
If, in a blue cold night of December,
I found her huddled in a corner of my room,

Grave, et venant du fond de son lit éternel
Couver l'enfant grandi de son oeil maternel,

Que pourrais-je répondre à cette âme pieuse,
Voyant tomber des pleurs de sa paupière creuse?

RÊVE PARISIEN

À Constantin Guys

I

De ce terrible paysage,
Tel que jamais mortel n'en vit,
Ce matin encore l'image,
Vague et lointaine, me ravit.

Le sommeil est plein de miracles!
Par un caprice singulier
J'avais banni de ces spectacles
Le végétal irrégulier,

Et, peintre fier de mon génie,
Je savourais dans mon tableau
L'enivrante monotonie
Du métal, du marbre et de l'eau.

Babel d'escaliers et d'arcades,
C'était un palais infini,
Plein de bassins et de cascades
Tombant dans l'or mat ou bruni;

Et des cataractes pesantes,
Comme des rideaux de cristal,
Se suspendaient, éblouissantes,
A des murailles de métal.

Non d'arbres, mais de colonnades
Les étangs dormants s'entouraient,
Où de gigantesques naïades,
Comme des femmes, se miraient.

Des nappes d'eau s'épanchaient, bleues,
Entre des quais roses et verts,

Sedate, and coming from the depths of her eternal bed
To shield with her maternal eyes the child grown to
  man,
What could I answer that pious soul,
When I see tears falling from her empty eyelids?

PARISIAN DREAM

To Constantin Guys

I

Of that terrible landscape,
Such as no mortal ever saw,
This morning the image,
Vague and distant, still excites me.

Sleep is full of miracles!
By a strange caprice
I had banished from that spectacle
Irregular vegetation,

And, a painter proud of my talent,
I enjoyed in my picture
The intoxicating monotony
Of metal, marble and water.

Babel of stairways and arcades,
It was an endless palace,
Full of reservoirs and cascades
Falling into a dull or darkened gold;

And heavy cataracts,
Like crystal curtains,
Hung, in shimmering light,
On metal walls.

Not with trees, but with colonnades
The sleeping ponds were surrounded,
Where huge nymphs,
Like women, were mirrored.

Sheets of water spread out, blue,
Between rose and green quays,

Pendant des millions de lieues,
Vers les confins de l'univers;

C'étaient des pierres inouïes
Et des flots magiques; c'étaient
D'immenses glaces éblouies
Par tout ce qu'elles reflétaient!

Insouciants et taciturnes,
Des Ganges, dans le firmament,
Versaient le trésor de leurs urnes
Dans des gouffres de diamant.

Architecte de mes féeries,
Je faisais, à ma volonté,
Sous un tunnel de pierreries
Passer un océan dompté;

Et tout, même la couleur noire,
Semblait fourbi, clair, irisé;
Le liquide enchâssait sa gloire
Dans le rayon cristallisé.

Nul astre d'ailleurs, nuls vestiges
De soleil, même au bas du ciel,
Pour illuminer ces prodiges,
Qui brillaient d'un feu personnel!

Et sur ces mouvantes merveilles
Planait (terrible nouveauté!
Tout pour l'oeil, rien pour les oreilles!)
Un silence d'éternité.

II

En rouvrant mes yeux pleins de flamme
J'ai vu l'horreur de mon taudis,
Et senti, rentrant dans mon âme,
La pointe des soucis maudits;

La pendule aux accents funèbres
Sonnait brutalement midi,
Et le ciel versait des ténèbres
Sur le triste monde engourdi.

Through millions of leagues,
Toward the ends of the universe;

They were unheard-of stones
And magic waves; they were
Huge dazzling glaciers
In all they reflected!

Carefree and taciturn,
Ganges Rivers, in the firmament,
Poured the treasure of their urns
Into diamond abysses.

Architect of my own fantasies,
I made pass, at will,
Under a tunnel of precious stones
A conquered ocean;

And everything, even the color black,
Seemed polished, clear, prismatic;
The liquid encased its glory
In the crystallized ray.

There was no star, no vestige
Of a sun, even at the horizon of the sky,
To illumine these prodigies,
Which shone with a personal fire!

And over these moving marvels
Hovered (a terrifying novelty!
Everything for the eye, nothing for the ear!)
A silence of eternity.

II

On opening again my eyes full of flame
I saw the horror of my garret,
And felt, as I turned inwardly,
The sharp prick of accursed worries;

The clock with the funereal tones
Struck noon brutally,
And the sky poured darkness
Over the sad lethargic world.

LE CRÉPUSCULE DU MATIN

La diane chantait dans les cours des casernes,
Et le vent du matin soufflait sur les lanternes.

C'était l'heure où l'essaim des rêves malfaisants
Tord sur leurs oreillers les bruns adolescents;
Où, comme un oeil sanglant qui palpite et qui bouge,
La lampe sur le jour fait une tache rouge;
Où l'âme, sous le poids du corps revêche et lourd,

Imite les combats de la lampe et du jour.
Comme un visage en pleurs que les brises essuient,
L'air est plein du frisson des choses qui s'enfuient,
Et l'homme est las d'écrire et la femme d'aimer.

Les maisons çà et là commençaient à fumer.
Les femmes de plaisir, la paupière livide,
Bouche ouverte, dormaient de leur sommeil stupide;
Les pauvresses, traînant leurs seins maigres et froids,
Soufflaient sur leurs tisons et soufflaient sur leurs doigts.
C'était l'heure où parmi le froid et la lésine
S'aggravent les douleurs des femmes en gésine;
Comme un sanglot coupé par un sang écumeux
Le chant du coq au loin déchirait l'air brumeux;

Une mer de brouillards baignait les édifices,
Et les agonisants dans le fond des hospices
Poussaient leur dernier râle en hoquets inégaux.
Les débauchés rentraient, brisés par leurs travaux.

L'aurore grelottante en robe rose et verte
S'avançait lentement sur la Seine déserte,
Et le sombre Paris, en se frottant les yeux,
Empoignait ses outils, vieillard laborieux.

LA DESTRUCTION

Sans cesse à mes côtés s'agite le Démon;
Il nage autour de moi comme un air impalpable;
Je l'avale et le sens qui brûle mon poumon
Et l'emplit d'un désir éternel et coupable.

MORNING TWILIGHT

Reveille sounded in the courtyard of the barracks,
And the morning wind blew on the lanterns.

It was the hour when the swarm of guilty dreams
Twists dark-haired adolescents on their pillows;
When, like a bleeding eye which throbs and moves,
The lamp makes a red spot on the daylight;
When the soul, under the weight of a reluctant heavy
    body,
Imitates the struggle between the lamp and the daylight.
Like a face covered with tears which the wind dries,
The air is full of the shuddering of things which flee,
And man is tired of writing and woman of loving.

Houses here and there began to send up smoke.
Prostitutes, with white eyelids,
And opened mouths, slept their stupid sleep;
Impoverished women, dragging their thin old breasts,
Blew on their burning logs and blew on their fingers.
It was the hour when in the cold and stinginess
The pain of women in labor grows greater;
Like a sob interrupted by thick blood
The distant song of the cock ripped through the foggy
    air;
A sea of fogs bathed the buildings,
And the dying in the depths of the hospitals
Uttered their last rattle in uneven gasps.
The revelers went home, broken by their work.

Shivering dawn in a rose-and-green dress
Slowly advanced over the deserted Seine,
And dark Paris, rubbing his eyes,
Took hold of his tools, a hard-working old man.

DESTRUCTION

Ceaselessly beside me the Demon writhes;
He swarms around me like impalpable air;
I swallow him and feel him burning my lungs
And filling them with an everlasting guilty desire.

Parfois il prend, sachant mon grand amour de l'Art,
La forme de la plus séduisante des femmes,
Et, sous de spécieux prétextes de cafard,
Accoutume ma lèvre à des philtres infâmes.

Il me conduit ainsi, loin du regard de Dieu,
Haletant et brisé de fatigue, au milieu
Des plaines de l'Ennui, profondes et désertes,

Et jette dans mes yeux pleins de confusion
Des vêtements souillés, des blessures ouvertes,
Et l'appareil sanglant de la Destruction!

UNE MARTYRE

Dessin d'un maître inconnu

Au milieu des flacons, des étoffes lamées
        Et des meubles voluptueux,
Des marbres, des tableaux, des robes parfumées,
        Qui traînent à plis somptueux,

Dans une chambre tiède où, comme en une serre,
        L'air est dangereux et fatal,
Où des bouquets mourants dans leurs cercueils de verre
        Exhalent leur soupir final,

Un cadavre sans tête épanche, comme un fleuve,
        Sur l'oreiller désaltéré
Un sang rouge et vivant, dont la toile s'abreuve
        Avec l'avidité d'un pré.

Semblable aux visions pâles qu'enfante l'ombre
        Et qui nous enchaînent les yeux,
La tête, avec l'amas de sa crinière sombre
        Et de ses bijoux précieux,

Sur la table de nuit, comme une renoncule,
        Repose; et, vide de pensers,
Un regard vague et blanc comme le crépuscule
        S'échappe des yeux révulsés.

Sur le lit, le tronc nu sans scrupules étale
        Dans le plus complet abandon

At times he takes, knowing my great love for Art,
The form of the most seductive of women,
And, under specious pretexts of depression,
Accustoms my lips to infamous love charms.

Thus, far from the sight of God, he leads me,
Panting and crushed by fatigue, into the midst
Of the plains of Boredom, extensive and deserted,

And throws before my eyes full of confusion
Soiled clothing, opened wounds,
And the bloody apparatus of Destruction.

A MARTYR

Drawing of an Unknown Master

In the midst of flasks, gilt fabrics
    And rich furniture,
Marbles, pictures, perfumed dresses,
    Dragging with sumptuous folds,

In a warm room where, as in a hothouse,
    The air is dangerous and fatal,
Where dying bouquets in their glass caskets
    Exhale their last sigh,

A headless corpse sends forth, like a river,
    On the slaked pillow
A red living blood, which the cloth soaks up
    With the avidity of a meadow.

Similar to the pale visions which the darkness engenders
    And which captivate our eyes,
The head, with the mass of its dark hair
    And its precious jewels,

On the night table, like a ranunculus,
    Rests; and, emptied of thoughts,
A glance vague and white as twilight,
    Escapes from the revulsed eyes.

On the bed, the naked torso displays without scruple
    In the completest abandonment

La secrète splendeur et la beauté fatale
        Dont la nature lui fit don;

Un bas rosâtre, orné de coins d'or, à la jambe,

        Comme un souvenir est resté;
La jarretière, ainsi qu'un oeil secret qui flambe,
        Darde un regard diamanté.

Le singulier aspect de cette solitude
        Et d'un grand portrait langoureux,
Aux yeux provocateurs comme son attitude,
        Révèle un amour ténébreux,

Une coupable joie et des fêtes étranges
        Pleines de baisers infernaux,
Dont se réjouissait l'essaim de mauvais anges
        Nageant dans les plis des rideaux;

Et cependant, à voir la maigreur élégante
        De l'épaule au contour heurté,
La hanche un peu pointue et la taille fringante
        Ainsi qu'un reptile irrité,

Elle est bien jeune encor!—Son âme exaspérée
        Et ses sens par l'ennui mordus
S'étaient-ils entr'ouverts à la meute altérée
        Des désirs errants et perdus?

L'homme vindicatif que tu n'as pu, vivante,
        Malgré tant d'amour, assouvir,
Combla-t-il sur ta chair inerte et complaisante
        L'immensité de son désir?

Réponds, cadavre impur! et par tes tresses roides
        Te soulevant d'un bras fiévreux,
Dis-moi, tête effrayante, a-t-il sur tes dents froides
        Collé les suprêmes adieux?

—Loin du monde railleur, loin de la foule impure,

        Loin des magistrats curieux,
Dors en paix, dors en paix, étrange créature,
        Dans ton tombeau mystérieux;

The secret splendor and the fatal beauty
    With which nature endowed it;

On the leg, a rose-colored stocking, decorated with gold
    clocks,
    Remains like a souvenir;
The garter, like a flaming secret eye,
    Darts a diamondlike glance.

The singular aspect of this solitude
    And of a large languorous portrait,
With eyes as provocative as its pose,
    Reveals a secretive love,

A guilty joy and strange orgies
    Full of infernal kisses,
Over which the swarm of bad angels rejoiced
    As they swarm in the folds of the curtains;

And yet, on seeing the elegant thinness
    Of the shoulder with its abrupt shape,
The hip a bit pointed and the frisky figure
    Like an irritated snake,

She is still quite young! Had her exasperated soul
    And her senses bitten by boredom
Half opened to the greedy pack
    Of errant lost desires?

Did the vindictive man you were not able, when alive,
    In spite of so much love, to satisfy,
Release over your inert and complacent flesh
    The immensity of his desire?

Answer, impure corpse! And through your stiff tresses,
    Raising you with a feverish arm,
Tell me, terrifying head, did he on your cold teeth
    Imprint the last farewell?

—Far from the mocking world, far from the impure
    crowd,
    Far from curious magistrates,
Sleep in peace, sleep in peace, strange creature,
    In your mysterious tomb;

Ton époux court le monde, et ta forme immortelle
   Veille près de lui quand il dort;
Autant que toi sans doute il te sera fidèle,
   Et constant jusques à la mort.

UN VOYAGE À CYTHÈRE[20]

Mon coeur, comme un oiseau, voltigeait tout joyeux
Et planait librement à l'entour des cordages;
Le navire roulait sous un ciel sans nuages,
Comme un ange enivré d'un soleil radieux.

Quelle est cette île triste et noire?—C'est Cythère,
Nous dit-on, un pays fameux dans les chansons,
Eldorado banal de tous les vieux garçons.
Regardez, après tout, c'est une pauvre terre.

—Ile des doux secrets et des fêtes du coeur!
De l'antique Vénus le superbe fantôme
Au-dessus de tes mers plane comme un arome,
Et charge les esprits d'amour et de langueur.

Belle île aux myrtes verts, pleine de fleurs écloses,

Vénérée à jamais par toute nation,
Où les soupirs des coeurs en adoration
Roulent comme l'encens sur un jardin de roses

Ou le roucoulement éternel d'un ramier!
—Cythère n'était plus qu'un terrain des plus maigres,
Un désert rocailleux troublé par des cris aigres.
J'entrevoyais pourtant un objet singulier!

Ce n'était pas un temple aux ombres bocagères,
Où la jeune prêtresse, amoureuse des fleurs,
Allait, le corps brûlé de secrètes chaleurs,
Entre-bâillant sa robe aux brises passagères;

Mais voilà qu'en rasant la côte d'assez près
Pour troubler les oiseaux avec nos voiles blanches,
Nous vîmes que c'était un gibet à trois branches,
Du ciel se détachant en noir, comme un cyprès.

Your lover is far away, and your immortal form
    Watches near him when he sleeps;
As much as you doubtless he will be faithful
    And constant until death.

A VOYAGE TO CYTHERA

My heart, like a bird, flew about joyously
And hovered in freedom around the riggings;
The ship rolled under a sky without clouds,
Like an angel intoxicated with a radiant sun.

What is this sad dark island? It is Cythera,
They tell us, a famous country in songs,
The banal Eldorado of all the playboys.
Look! After all, it's a poor land.

—Island of sweet secrets and celebrations of the heart!
The proud phantom of ancient Venus
Hovers above your seas like an aroma,
And fills the mind with love and languor.

Beautiful island with green myrtle, full of opened
    flowers,
Venerated forever by all nations,
Where the sigh of adoring hearts
Rolls like incense over a garden of roses

Or the eternal cooing of a turtledove!
—Cythera was but a land of the most wasted kind,
A rocky desert disturbed by bitter cries.
Yet I could half distinguish an unusual object!

It was not a temple with bosky shadows,
Where the young priestess, lover of flowers,
Walked, her body burning with secret fire,
And her dress half opening in the passing breeze;

But there as we grazed the coast close enough
To disturb the birds with our white sails,
We saw it was a three-forked gallows,
Standing out in black from the sky, like a cypress.

De féroces oiseaux perchés sur leur pâture
Détruisaient avec rage un pendu déjà mûr,

Chacun plantant, comme un outil, son bec impur
Dans tous les coins saignants de cette pourriture;

Les yeux étaient deux trous, et du ventre effondré
Les intestins pesants lui coulaient sur les cuisses,
Et ses bourreaux, gorgés de hideuses délices,
L'avaient à coups de bec absolument châtré.

Sous les pieds, un troupeau de jaloux quadrupèdes,
Le museau relevé, tournoyait et rôdait;

Une plus grande bête au milieu s'agitait
Comme un exécuteur entouré de ses aides.

Habitant de Cythère, enfant d'un ciel si beau,
Silencieusement tu souffrais ces insultes
En expiation de tes infâmes cultes
Et des péchés qui t'ont interdit le tombeau.

Ridicule pendu, tes douleurs sont les miennes!
Je sentis, à l'aspect de tes membres flottants,
Comme un vomissement, remonter vers mes dents
Le long fleuve de fiel des douleurs anciennes;

Devant toi, pauvre diable au souvenir si cher,
J'ai senti tous les becs et toutes les mâchoires
Des corbeaux lancinants et des panthères noires
Qui jadis aimaient tant à triturer ma chair.

—Le ciel était charmant, la mer était unie;
Pour moi tout était noir et sanglant désormais,
Hélas! et j'avais, comme en un suaire épais,
Le coeur enseveli dans cette allégorie.

Dans ton île, ô Vénus! je n'ai trouvé debout
Qu'un gibet symbolique où pendait mon image...

—Ah! Seigneur! donnez-moi la force et le courage
De contempler mon coeur et mon corps sans dégoût!

Ravenous birds perched on their prey
Were ferociously demolishing a ripe body that had been
    hanged,
Each one planting, like an instrument, its impure beak
In all the bleeding parts of the rotting flesh;

The eyes were two holes, and from the collapsed belly
The heavy intestines flowed over the thighs,
And its tormentors, gorged with hideous food,
Had totally castrated it with their sharp beaks.

Under its feet, a flock of jealous beasts,
With uplifted muzzles, were moving and prowling
    about;
A very large animal in the middle behaved
Like a leader surrounded by his aides.

Inhabitant of Cythera, child of so beautiful a sky,
In silence you bore these insults
As expiation for your infamous cults
And for the sins which deprived you of a tomb.

Ridiculous victim of the gallows, your grief is mine!
When I saw your floating limbs, I felt,
Mounting toward my mouth, like a vomiting
The long stream of bile of old grief;

Before you, poor wretch with so precious a memory,
I felt all the beaks and all the jaws
Of lancinating crows and black panthers
Who once dearly loved to tear my flesh.

—The sky was charming, the sea unclouded;
For me all would be henceforth black and bloody,
Alas! and I had, as in a thick shroud,
Buried my heart in this allegory.

In your island, O Venus, I found standing
Only a symbolic gallows from which my image was
    hanging . . .
—O Lord, give me the strength and the courage
To contemplate without disgust my heart and my body!

LA MORT DES AMANTS[21]

Nous aurons des lits pleins d'odeurs légères,
Des divans profonds comme des tombeaux,
Et d'étranges fleurs sur des étagères,
Ecloses pour nous sous des cieux plus beaux.

Usant à l'envi leurs chaleurs dernières,
Nos deux coeurs seront deux vastes flambeaux,
Qui réfléchiront leurs doubles lumières
Dans nos deux esprits, ces miroirs jumeaux.

Un soir fait de rose et de bleu mystique,
Nous échangerons un éclair unique,
Comme un long sanglot, tout chargé d'adieux;

Et plus tard un Ange, entr'ouvrant les portes,
Viendra ranimer, fidèle et joyeux,
Les miroirs ternis et les flammes mortes.

LA MORT DES ARTISTES

Combien faut-il de fois secouer mes grelots
Et baiser ton front bas, morne caricature?
Pour piquer dans le but, de mystique nature,
Combien, ô mon carquois, perdre de javelots?

Nous userons notre âme en de subtils complots,
Et nous démolirons mainte lourde armature,
Avant de contempler la grande Créature
Dont l'infernal désir nous remplit de sanglots!

Il en est qui jamais n'ont connu leur Idole,
Et ces sculpteurs damnés et marqués d'un affront,
Qui vont se martelant la poitrine et le front,

N'ont qu'un espoir, étrange et sombre Capitole!
C'est que la Mort, planant comme un soleil nouveau,
Fera s'épanouir les fleurs de leur cerveau!

DEATH OF THE LOVERS

We shall have beds full of faint perfumes,
Divans as deep as tombs,
And strange flowers on shelves,
Opened for us under more beautiful skies.

Using their last warmth in emulation,
Our two hearts will be two vast torches,
Which will reflect their double lights
In our two spirits, those twin mirrors.

One evening, made of mystical rose and blue,
We will exchange one flash of light,
Like a long sob, laden with farewells;

And later an Angel, half opening the doors,
Will come, faithful and joyous, to reanimate
The tarnished mirrors and the dead flames.

DEATH OF THE ARTISTS

How many times must I shake my clown's bells
And kiss your low brow, sad caricature?
In order to strike the target, of mystical nature,
How many javelins must I lose, O quiver?

We will wear out our souls in subtle schemes,
And dismantle many a heavy armor,
Before contemplating the great Creature
Whose infernal desire fills us with sobs!

There are some who have never known their Idol,
And those banned sculptors branded with an affront,
Who as they walk beat their chests and their brows,

Have but one hope, strange and somber Capitol!
It is that Death, hovering like a new sun,
Will cause the flowers of their minds to bloom!

LE VOYAGE

À Maxime Du Camp

I

Pour l'enfant, amoureux de cartes et d'estampes,
L'univers est égal à son vaste appétit.
Ah! que le monde est grand à la clarté des lampes!
Aux yeux du souvenir que le monde est petit!

Un matin nous partons, le cerveau plein de flamme,
Le coeur gros de rancune et de désirs amers,
Et nous allons, suivant le rhythme de la lame,
Berçant notre infini sur le fini des mers:

Les uns, joyeux de fuir une patrie infâme;
D'autres, l'horreur de leurs berceaux, et quelques-uns,
Astrologues noyés dans les yeux d'une femme,
La Circé tyrannique aux dangereux parfums.

Pour n'être pas changés en bêtes, ils s'enivrent

D'espace et de lumière et de cieux embrasés;
La glace qui les mord, les soleils qui les cuivrent,
Effacent lentement la marque des baisers.

Mais les vrais voyageurs sont ceux-là seuls qui partent
Pour partir; coeurs légers, semblables aux ballons,
De leur fatalité jamais ils ne s'écartent,
Et, sans savoir pourquoi, disent toujours: Allons!

Ceux-là dont les désirs ont la forme des nues,
Et qui rêvent, ainsi qu'un conscrit le canon,
De vastes voluptés, changeantes, inconnues,
Et dont l'esprit humain n'a jamais su le nom!

II

Nous imitons, horreur! la toupie et la boule
Dans leur valse et leurs bonds; même dans nos sommeils
La Curiosité nous tourmente et nous roule,
Comme un Ange cruel qui fouette des soleils.

THE VOYAGE

To Maxime Du Camp

I

For the child, in love with maps and prints,
The universe is equal to his huge appetite.
Ah! how large the world is under the lamplight!
In the eyes of memory, how small the world is!

One morning we leave, our minds full of fire,
Our hearts heavy with anger and bitter desire,
And we go, following the rhythm of the wave,
Rocking our infinity on the finiteness of the sea:

Some, happy to escape from an infamous land;
Others, from the horror of their cradles, and a few,
Astrologists drowning in the eyes of a woman,
A tyrannical Circe with her dangerous perfumes.

In order not to be changed into beasts, they are en-
    raptured
With space and light and burning skies;
The ice which freezes them, the sun which bronzes them,
Slowly efface the mark of kisses.

But the real travelers are those only who leave
In order to leave; light hearts, similar to balloons,
They are never separated from their fate,
And, without knowing why, always say: let us go on!

Those whose desires have the form of clouds,
And who dream, as a recruit dreams of a cannon,
Of vast, changing, and unknown raptures,
And whose name the human spirit has never known!

II

We imitate, O horror, the top and the bowl
In their waltz and their leap; even in our sleep
Curiosity torments and rolls us,
As a cruel Angel whipping the sun.

Singulière fortune où le but se déplace,
Et, n'étant nulle part, peut être n'importe où!
Où l'Homme, dont jamais l'espérance n'est lasse,
Pour trouver le repos court toujours comme un fou!

Notre âme est un trois-mâts, cherchant son Icarie;
Une voix retentit sur le pont: "Ouvre l'oeil!"
Une voix de la hune, ardente et folle, crie:
"Amour...gloire...bonheur!" Enfer! c'est un écueil!

Chaque îlot signalé par l'homme de vigie
Est un Eldorado promis par le Destin;
L'Imagination qui dresse son orgie
Ne trouve qu'un récif aux clartés du matin.

O le pauvre amoureux des pays chimériques!
Faut-il le mettre aux fers, le jeter à la mer,
Ce matelot ivrogne, inventeur d'Amériques
Dont le mirage rend le gouffre plus amer?

Tel le vieux vagabond, piétinant dans la boue,
Rêve, le nez en l'air, de brillants paradis;
Son oeil ensorcelé découvre une Capoue
Partout où la chandelle illumine un taudis.

III

Etonnants voyageurs! quelles nobles histoires
Nous lisons dans vos yeux profonds comme les mers!
Montrez-nous les écrins de vos riches mémoires,
Ces bijoux merveilleux, faits d'astres et d'éthers.

Nous voulons voyager sans vapeur et sans voile!
Faites, pour égayer l'ennui de nos prisons,
Passer sur nos esprits, tendus comme une toile,
Vos souvenirs avec leurs cadres d'horizons.

Dites, qu'avez-vous vu?

IV

"Nous avons vu des astres
Et des flots; nous avons vu des sables aussi;

Singular fortune where the goal is displaced,
And, being nowhere, can be anywhere!
Where Man, whose hope never wearies,
In order to find rest is always rushing like a fool!

Our soul is a three-master searching for its Icaria;
A voice resounds on the deck: "Open your eyes!"
A voice from the watch, ardent and mad, cries:
"Love . . . fame . . . happiness!" Hell! it is a reef!

Each island pointed out by the watchman
Is an Eldorado promised by Destiny;
The Imagination which calls up its orgy
Finds only a sandbar in the morning light.

O the poor lover of chimerical lands!
Shall we put into irons, and cast into the sea,
This drunken sailor, inventor of Americas
Whose mirage makes the deep more bitter?

As the old tramp, groveling in the mud,
Dreams, his nose in the air, of brilliant paradises;
His bewitched eyes discover a Capua
Wherever the candle lights up a hovel.

III

Amazing travelers! What noble histories
We read in your eyes as deep as the sea!
Show us the caskets of your rich memories,
The marvelous jewels, made of stars and rays.

We want to voyage without steam and without sail!
To enliven the boredom of our prisons,
Send over our minds, as taut as a canvas,
Your memories with their frames of horizons.

Tell me, what did you see?

IV

                    "We saw stars
And waves; we saw sand also;

Et, malgré bien des chocs et d'imprévus désastres,
Nous nous sommes souvent ennuyés, comme ici.

La gloire du soleil sur la mer violette,
La gloire des cités dans le soleil couchant,
Allumaient dans nos coeurs une ardeur inquiète
De plonger dans un ciel au reflet alléchant.

Les plus riches cités, les plus grands paysages,
Jamais ne contenaient l'attrait mystérieux
De ceux que le hasard fait avec les nuages.
Et toujours le désir nous rendait soucieux!

—La jouissance ajoute au désir de la force.
Désir, vieil arbre à qui le plaisir sert d'engrais,
Cependant que grossit et durcit ton écorce,
Tes branches veulent voir le soleil de plus près!

Grandiras-tu toujours, grand arbre plus vivace
Que le cyprès?—Pourtant nous avons, avec soin,
Cueilli quelques croquis pour votre album vorace,
Frères qui trouvez beau tout ce qui vient de loin!

Nous avons salué des idoles à trompe;
Des trônes constellés de joyaux lumineux;
Des palais ouvragés dont la féerique pompe
Serait pour vos banquiers un rêve ruineux;

Des costumes qui sont pour les yeux une ivresse;
Des femmes dont les dents et les ongles sont teints,
Et des jongleurs savants que le serpent caresse."

V

Et puis, et puis encore?

VI

"O cerveaux enfantins!

Pour ne pas oublier la chose capitale,
Nous avons vu partout, et sans l'avoir cherché,
Du haut jusques en bas de l'échelle fatale,
Le spectacle ennuyeux de l'immortel péché:

And, despite many shocks and unforeseen disasters,
We were often bored, as here.

The glory of the sun on the violet sea,
The glory of the cities in the setting sun,
Lighted up in our hearts a restless yearning
To plunge into a sky with an alluring reflection.

The richest cities, the widest landscapes,
Never contained the mysterious attraction
Of those which chance creates with clouds.
And always desire made us worried!

—Satisfaction adds strength to desire.
Desire, old tree to which pleasure serves as manure,
While your bark grows and hardens,
Your branches want to see the sun at closer range!

Will you continue to grow, huge tree with longer life
Than the cypress?—But we have carefully
Picked a few sketches for your voracious album,
Brothers who find beautiful everything that comes from
    far off!

We have greeted idols with a trunk;
Thrones studded with luminous jewels;
Decorated palaces whose fantasylike pomp
Would be for your bankers a ruinous dream;

Costumes which are an intoxication for the eyes:
Women whose teeth and nails are tinted,
And learned jugglers caressed by a serpent."

V

And after that, what after that?

VI

                  "O childish minds!

In order not to forget the important thing,
We have seen everywhere, and without looking for it,
From the top to the bottom of the fatal ladder,
The boring spectacle of immortal sin:

La femme, esclave vile, orgueilleuse et stupide,
Sans rire s'adorant et s'aimant sans dégoût;

L'homme, tyran goulu, paillard, dur et cupide,
Esclave de l'esclave et ruisseau dans l'égout;
Le bourreau qui jouit, le martyr qui sanglote;

La fête qu'assaisonne et parfume le sang;
Le poison du pouvoir énervant le despote,
Et le peuple amoureux du fouet abrutissant;

Plusieurs religions semblables à la nôtre,
Toutes escaladant le ciel; la Sainteté,
Comme en un lit de plume un délicat se vautre,
Dans les clous et le crin cherchant la volupté;

L'Humanité bavarde, ivre de son génie,
Et, folle maintenant comme elle était jadis,
Criant à Dieu, dans sa furibonde agonie:
"O mon semblable, ô mon maître, je te maudis!"

Et les moins sots, hardis amants de la Démence,
Fuyant le grand troupeau parqué par le Destin,
Et se réfugiant dans l'opium immense!
—Tel est du globe entier l'éternel bulletin."

VII

Amer savoir, celui qu'on tire du voyage!
Le monde, monotone et petit, aujourd'hui,
Hier, demain, toujours, nous fait voir notre image:
Une oasis d'horreur dans un désert d'ennui!

Faut-il partir? rester? Si tu peux rester, reste;
Pars, s'il le faut. L'un court, et l'autre se tapit
Pour tromper l'ennemi vigilant et funeste,
Le Temps! Il est, hélas! des coureurs sans répit,

Comme le Juif errant et comme les apôtres,
A qui rien ne suffit, ni wagon ni vaisseau,
Pour fuir ce rétiaire infâme; il en est d'autres
Qui savent le tuer sans quitter leur berceau.

Woman, a low slave, proud and stupid,
Worshiping herself without laughter and loving herself
   without disgust;
Man, a greedy tyrant, lustful, hard and envious,
Slave of the slave and rivulet in the sewer;

The executioner who has his pleasure, the martyr who
   sobs;
The festivity heightened and perfumed by blood;
The poison of power irritating the despot,
And the crowd in love with the crushing whip;

Several religions similar to ours,
All of them climbing to heaven; His Holiness,
As on a feather bed a refined man wallows,
In nails and horsehair looking for his pleasure;

Talkative Humanity, intoxicated on its genius,
And, mad now as it once was,
Crying to God, in its crazed agony:
"O man like myself, O master, I curse you!"

And the least foolish, bold lovers of Madness,
Fleeing the large flock impounded by Destiny,
And taking refuge in the immensity of opium
—Such is the eternal record of the entire globe."

VII

It is bitter knowledge one derives from travel!
The world, monotonous and small, today,
Yesterday, tomorrow, always, shows us our own image:
An oasis of horror in a desert of boredom!

Should we leave? or stay? If you can stay, stay;
Leave, if you must. One man runs, and the next hides
To trick the vigilant fatal enemy,
Time! There are, alas, continual runners,

Like the wandering Jew and like the apostles,
To whom nothing suffices, neither train nor ship,
In order to flee the infamous retiary; there are others
Who can kill him without leaving their cradle.

Lorsque enfin il mettra le pied sur notre échine,
Nous pourrons espérer et crier: En avant!
De même qu'autrefois nous partions pour la Chine,
Les yeux fixés au large et les cheveux au vent,

Nous nous embarquerons sur la mer des Ténèbres
Avec le coeur joyeux d'un jeune passager.
Entendez-vous ces voix, charmantes et funèbres,
Qui chantent: "Par ici! vous qui voulez manger

Le Lotus parfumé! c'est ici qu'on vendange
Les fruits miraculeux dont votre coeur a faim;
Venez vous enivrer de la douceur étrange
De cette après-midi qui n'a jamais de fin?"

A l'accent familier nous devinons le spectre;
Nos Pylades là-bas tendent leurs bras vers nous.
"Pour rafraîchir ton coeur nage vers ton Electre!"
Dit celle dont jadis nous baisions les genoux.

VIII

O Mort, vieux capitaine, il est temps! levons l'ancre!

Ce pays nous ennuie, ô Mort! Appareillons!
Si le ciel et la mer sont noirs comme de l'encre,
Nos coeurs que tu connais sont remplis de rayons!

Verse-nous ton poison pour qu'il nous réconforte!
Nous voulons, tant ce feu nous brûle le cerveau,
Plonger au fond du gouffre, Enfer ou Ciel, qu'importe?

Au fond de l'Inconnu pour trouver du *nouveau!*

LESBOS

Mère des jeux latins et des voluptés grecques,
Lesbos, où les baisers, languissants ou joyeux,
Chauds comme les soleils, frais comme les pastèques,
Font l'ornement des nuits et des jours glorieux;
Mère des jeux latins et des voluptés grecques,

When at last he puts his foot on our neck,
We can hope and shout: Forward!
As once we left for China,
Our eyes fixed seaward and our hair in the wind,

We shall embark on the sea of darkness
With the joyous heart of a young passenger.
Do you hear those voices, charming and funereal,
Singing: "Come this way, you who wish to eat

The perfumed Lotus! this is where men harvest
The miraculous fruits your heart hungers for;
Come and intoxicate yourself on the strange sweetness
Of that afternoon which never ends"?

By his familiar accent we sense the ghost;
Our Pylades over there extend their arms to us.
"To refresh your courage, swim toward your Electra!"
Says the girl whose knees we once kissed.

VIII

O Death, old captain, the time has come! Let us weigh
      anchor!
This land bores us, O Death! Let us set sail!
If the sky and the sea are as black as ink,
Our hearts which you know are filled with rays!

Pour your poison so that it will comfort us!
The fire searing our brain is such that we want
To plunge to the bottom of the abyss, whether it be
      Heaven or Hell,
To the bottom of the Unknown in order to find some-
      thing *new!*

LESBOS

Mother of Roman games and Greek pleasures,
Lesbos, where kisses, languid or joyous,
Warm as the sun, cool as watermelons,
Are the ornament of nights and glorious days;
Mother of Roman games and Greek pleasures,

Lesbos, où les baisers sont comme les cascades
Qui se jettent sans peur dans les gouffres sans fonds,
Et courent, sanglotant et gloussant par saccades,
Orageux et secrets, fourmillants et profonds;
Lesbos, où les baisers sont comme les cascades!

Lesbos, où les Phrynés l'une l'autre s'attirent,
Où jamais un soupir ne resta sans écho,
A l'égal de Paphos les étoiles t'admirent,
Et Vénus à bon droit peut jalouser Sapho!
Lesbos, où les Phrynés l'une l'autre s'attirent,

Lesbos, terre des nuits chaudes et langoureuses,
Qui font qu'à leurs miroirs, stérile volupté!
Les filles aux yeux creux, de leurs corps amoureuses,
Caressent les fruits mûrs de leur nubilité;
Lesbos, terre des nuits chaudes et langoureuses,

Laisse du vieux Platon se froncer l'oeil austère;
Tu tires ton pardon de l'excès des baisers,
Reine du doux empire, aimable et noble terre,
Et des raffinements toujours inépuisés.
Laisse du vieux Platon se froncer l'oeil austère.

Tu tires ton pardon de l'éternel martyre,
Infligé sans relâche aux coeurs ambitieux,
Qu'attire loin de nous le radieux sourire
Entrevu vaguement au bord des autres cieux!
Tu tires ton pardon de l'éternel martyre!

Qui des Dieux osera, Lesbos, être ton juge
Et condamner ton front pâli dans les travaux,
Si ses balances d'or n'ont pesé le déluge
De larmes qu'à la mer ont versé tes ruisseaux?
Qui des Dieux osera, Lesbos, être ton juge!

Que nous veulent les lois du juste et de l'injuste?

Vierges au coeur sublime, honneur de l'archipel,
Votre religion comme une autre est auguste,
Et l'amour se rira de l'Enfer et du Ciel!
Que nous veulent les lois du juste et de l'injuste?

Lesbos, where kisses are like cascades
Which fall fearlessly into bottomless gulfs,
And hasten, sobbing and slipping by jerks,
Stormy and secretive, swarming and deep;
Lesbos, where kisses are like cascades!

Lesbos, where Phrynes attract one another,
Where a sigh never remained without an echo,
On a par with Paphos the stars admire you,
And Venus can rightfully be jealous of Sappho!
Lesbos, where Phrynes attract one another,

Lesbos, land of warm and languorous nights,
Which force, O sterile ardor, before their mirrors,
Girls with hollow eyes and amorous bodies
To caress the ripe fruits of their puberty;
Lesbos, land of warm and languorous nights,

Let the severe eyes of old Plato frown;
You exact your pardon from the excess of kisses,
Queen of the sweet empire, loving and noble land,
And of the always inexhaustible subtleties.
Let the severe eyes of old Plato frown.

You exact your pardon from the eternal pain,
Inflicted without respite on ambitious hearts,
Attracted far from us by the radiant smile
Vaguely perceived at the edge of other skies!
You exact your pardon from the eternal pain!

Lesbos, which of the gods will dare be your judge
And condemn your brow grown pale by your work,
If his golden scales have not weighed the deluge
Of tears which your weeping has poured into the sea?
Lesbos, which of the gods will dare be your judge?

What do the laws of the just and the unjust demand
   of us?
Virgins with noble hearts, honor of the isles,
Your religion like others is solemn,
And love will laugh at Hell and Heaven!
What do the laws of the just and the unjust demand
   of us?

Car Lesbos entre tous m'a choisi sur la terre
Pour chanter le secret de ses vierges en fleurs,
Et je fus dès l'enfance admis au noir mystère
Des rires effrénés mêlés aux sombres pleurs;
Car Lesbos entre tous m'a choisi sur la terre.

Et depuis lors je veille au sommet de Leucate,
Comme une sentinelle à l'oeil perçant et sûr,
Qui guette nuit et jour brick, tartane ou frégate,
Dont les formes au loin frissonnent dans l'azur;
Et depuis lors je veille au sommet de Leucate,

Pour savoir si la mer est indulgente et bonne,
Et parmi les sanglots dont le roc retentit
Un soir ramènera vers Lesbos, qui pardonne,
Le cadavre adoré de Sapho, qui partit,
Pour savoir si la mer est indulgente et bonne!

De la mâle Sapho, l'amante et le poëte,
Plus belle que Vénus par ses mornes pâleurs!
—L'oeil d'azur est vaincu par l'oeil noir que tachète
La cercle ténébreux tracé par les douleurs
De la mâle Sapho, l'amante et le poëte!

—Plus belle que Vénus se dressant sur le monde
Et versant les trésors de sa sérénité
Et le rayonnement de sa jeunesse blonde
Sur le vieil Océan de sa fille enchanté;
Plus belle que Vénus se dressant sur le monde!

—De Sapho qui mourut le jour de son blasphème,
Quand, insultant le rite et le culte inventé,
Elle fit son beau corps la pâture suprême
D'un brutal dont l'orgueil punit l'impiété
De celle qui mourut le jour de son blasphème.

Et c'est depuis ce temps que Lesbos se lamente,
Et, malgré les honneurs que lui rend l'univers,
S'enivre chaque nuit du cri de la tourmente
Que poussent vers les cieux ses rivages déserts!
Et c'est depuis ce temps que Lesbos se lamente!

For Lesbos has chosen me among all men of the earth
To sing the secret of its flowering virgins,
And as a child I was admitted to the dark mystery
Of frantic laughter mingled with somber tears;
For Lesbos has chosen me among all men of the earth.

From then on I have watched at the top of Leucate,
Like a sentinel with a piercing and accurate eye,
Who watches day and night for brig, tartan or frigate,
Whose distant shapes quiver in the blue;
From then on I have watched at the top of Leucate,

To know whether the sea is indulgent and kind,
And in the sobs with which the rock resounds
One evening will bring back to Lesbos, which forgives,
The worshiped body of Sappho, who left,
To know whether the sea is indulgent and kind!

Of mannish Sappho, lover and poet
More beautiful than Venus in her sad pallor!
—The blue eye is vanquished by the black eye spotted
By the dark circle traced by the suffering
Of mannish Sappho, lover and poet!

—More beautiful than Venus rising over the world
And pouring forth the abundance of her calm
And the radiance of her blond youthfulness
Over the old Ocean delighted with his daughter;
More beautiful than Venus rising over the world!

—Of Sappho who died on the day of her blasphemy,
When, insulting the rite and the designated worship,
She made her beautiful body the supreme prey
Of a brute whose pride punished the impiety
Of the one who died on the day of her blasphemy.

And it is since that time that Lesbos laments,
And, despite the honors which the world pays it,
Exalts every night with the cry of the torment
Which its deserted banks raise toward heaven!
And it is since that time that Lesbos laments!

LE JET D'EAU

Tes beaux yeux sont las, pauvre amante!
Reste longtemps, sans les rouvrir,
Dans cette pose nonchalante
Où t'a surprise le plaisir.
Dans la cour le jet d'eau qui jase
Et ne se tait ni nuit ni jour,
Entretient doucement l'extase
Où ce soir m'a plongé l'amour.

    La gerbe épanouie
       En mille fleurs,
    Où Phoebé réjouie
       Met ses couleurs,
    Tombe comme une pluie
       De larges pleurs.

Ainsi ton âme qu'incendie
L'éclair brûlant des voluptés
S'élance, rapide et hardie,
Vers les vastes cieux enchantés.
Puis, elle s'épanche, mourante,
En un flot de triste langueur,
Qui par une invisible pente
Descend jusqu'au fond de mon coeur.

    La gerbe épanouie
       En mille fleurs,
    Où Phoebé réjouie
       Met ses couleurs,
    Tombe comme une pluie
       De larges pleurs.

O toi, que la nuit rend si belle,
Qu'il m'est doux, penché vers tes seins,
D'écouter la plainte éternelle
Qui sanglote dans les bassins!
Lune, eau sonore, nuit bénie,
Arbres qui frissonnez autour,
Votre pure mélancolie
Est le miroir de mon amour.

THE FOUNTAIN

Your beautiful eyes are tired, beloved!
Stay for a long time, without opening them,
In that relaxed pose
Where pleasure left you.
In the courtyard the chattering fountain
Which does not stop night or day,
Sweetly sustains the ecstasy
Into which love this evening plunged me.

> The sheaf opening
>   Into a thousand flowers,
> Where the joyous moon
>   Places its colors,
> Falls like a rain
>   Of heavy tears.

Thus your soul enflamed
By the burning light of pleasure
Rushes, swift and bold,
Toward the vast enchanted skies.
Then, it spills forth, dying,
In a wave of sad languor,
Which along an invisible slope
Descends to the bottom of my heart.

> The sheaf opening
>   Into a thousand flowers,
> Where the joyous moon
>   Places its colors,
> Falls like a rain
>   Of heavy tears.

Beloved, whom the night makes beautiful,
How I love, as I bend over your heart,
To listen to the eternal lament
Which sobs in the fountains!
Moon, sonorous water, blessed night,
Trees trembling nearby,
Your pure melancholy
Is the mirror of my love.

La gerbe épanouie
En mille fleurs,
Où Phoebé réjouie
Met ses couleurs,
Tombe comme une pluie
De larges pleurs.

À UNE MALABARAISE

Tes pieds sont aussi fins que tes mains, et ta hanche
Est large à faire envie à la plus belle blanche;
À l'artiste pensif ton corps est doux et cher;
Tes grands yeux de velours sont plus noirs que ta chair.
Aux pays chauds et bleus où ton Dieu t'a fait naître,
Ta tâche est d'allumer la pipe de ton maître,

De pourvoir les flacons d'eaux fraîches et d'odeurs,
De chasser loin du lit les moustiques rôdeurs,
Et, dès que le matin fait chanter les platanes,

D'acheter au bazar ananas et bananes.
Tout le jour, où tu veux, tu mènes tes pieds nus,
Et fredonnes tout bas de vieux airs inconnus;
Et quand descend le soir au manteau d'écarlate,
Tu poses doucement ton corps sur une natte,
Où tes rêves flottants sont pleins de colibris,
Et toujours, comme toi, gracieux et fleuris.

Pourquoi, l'heureuse enfant, veux-tu voir notre France,
Ce pays trop peuplé que fauche la souffrance,
Et, confiant ta vie aux bras forts des marins,
Faire de grands adieux à tes chers tamarins?
Toi, vêtue à moitié de mousselines frêles,
Frissonnante là-bas sous la neige et les grêles,
Comme tu pleurerais tes loisirs doux et francs,
Si, le corset brutal emprisonnant tes flancs,
Il te fallait glaner ton souper dans nos fanges
Et vendre le parfum de tes charmes étranges,
L'oeil pensif, et suivant, dans nos sales brouillards,
Des cocotiers absents les fantômes épars!

The sheaf opening
    Into a thousand flowers,
Where the joyous moon
    Places its colors,
Falls like a rain
    Of heavy tears.

TO A MALABAR GIRL

Your feet are as refined as your hands, and your hip
Is wide enough to cause envy in the whitest hip;
To the pensive artist your body is sweet and dear;
Your large velvet eyes are blacker than your skin.
In the warm blue country where God had you born,
Your duty is to light the pipe of your master.

To provide the flasks of cold water and perfumes,
To keep far from the bed all curious mosquitoes,
And, as soon as the morning brings a song to the plane
    trees,
To buy pineapples and bananas at the bazaar.
All day, wherever you wish, you walk with bare feet,
And softly hum old unknown melodies;
And when evening in its scarlet mantle falls,
You gently stretch your body on a mat,
Where your floating dreams are full of hummingbirds,
And always, like yourself, peaceful and flowering.

Why, happy child, do you want to see our France,
An overpopulated country which suffering mows down,
And, entrusting your life to the strong arms of sailors,
Say grand farewells to your beloved tamarinds?
Half-clothed as you are, with thin muslin,
Shivering in France under snow and hail,
How you would weep for your sweet carefree leisure,
If, with a brutal corset imprisoning your flanks,
You had to glean your supper in our mud
And sell the perfume of your strange charms,
Your eyes pensive, and watching, in our filthy fog,
The scattered phantoms of absent cocoa palms!

EPIGRAPHE POUR UN LIVRE CONDAMNÉ

Lecteur paisible et bucolique,
Sobre et naïf homme de bien,
Jette ce livre saturnien,
Orgiaque et mélancolique.

Si tu n'as fait ta rhétorique
Chez Satan, le rusé doyen,
Jette! tu n'y comprendrais rien,
Ou tu me croirais hystérique.

Mais si, sans se laisser charmer,
Ton oeil sait plonger dans les gouffres,
Lis-moi, pour apprendre à m'aimer;

Ame curieuse qui souffres
Et vas cherchant ton paradis,
Plains-moi!...sinon, je te maudis!

RECUEILLEMENT[22]

Sois sage, ô ma Douleur, et tiens-toi plus tranquille.
Tu réclamais le Soir; il descend; le voici:
Une atmosphère obscure enveloppe la ville,
Aux uns portant la paix, aux autres le souci.

Pendant que des mortels la multitude vile,
Sous le fouet du Plaisir, ce bourreau sans merci,
Va cueillir des remords dans la fête servile,
Ma Douleur, donne-moi la main; viens par ici,

Loin d'eux. Vois se pencher les défuntes Années,
Sur les balcons du ciel, en robes surannées;
Surgir du fond des eaux le Regret souriant;

Le Soleil moribond s'endormir sous une arche,
Et, comme un long linceul traînant à l'Orient,
Entends, ma chère, entends la douce Nuit qui marche.

EPIGRAPH FOR A CONDEMNED BOOK

Peaceful bucolic reader,
Sober naïve man of good will,
Throw away this saturnine
Orgiastic and melancholy book.

Unless you have studied your rhetoric
With Satan, that wily dean,
Throw it away! You would not understand it,
Or you would believe me hysterical.

But if, without allowing them to be spellbound,
Your eyes can see into abysses,
Read me, in order to learn to love me;

Curious soul who suffer
And are looking for your paradise,
Pity me! . . . Otherwise, I curse you!

MEDITATION

Behave, O my Grief, and keep still.
You asked for Evening; it is descending; here it is:
A dark atmosphere covers the city,
Bearing peace to some, and worry to others.

While the wretched crowd of mortals,
Under the whip of Pleasure, that merciless torturer,
Goes to collect remorse in the servile festivity,
My Grief, give me your hand; come this way,

Far off from them. See the Years that have died leaning
Over the balconies of heaven, in old-fashioned dresses;
See my Regret in smiles rising up from the depths of
    the water;

The dying Sun going to sleep under an arch,
And, like a long shroud dragging toward the East,
Hear, my beloved, hear the steps of sweet night.

LE GOUFFRE

Pascal avait son gouffre, avec lui se mouvant.
—Hélas! tout est abîme,—action, désir, rêve,
Parole! et sur mon poil qui tout droit se relève
Mainte fois de la Peur je sens passer le vent.

En haut, en bas, partout la profondeur, la grève,
Le silence, l'espace affreux et captivant...
Sur le fond de mes nuits Dieu de son doigt savant

Dessine un cauchemar multiforme et sans trêve.

J'ai peur du sommeil comme on a peur d'un grand trou,
Tout plein de vague horreur, menant on ne sait où;
Je ne vois qu'infini par toutes les fenêtres,

Et mon esprit, toujours du vertige hanté,
Jalouse du néant l'insensibilité.
—Ah! ne jamais sortir des Nombres et des Etres!

LES PLAINTES D'UN ICARE

Les amants des prostituées
Sont heureux, dispos et repus;
Quant à moi, mes bras sont rompus
Pour avoir étreint des nuées.

C'est grâce aux astres nonpareils,
Qui tout au fond du ciel flamboient,
Que mes yeux consumés ne voient
Que des souvenirs de soleils.

En vain j'ai voulu de l'espace
Trouver la fin et le milieu;
Sous je ne sais quel oeil de feu
Je sens mon aile qui se casse;

Et brûlé par l'amour du beau,
Je n'aurai pas l'honneur sublime
De donner mon nom à l'abîme
Qui me servira de tombeau.

THE ABYSS

Pascal had his abyss, which moved with him.
Alas! everything is an abyss—action, desire, dreams,
Words! and over my hair which stands upright
I often feel the wind of Fear pass.

Above and below, everywhere, distances, shores,
Silence, terrifying imprisoning space . . .
Over the depths of my nights God with His knowing
    finger
Draws a multiform traceless nightmare.

I fear sleep as one fears a great hole,
Full of vague horror, leading one knows not where;
I see only infinity through all my windows,

And my mind, always haunted by vertigo,
Is jealous of the insensibility of the void.
—Ah! I will never be free of Numbers and Beings!

COMPLAINTS OF AN ICARUS

The lovers of prostitutes
Are happy, free and satisfied;
As for me, my arms are broken
Over embracing clouds.

Thanks to the extraordinary stars,
Which shine in the depths of the sky,
My consumed eyes see only
Memories of suns.

In vain I tried to find
The end of space and its middle;
Under some fiery eye or other
I feel my wing breaking;

And burned by love of beauty,
I will not have the sublime honor
Of giving my name to the abyss
Which will serve me as a tomb.

LE SPLEEN DE PARIS[23]
(Poëmes en prose)

L'ÉTRANGER

Qui aimes-tu le mieux, homme énigmatique, dis? ton père, ta mère, ta soeur ou ton frère?

—Je n'ai ni père, ni mère, ni soeur, ni frère.

—Tes amis?

—Vous vous servez là d'une parole dont le sens m'est resté jusqu'à ce jour inconnu.

—Ta patrie?

—J'ignore sous quelle latitude elle est située.

—La beauté?

—Je l'aimerais volontiers, déesse et immortelle.

—L'or?

—Je le hais comme vous haïssez Dieu.

—Eh! qu'aimes-tu donc, extraordinaire étranger?

—J'aime les nuages...les nuages qui passent...là-bas... là-bas...les merveilleux nuages!

LE CONFITEOR DE L'ARTISTE

Que les fins de journées d'automne sont pénétrantes! Ah! pénétrantes jusqu'à la douleur! car il est de certaines sensations délicieuses dont le vague n'exclut pas l'intensité; et il n'est pas de pointe plus acérée que celle de l'Infini.

Grand délice que celui de noyer son regard dans l'immensité du ciel et de la mer! Solitude, silence, incomparable chasteté de l'azur! une petite voile frissonnante à l'horizon, et qui par sa petitesse et son isolement imite mon irrémédiable existence, mélodie monotone de la houle, toutes ces choses pensent par moi, ou je pense par elles (car dans la grandeur de la rêverie, le *moi* se perd vite!); elles pensent, dis-je, mais musicalement et pit-

SPLEEN OF PARIS
(Prose poems)

THE STRANGER

Whom do you prefer, enigmatical man, tell me, your father, your mother, your sister or your brother?

I have no father, nor mother, nor sister, nor brother.

Your friends?

There you're using a word whose meaning has remained thus far unknown to me.

Your country?

I do not know under what latitude it is situated.

Beauty?

Willingly would I love her, goddess and immortal.

Gold?

I hate it as you hate God.

So, what do you love, unusual stranger?

I love clouds . . . the clouds which pass by . . . over yonder . . . over yonder . . . the marvelous clouds!

THE ARTIST'S *CONFITEOR*

How piercing are the endings of autumn days! Piercing until they bring on pain! For there are certain exciting sensations whose vagueness does not exclude intensity; and there is no sharper point than that of Infinity.

What a delight it is to look deeply into the immensity of the sky and the sea! Solitude, silence, incomparable chastity of blue! A small sail trembling on the horizon, which in its smallness and isolation imitates my irremediable life, the monotonous melody of the surge, all of these things think through me, or I think through them (for in the greatness of dreams, the *ego* is quickly lost!); they think, I repeat, but musically and

117

toresquement, sans arguties, sans syllogismes, sans déductions.

Toutefois, ces pensées, qu'elles sortent de moi ou s'élancent des choses, deviennent bientôt trop intenses. L'énergie dans la volupté crée un malaise et une souffrance positive. Mes nerfs trop tendus ne donnent plus que des vibrations criardes et douloureuses.

Et maintenant la profondeur du ciel me consterne; sa limpidité m'exaspère. L'insensibilité de la mer, l'immuabilité du spectacle me révoltent...Ah! faut-il éternellement souffrir, ou fuir éternellement le beau? Nature, enchanteresse sans pitié, rivale toujours victorieuse, laisse-moi! Cesse de tenter mes désirs et mon orgueil! L'étude du beau est un duel où l'artiste crie de frayeur avant d'être vaincu.

LA CHAMBRE DOUBLE

Une chambre qui ressemble à une rêverie, une chambre véritablement *spirituelle,* où l'atmosphère stagnante est légèrement teintée de rose et de bleu.

L'âme y prend un bain de paresse aromatisé par le regret et le désir. —C'est quelque chose de crépusculaire, de bleuâtre et de rosâtre; un rêve de volupté pendant une éclipse.

Les meubles ont des formes allongées, prostrées, alanguies. Les meubles ont l'air de rêver; on les dirait doués d'une vie somnambulique, comme le végétal et le minéral. Les étoffes parlent une langue muette, comme les fleurs, comme les ciels, comme les soleils couchants.

Sur les murs nulle abomination artistique. Relativement au rêve pur, à l'impression non analysée, l'art défini, l'art positif est un blasphème. Ici, tout a la suffisante clarté et la délicieuse obscurité de l'harmonie.

Une senteur infinitésimale du choix le plus exquis, à laquelle se mêle une très légère humidité, nage dans cette atmosphère, où l'esprit sommeillant est bercée par des sensations de serre chaude.

La mousseline pleut abondamment devant les fenêtres

in a picturesque way, without quibbling, without syllogisms and without deductions.

However, these thoughts, whether they come from me or rush forth from things, soon become too intense. Vigor in pleasure creates discomfort and a decided suffering. My overtaut nerves give out noisy and painful vibrations.

And now the depths of the sky terrify me; its clearness exasperates me. The insensibility of the sea and the immortality of its spectacle disgust me. . . . Ah! must I always suffer, or always avoid beauty? Abandon me, nature, sorceress without mercy, ever triumphant rival! Stop tempting my desires and my pride! The study of beauty is a duel in which the artist cries out from fear before he is conquered.

THE DOUBLE ROOM

A room which resembles a dream, a truly *spiritual* room, in which an atmosphere of stagnation is slightly tinted with rose and blue.

There the soul takes a bath of idleness, with the pungent odors of regret and desire. It is something crepuscular, bluish and rosy; a dream of pleasure during an eclipse.

The furniture has elongated, prostrated and languishing forms. The furniture seems to be dreaming. You might say it is endowed with a somnambulist life, like the vegetable and the mineral. The fabrics speak a mute language, like flowers, skies, and setting suns.

On the walls there is no artistic abomination. In its relationship to a pure dream, to an unanalyzed impression, definite art, positive art is a blasphemy. Here, everything has a sufficient light and the charming darkness of harmony.

An infinitesimal odor of the most exquisite choice, to which is joined a very slight humidity, floats in this atmosphere, where the slumbering spirit is rocked by sensations of a greenhouse.

Muslin falls abundantly in front of the windows and

et devant le lit; elle s'épanche en cascades neigeuses. Sur ce lit est couchée l'Idole, la souveraine des rêves. Mais comment est-elle ici? Qui l'a amenée? quel pouvoir magique l'a installée sur ce trône de rêverie et de volupté? Qu'importe? la voilà! je la reconnais. Voilà bien ces yeux dont la flamme traverse le crépuscule; ces subtiles et terribles *mirettes*, que je reconnais à leur effrayante malice! Elles attirent, elles subjuguent, elles dévorent le regard de l'imprudent qui les contemple. Je les ai souvent étudiées, ces étoiles noires qui commandent la curiosité et l'admiration. A quel démon bienveillant dois-je d'être ainsi entouré de mystère, de silence, de paix et de parfums? O béatitude! ce que nous nommons généralement la vie, même dans son expansion la plus heureuse, n'a rien de commun avec cette vie suprême dont j'ai maintenant connaissance et que je savoure minute par minute, seconde par seconde!

Non! il n'est plus de minutes, il n'est plus de secondes! Le temps a disparu; c'est l'Eternité qui règne, une éternité de délices!

Mais un coup terrible, lourd, a retenti à la porte, et, comme dans les rêves infernaux, il m'a semblé que je recevais un coup de pioche dans l'estomac.

Et puis un Spectre est entré. C'est un huissier qui vient me torturer au nom de la loi; une infâme concubine qui vient crier misère et ajouter les trivialités de sa vie aux douleurs de la mienne; ou bien le saute-ruisseau d'un directeur de journal qui réclame la suite du manuscrit.

La chambre paradisiaque, l'idole, la souveraine des rêves, la *Sylphide*, comme disait le grand René, toute cette magie a disparu au coup brutal frappé par le Spectre.

Horreur! je me souviens! je me souviens! Oui! ce taudis, ce séjour de l'éternel ennui, est bien le mien. Voici les meubles sots, poudreux, écornés: la cheminée sans flamme et sans braise, souillée de crachats; les tristes fenêtres où la pluie a tracé des sillons dans la poussière; les manuscrits, raturés ou incomplets; l'almanach où le crayon a marqué les dates sinistres!

the bed; it drops in snowy cascades. On the bed is lying the Idol, the goddess of dreams. But how is she here? Who has brought her? What magic power placed her on this throne of dreams and pleasure? What difference does it make? She is here and I recognize her.

Yes, these are her eyes whose fire cuts through the evening light; her subtle terrible *eyes* I recognize by their fearful malice! They attract, and subjugate, and devour, the glance of the man imprudent enough to look upon them. I have often studied those black stars which command our curiosity and admiration.

What kindly demon has seen to it that I am thus surrounded by mystery, silence, peace and perfumes? O beatitude! What we generally call life, even in its happiest expansion, has nothing in common which this supreme life I now know and savor minute by minute, second by second!

No! There are no more minutes and no more seconds! Time has disappeared; eternity now reigns, an eternity of pleasure!

But a fearful, heavy blow resounded against the door, and, as in my dreams of hell, I seemed to receive the blow of a pickaxe in my stomach.

And then a Ghost came in. A bailiff coming to torment me in the name of the law; an infamous concubine coming to cry poverty and add the trivialities of her life to sufferings of mine; or the errand boy of a newspaper director asking for the rest of a manuscript.

The heavenly room, the idol, the dream goddess, the *Sylphide*, as great René used to say, all that magic vanished with the brutal knock struck by the Ghost.

O horror! I remember! I remember! Yes! That hovel, that place of eternal boredom is mine. Here is the stupid dusty worn-out furniture: the hearthside with no flame and no embers, filthy with spittle; the gloomy windows where rain traced streaks in the dust; the manuscripts scratched out or incomplete; the almanac where a pencil had marked the ominous dates!

Et ce parfum d'un autre monde, dont je m'enivrais avec une sensibilité perfectionnée, hélas! il est remplacé par une fétide odeur de tabac mêlée à je ne sais quelle nauséabonde moisissure. On respire ici maintenant le ranci de la désolation.

Dans ce monde étroit, mais si plein de dégoût, un seul objet connu me sourit: la fiole de laudanum; une vieille et terrible amie; comme toutes les amies, hélas! féconde en caresses et en traîtrises.

Oh! oui! le Temps a reparu; le Temps règne en souverain maintenant, et avec le hideux vieillard est revenu tout son démoniaque cortège de Souvenirs, de Regrets, de Spasmes, de Peurs, d'Angoisses, de Cauchemars, de Colères et de Névroses.

Je vous assure que les secondes maintenant sont fortement et solennellement accentuées, et chacune, en jaillissant de la pendule, dit: —"Je suis la Vie, l'insupportable, l'implacable Vie!"

Il n'y a qu'une Seconde dans la vie humaine qui ait mission d'annoncer une *bonne nouvelle*, la bonne nouvelle qui cause à chacun une inexplicable peur.

Oui! le Temps règne; il a repris sa brutale dictature. Et il me pousse, comme si j'étais un boeuf, avec son double aiguillon. —"Et hue donc! bourrique! Sue donc, esclave! Vis donc, damné!"

CHACUN SA CHIMÈRE

Sous un grand ciel gris, dans une grande plaine poudreuse, sans chemins, sans gazon, sans un chardon, sans une ortie, je rencontrai plusieurs hommes qui marchaient courbés.

Chacun d'eux portait sur son dos une énorme Chimère, aussi lourde qu'un sac de farine ou de charbon, ou le fourniment d'un fantassin romain.

Mais la monstrueuse bête n'était pas un poids inerte; au contraire, elle enveloppait et opprimait l'homme de ses muscles élastiques et puissants; elle s'agrafait avec ses deux vastes griffes à la poitrine de sa monture; et sa tête fabuleuse surmontait le front de l'homme, comme

And that perfume of another world, on which with perfected sensibility I had gotten drunk, alas, was replaced by a tobacco stench mingled with a nauseating moldiness. Now we breathe here the rancidness of desolation.

In this narrow world, which is so full of disgust, a single known object smiles at me: the vial of laudanum; an old and fearful friend; and like all friends, alas, fertile in caresses and betrayals.

Oh, yes! Time has reappeared; time reigns as a sovereign now, and with the hideous old man has come back all of his demoniacal procession of Memories, Regrets, Spasms, Fears, Anxieties, Nightmares, Anger and Neuroses.

I assure you that now the seconds are strongly and solemnly accented, and each one, as it gushes forth from the clock, says: "I am Life, unbearable, implacable Life!"

There is only one Second in a human life which has the mission of announcing *good news*, the good news which creates in each one an inexplicable fear.

Yes! Time reigns; it has recovered its brutal dictatorship. And it pushes on, with its double goad, as if I were an ox. "Go on, she-ass! Sweat, slave! Live, soul in hell!"

EACH OF US HAS HIS CHIMERA

Under a wide gray sky, in a big dusty plain, without roads, or grass, or thistle, or nettle, I met several men who were walking bent over.

Each of them carried on his back a huge Chimera, as heavy as a bag of flour or coal, or the equipment of a Roman foot soldier.

But the monstrous beast was not an inert weight; on the contrary, it covered and oppressed the man with its elastic, powerful muscles; it fastened itself with its two large claws on the chest of its mount; and its fabulous head rose above the man's head, like one of those hor-

un de ces casques horribles par lesquels les anciens guerriers espéraient ajouter à la terreur de l'ennemi. Je questionnai l'un de ces hommes, et je lui demandai où ils allaient ainsi. Il me répondit qu'il n'en savait rien, ni lui, ni les autres; mais qu'évidemment ils allaient quelque part, puisqu'ils étaient poussés par un invincible besoin de marcher.

Chose curieuse à noter: aucun de ces voyageurs n'avait l'air irrité contre la bête féroce suspendue à son cou et collée à son dos; on eût dit qu'il la considérait comme faisant partie de lui-même. Tous ces visages fatigués et sérieux ne témoignaient d'aucun désespoir; sous la coupole spleenétique du ciel, les pieds plongés dans la poussière d'un sol aussi désolé que ce ciel, ils cheminaient avec la physionomie résignée de ceux qui sont condamnés à espérer toujours.

Et le cortège passa à côté de moi et s'enfonça dans l'atmosphère de l'horizon, à l'endroit où la surface arrondie de la planète se dérobe à la curiosité du regard humain.

Et pendant quelques instants je m'obstinai à vouloir comprendre ce mystère; mais bientôt l'irrésistible Indifférence s'abattit sur moi, et j'en fus plus lourdement accablé qu'ils ne l'étaient eux-mêmes par leurs écrasantes Chimères.

LE MAUVAIS VITRIER

Il y a des natures purement contemplatives et tout à fait impropres à l'action, qui cependant, sous une impulsion mystérieuse et inconnue, agissent quelquefois avec une rapidité dont elles se seraient crues elles-mêmes incapables.

Tel qui, craignant de trouver chez son concierge une nouvelle chagrinante, rôde lâchement une heure devant sa porte sans oser rentrer, tel qui garde quinze jours une lettre sans la décacheter, ou ne se résigne qu'au bout de six mois à opérer une démarche nécessaire depuis un an, se sentent quelquefois brusquement précipités vers l'action par une force irrésistible, comme la flèche d'un arc.

rible helmets by which ancient warriors hoped to instill terror in the enemy.

I questioned one of those men, and asked him where they were going in this way. He answered that neither he nor the others knew anything about it; but that obviously they were going somewhere, since they were impelled by an invincible need to walk.

One curious thing to note: no one of these travelers seemed irritated with the wild beast hanging on his neck and glued to his back; you might say he looked upon it as part of himself. All those weary serious-looking faces gave no evidence of despair; under the mournful cupola of the sky, where their feet sank into the dust of an earth as sad as the sky, they walked on with the resigned faces of those who are eternally condemned to hope.

And the procession passed beside me and disappeared into the atmosphere on the horizon, at the spot where the rounded surface of the planet withdraws from the curiosity of human eyes.

And for a few seconds I persisted in trying to understand this mystery; but soon irresistible Indifference closed over me, and I was more heavily crushed by it than they themselves were by their weighty Chimeras.

THE WICKED MAKER OF WINDOW GLASS

There are purely contemplative natures quite unsuitable for action, which however, under a mysterious and unknown impulse, at times act with a swiftness of which they themselves would have felt incapable.

Like the man who, afraid of being given bad news by his concierge, cravenly walks back and forth an hour in front of his door without daring to go in, or like the man who keeps a letter for two weeks without opening it, or like the man who after six months undertakes to perform a duty which had been necessary to do for a year—at times these men feel abruptly precipitated into action by an irresistible force, like an

Le moraliste et le médecin, qui prétendent tout savoir, ne peuvent pas expliquer d'où vient si subitement une si folle énergie à ces âmes paresseuses et voluptueuses et comment, incapables d'accomplir les choses les plus simples et les plus nécessaires, elles trouvent à une certaine minute un courage de luxe pour exécuter les actes les plus absurdes et souvent même les plus dangereux.

Un de mes amis, le plus inoffensif rêveur qui ait existé, a mis une fois le feu à une forêt pour voir, disait-il, si le feu prenait avec autant de facilité qu'on l'affirme généralement. Dix fois de suite, l'expérience manqua; mais, à la onzième, elle réussit beaucoup trop bien.

Un autre allumera un cigare à côté d'un tonneau de poudre, *pour voir, pour savoir, pour tenter la destinée*, pour se contraindre lui-même à faire preuve d'énergie, pour faire le joueur, pour connaître les plaisirs de l'anxiété, pour rien, par caprice, par désoeuvrement.

C'est une espèce d'énergie qui jaillit de l'ennui et de la rêverie; et ceux en qui elle se manifeste si opinément sont, en général, comme je l'ai dit, les plus indolents et les plus rêveurs des êtres.

Un autre, timide à ce point qu'il baisse les yeux même devant les regards des hommes, à ce point qu'il lui faut rassembler toute sa pauvre volonté pour entrer dans un café ou passer devant le bureau d'un théâtre, où les contrôleurs lui paraissent investis de la majesté de Minos, d'Eaque et de Rhadamante, sautera brusquement au cou d'un vieillard qui passe à côté de lui et l'embrassera avec enthousiasme devant la foule étonnée.

Pourquoi? Parce que... parce que cette physionomie lui était irrésistiblement sympathique? Peut-être; mais il est plus légitime de supposer que lui-même il ne sait pas pourquoi.

J'ai été plus d'une fois victime de ces crises et de ces élans, qui nous autorisent à croire que les Démons malicieux se glissent en nous et nous font accomplir, à notre insu, leurs plus absurdes volontés.

Un matin je m'étais levé maussade, triste, fatigué

arrow from a bow. The moralist and the doctor, who imagine they know everything, cannot explain whence comes so suddenly so wild an energy in these lazy pleasure-seeking souls and how they, incapable of accomplishing the most simple and the most necessary things, find at a certain moment the abundant courage to carry out the most absurd and often the most dangerous acts.

One of my friends, the most inoffensive dreamer who ever existed, once set fire to a forest in order to see, he said, whether fire would catch on as easily as is generally believed. Ten successive times, the experiment failed; but on the eleventh, it succeeded far too well.

Someone else will light a cigar near a powder barrel, *to see, to know, to tempt fate,* to force himself to prove his energy, to play the gambler, to know the pleasure of anxiety, or for no reason, through caprice, because of idleness.

It is a kind of energy rising out of boredom and dreams; and those in whom it is so clearly manifested are, in general, as I have said, the most indolent and the most pensive of all.

Another, shy to the point of lowering his eyes even before the eyes of other men, to the point of having to muster all his poor will power in order to enter a café or pass in front of the box office of a theater, where the ticket collectors seem to him to be vested with the majesty of Minos, Eacus and Rhadamanthus, will unexpectedly rush up to an old man passing near him and embrace him fervently to the amazement of all present.

Why? Was it because . . . because he was strongly attracted to that man's face? Perhaps; but it is safer to suppose that he himself does not know why.

More than once I have been a victim of those crises and impulses, which entitle us to believe that malicious Demons slyly enter us and force us to carry out, without our knowing it, their most absurd manifestations of will.

One morning I had gotten up sullen, sad, weary, with

d'oisiveté, et poussé, me semblait-il, à faire quelque chose de grand, une action d'éclat; et j'ouvris la fenêtre, hélas!

(Observez, je vous prie, que l'esprit de mystification qui, chez quelques personnes, n'est pas le résultat d'un travail ou d'une combinaison, mais d'une inspiration fortuite, participe beaucoup, ne fût-ce que par l'ardeur, du désir, de cette humeur, hystérique selon les médecins, satanique selon ceux qui pensent un peu mieux que les médecins, qui nous pousse sans résistance vers une foule d'actions dangereuses ou inconvenantes.)

La première personne que j'aperçus dans la rue, ce fut un vitrier dont le cri perçant, discordant, monta jusqu'à moi à travers la lourde et sale atmosphère parisienne. Il me serait d'ailleurs impossible de dire pourquoi je fus pris à l'égard de ce pauvre homme d'une haine aussi soudaine que despotique.

"—Hé! hé!" et je lui criai de monter. Cependant je réfléchissais, non sans quelque gaieté, que, la chambre étant au sixième étage et l'escalier fort étroit, l'homme devait éprouver quelque peine à opérer son ascension et accrocher en maint endroit les angles de sa fragile marchandise.

Enfin il parut; j'examinai curieusement toutes ses vitres, et je lui dis: "Comment! vous n'avez pas de verres de couleurs? des verres roses, rouges, bleus, des vitres magiques, des vitres de paradis? Impudent que vous êtes! vous osez vous promener dans des quartiers pauvres, et vous n'avez pas même de vitres qui fassent voir la vie en beau!" Et je le poussai vivement vers l'escalier, où il trébucha en grognant.

Je m'approchai du balcon et je me saisis d'un petit pot de fleurs, et quand l'homme reparut au débouché de la porte, je laissai tomber perpendiculairement mon engin de guerre sur le rebord postérieur de ses crochets; et le choc le renversant, il acheva de briser sous son dos toute sa pauvre fortune ambulatoire qui rendit le bruit éclatant d'un palais de cristal crevé par la foudre.

Et, ivre de ma folie, je lui criai furieusement: "La vie en beau! la vie en beau!"

idleness, and impelled, as it seemed to me, to do something big, a startling deed; and I opened the window, alas!

(I beg you to observe that the spirit of mystification which, with some, is not the result of work or contrivance, but of fortuitous inspiration, largely shares—even if it is merely in the ardor of desire—in that disposition, hysterical according to physicians, satanic according to those who think more clearly than physicians, which impels us without our resisting toward many dangerous or indecorous actions.)

The first person I saw in the street was a maker of window-glass whose piercing, dissonant cry mounted through the heavy dank Paris air to where I was. It would be impossible for me to say why with regard to that poor fellow such a sudden and despotic hate seized me.

"Hey, hey!" And I shouted to him to come up. In the meantime I thought, not without some delight, that the room, being on the seventh floor and the stairway very narrow, the man would have trouble in completing his ascent and would catch in many places the corners of his fragile merchandise.

At last he appeared; with curiosity I examined all of his window panes, and said to him: "What! You don't have any colored glass? No rose, red, blue window panes? No magic panes? No paradise panes? What impudence! You dare walk about in poor neighborhoods, and you don't even have any glass which will show how beautiful life is!" And I pushed him briskly toward the stairway, where he stumbled and groaned.

I went to the balcony and took up a small pot of flowers, and when the man reappeared at the door exit, I dropped my war machine perpendicularly on the back edge of his brackets; the impact toppled him, and under his back he shattered all of his poor ambulatory fortune which made the sharp noise of a crystal palace struck by lightning.

Drunk with madness, I shouted furiously at him: "How beautiful life is! How beautiful life is!"

Ces plaisanteries nerveuses ne sont pas sans péril, et on peut souvent les payer cher. Mais qu'importe l'éternité de la damnation à qui a trouvé dans une seconde l'infini de la jouissance?

LES FOULES

Il n'est pas donné à chacun de prendre un bain de multitude: jouir de la foule est un art; et celui-là seul peut faire, aux dépens du genre humain, une ribote de vitalité, à qui une fée a insufflé dans son berceau le goût du travestissement et du masque, la haine du domicile et la passion du voyage.

Multitude, solitude: termes égaux et convertibles par le poëte actif et fécond. Qui ne sait pas peupler sa solitude, ne sait pas non plus être seul dans une foule affairée.

Le poëte jouit de cet incomparable privilège, qu'il peut à sa guise être lui-même et autrui. Comme ces âmes errantes qui cherchent un corps, il entre, quand il veut, dans le personnage de chacun. Pour lui seul, tout est vacant; et si de certaines places paraissent lui être fermées, c'est qu'à ses yeux elles ne valent pas la peine d'être visitées.

Le promeneur solitaire et pensif tire une singulière ivresse de cette universelle communion. Celui-là qui épouse facilement la foule connait des jouissances fiévreuses, dont seront éternellement privés l'égoïste, fermé comme un coffre, et le paresseux, interné comme un mollusque. Il adopte comme siennes toutes les professions, toutes les joies et toutes les misères que la circonstance lui présente.

Ce que les hommes nomment amour est bien petit, bien restreint et bien faible, comparé à cette ineffable orgie, à cette sainte prostitution de l'âme qui se donne tout entière, poésie et charité, à l'imprévu qui se montre, à l'inconnu qui passe.

Il est bon d'apprendre quelquefois aux heureux de ce monde, ne fût-ce que pour humilier un instant leur sot orgueil, qu'il est des bonheurs supérieurs au leur, plus

These nervous jokes are not without peril, and you can often pay dearly for them. But of what consequence is the eternity of damnation for the man who found in a second the infinity of pleasure?

CROWDS

It is not given to every man to bathe in a multitude: to enjoy a crowd is an art; and only that man is able, at the expense of humanity, to experience a bout of vitality, into whom a fairy has breathed, when he was in his cradle, the taste for travesty and masks, the hate for family life and the passion for traveling.

Multitude, solitude: synonymous terms and convertible by the active and creative poet. He who cannot people his solitude, cannot be alone in a busy crowd.

The poet enjoys the incomparable privilege of being at will himself and someone else. Like those wandering souls looking for a body, he enters, when he wishes to, the personality of each man. For him alone, everything is opened; if certain places seem closed to him, that is because for him they are not worth the trouble of being visited.

The solitary meditative walker draws an unusual excitement from this universal communion. The man who easily joins with the crowd knows feverish pleasures, of which the egotist, closed like a chest, and the lazy person, imprisoned like a mollusc, will forever be deprived. He adopts all professions as his own, all the joys and woes which circumstance presents to him.

What men call love is very small, limited and weak, compared with that ineffable orgy, that holy prostitution of the soul which gives itself completely, poetry and charity, to the unforeseen which appears, to the unknown which passes by.

It is good sometimes to tell the lucky ones in this world, even if it is only to humiliate for a moment their foolish pride, that there is a happiness superior to theirs,

vastes et plus raffinés. Les fondateurs de colonies, les pasteurs de peuples, les prêtres missionnaires exilés au bout du monde, connaissent sans doute quelque chose de ces mystérieuses ivresses; et, au sein de la vaste famille que leur génie s'est faite, ils doivent rire quelquefois de ceux qui les plaignent pour leur fortune si agitée et pour leur vie si chaste.

LE VIEUX SALTIMBANQUE

Partout s'étalait, se répandait, s'ébaudissait le peuple en vacances. C'était une de ces solennités sur lesquelles, pendant un long temps, comptent les saltimbanques, les faiseurs de tours, les montreurs d'animaux et les boutiquiers ambulants, pour compenser les mauvais temps de l'année.

En ces jours-là il me semble que le peuple oublie tout, la douleur et le travail; il devient pareil aux enfants. Pour les petits c'est un jour de congé, c'est l'horreur de l'école renvoyée à vingt-quatre heures. Pour les grands c'est un armistice conclu avec les puissances malfaisantes de la vie, un répit dans la contention et la lutte universelles.

L'homme du monde lui-même et l'homme occupé de travaux spirituels échappent difficilement à l'influence de ce jubilé populaire. Ils absorbent, sans le vouloir, leur part de cette atmosphère d'insouciance. Pour moi, je ne manque jamais, en vrai Parisien, de passer la revue de toutes les baraques qui se pavanent à ces époques solennelles.

Elles se faisaient, en vérité, une concurrence formidable: elles piaillaient, beuglaient, hurlaient. C'était un mélange de cris, de détonations de cuivre et d'explosions de fusées. Les queues-rouges et les Jocrisses convulsaient les traits de leurs visages basanés, racornis par le vent, la pluie et le soleil; ils lançaient, avec l'aplomb des comédiens sûrs de leurs effets, des bons mots et des plaisanteries d'un comique solide et lourd, comme celui de Molière. Les Hercules, fiers de l'énormité de leurs membres, sans front et sans crâne, comme les orangs-outangs, se prélassaient majestueusement sous les mail-

vaster and more refined. Founders of colonies, pastors of people, missionary priests exiled at the ends of the earth, doubtless know something of this mysterious excitement; and, at the heart of the vast family which their genius has created, they must sometimes laugh at those who pity them for their perturbed fortune and their chaste life.

THE OLD CLOWN

The people on vacation sprawled everywhere, spread out, and rollicked. It was one of the feast days on which, long in advance, clowns, mountebanks, animal trainers and peddlers rely to make up for the bad seasons of the year.

On those days it seems to me the people forget everything, suffering and work, and behave like children. For the young it is a holiday, the horror of school dismissed for twenty-four hours. For adults it is an armistice signed with the malevolent powers of life, a respite in universal disputes and struggles.

Even the man of the world and the man occupied with spiritual labors do not easily escape the influence of this popular festivity. Without wishing to, they absorb their part of the carefree atmosphere. As for me, in my role of true Parisian, I never fail to inspect all the booths which are proudly displayed at those solemn times.

They were, in truth, carrying on a formidable rivalry: squealing, bellowing, and shouting. It was a mingling of cries, and detonations from the brass and rocket explosions. The red-tailed devils and the fools twisted the features of their faces, tanned and toughened by wind, rain and sun. With the self-possession of actors sure of their effect, they yelled out witticisms and jokes of a solid heavy humor, like Molière's. The muscle men, proud of the size of their limbs, without brow or cranium, resembling orang-outangs, appeared majestic and solemn dressed in their tights which had been washed

lots lavés la veille pour la circonstance. Les danseuses, belles comme des fées ou des princesses, sautaient et cabriolaient sous le feu des lanternes qui remplissaient leurs jupes d'étincelles.

Tout n'était que lumière, poussière, cris, joie, tumulte; les uns dépensaient, les autres gagnaient, les uns et les autres également joyeux. Les enfants se suspendaient aux jupons de leurs mères pour obtenir quelque bâton de sucre, ou montaient sur les épaules de leurs pères pour mieux voir un escamoteur éblouissant comme un dieu. Et partout circulait, dominant tous les parfums, une odeur de friture qui était comme l'encens de cette fête.

Au bout, à l'extrême bout de la rangée de baraques, comme si, honteux, il s'était exilé lui-même de toutes ces splendeurs, je vis un pauvre saltimbanque, voûté, caduc, décrépit, une ruine d'homme, adossé contre un des poteaux de sa cahute; une cahute plus misérable que celle du sauvage le plus abruti, et dont deux bouts de chandelles, coulants et fumants, éclairaient trop bien encore la détresse.

Partout la joie, le gain, la débauche; partout la certitude du pain pour les lendemains; partout l'explosion frénétique de la vitalité. Ici la misère absolue, la misère affublée, pour comble d'horreur, de haillons comiques, où la nécessité, bien plus que l'art, avait introduit le contraste. Il ne riait pas, le misérable! Il ne pleurait pas. Il ne dansait pas, il ne gesticulait pas, il ne criait pas; il ne chantait aucune chanson, ni gaie, ni lamentable, il n'implorait pas. Il était muet et immobile. Il avait renoncé, il avait abdiqué. Sa destinée était faite.

Mais quel regard profond, inoubliable, il promenait sur la foule et les lumières, dont le flot mouvant s'arrêtait à quelques pas de sa répulsive misère! Je sentis ma gorge serrée par la main terrible de l'hystérie, et il me sembla que mes regards étaient offusqués par ces larmes rebelles qui ne veulent pas tomber.

Que faire? A quoi bon demander à l'infortuné quelle curiosité, quelle merveille il avait à montrer dans ces ténèbres puantes, derrière son rideau déchiqueté? En

the day before for the occasion. Dancers, as beautiful as fairies or princesses, jumped and capered in the flame of lanterns which made their skirts sparkle.

It was all light, dust, cries, happiness, uproar; some were spending money, and others earning it, but all were equally joyful. Children were pulling on the skirts of their mothers to get a stick of candy, or climbing up on the shoulders of their fathers to have a better view of a magician as dazzling as a god. And everywhere, dominating all perfumes, there spread a smell of frying which was the incense for this feast.

At the end, at the extreme end of the row of booths— as if, in shame, he had exiled himself from all this splendor—I saw a poor clown, bent over, frail, decrepit, a man ruined, leaning with his back against one of the poles of his hut; this hut was more wretched than that of the lowest savage, its poverty lit up by two ends of candles that were melting and smoking.

Everywhere joy, profit and dissoluteness; everywhere the assurance of bread for tomorrow; everywhere the frenzied explosion of vigor. But here absolute poverty, poverty bedecked, as a crowning horror, with comic rags, where need, much more than art, had introduced contrast. The wretch did not laugh! He did not weep or dance or gesticulate or shout; he sang neither a gay nor a sad song, he did not supplicate. He was mute and motionless. He had given up, he had abdicated. His destiny was over.

But he was looking in a deep unforgettable way at the crowd and the lights, whose moving mass stopped a few paces off from his repulsive dereliction! I felt my throat tighten under the terrible hand of hysteria, and it seemed to me that my eyes were clouded by those rebellious tears which will not fall.

What could I do? Was there any point in asking the unfortunate man what curiosity, what marvel he had to show in the stinking darkness, behind his torn curtain?

vérité, je n'osais; et dût la raison de ma timidité vous faire rire, j'avouerai que je craignais de l'humilier. Enfin, je venais de me résoudre à déposer en passant quelque argent sur une de ses planches, espérant qu'il devinerait mon intention, quand un grand reflux du peuple, causé par je ne sais quel trouble, m'entraîna loin de lui.

Et, m'en retournant, obsédé par cette vision, je cherchai à analyser ma soudaine douleur, et je me dis: Je viens de voir l'image du vieil homme de lettres qui a survécu à la génération dont il fut le brillant amuseur; du vieux poète sans amis, sans famille, sans enfants, dégradé par sa misère et par l'ingratitude publique, et dans la baraque de qui le monde oublieux ne veut plus entrer!

LE JOUJOU DU PAUVRE

Je veux donner l'idée d'un divertissement innocent. Il y a si peu d'amusements qui ne soient pas coupables!

Quand vous sortirez le matin avec l'intention décidée de flâner sur les grandes routes, remplissez vos poches de petites inventions à un sol,—tel que le polichinelle plat, mû par un seul fil, les forgerons qui battent l'enclume, le cavalier et son cheval dont la queue est un sifflet,—et le long des cabarets, au pied des arbres, faites-en hommage aux enfants inconnus et pauvres que vous rencontrerez. Vous verrez leurs yeux s'agrandir démesurément. D'abord ils n'oseront pas prendre; ils douteront de leur bonheur. Puis leurs mains agripperont vivement le cadeau, et ils s'enfuiront comme font les chats qui vont manger loin de vous le morceau que vous leur avez donné, ayant appris à se défier de l'homme.

Sur une route, derrière la grille d'un vaste jardin, au bout duquel apparaissait la blancheur d'un joli château frappé par le soleil, se tenait un enfant beau et frais, habillé de ces vêtements de campagne si pleins de coquetterie.

Truth to tell, I did not dare ask; and even if you laugh at the reason for my timidity, I will confess that I feared humiliating him. In short, I had just made up my mind to leave some money on one of his boards as I passed by, hoping he would guess my intention, when a great surge of people, caused by some trouble or other, dragged me far away from him.

As I turned around, obsessed by that vision, I tried to analyze my sudden sorrow, and said to myself: I have just seen the image of the old man of letters who has survived the generation for whom he was the brilliant entertainer; the image of the old poet without friends or family or children, degraded by his poverty and the ingratitude of his public, and standing at the booth which the forgetful world no longer has any desire to enter!

THE POOR BOY'S TOY

I want to convey the idea of an innocent diversion. There are so few pastimes which are not blameworthy!

When you leave the house in the morning with the firm intention of strolling along the main streets, fill your pockets with those inexpensive small inventions—such as the flat jumping jack manipulated by a single string, blacksmiths striking the anvil, the rider with a horse whose tail is a whistle—and offer them to the neglected and poor children you meet in front of restaurants, where they stand by a tree. You will see their eyes grow immoderately big. At first they won't dare take anything; they won't believe in their good luck. Then their hands will grab the present avidly, and they will run off like cats who go far away from you to eat the piece of food you gave them; these children have learned to distrust man.

On a road, behind the iron gate of a large garden, at the end of which you could see the whiteness of an attractive castle lit up by the sun, there was a beautiful and fresh-complexioned child, dressed in those country clothes which have so much fastidiousness.

Le luxe, l'insouciance et le spectacle habituel de la richesse rendent ces enfants-là si jolis, qu'on les croirait faits d'une autre pâte que les enfants de la médiocrité ou de la pauvreté.

A côté de lui, gisait sur l'herbe un joujou splendide, aussi frais que son maître, verni, doré, vêtu d'une robe pourpre, et couvert de plumets et de verroteries. Mais l'enfant ne s'occupait pas de son joujou préféré, et voici ce qu'il regardait:

De l'autre côté de la grille, sur la route, entre les chardons et les orties, il y avait un autre enfant, sale, chétif, fuligineux, un de ces marmots-parias dont un oeil impartial découvrirait la beauté, si, comme l'oeil du connaisseur devine une peinture idéale sous un vernis de carrossier, il le nettoyait de la répugnante patine de la misère.

A travers ces barreaux symboliques séparant deux mondes, la grande route et le château, l'enfant pauvre montrait à l'enfant riche son propre joujou, que celui-ci examinait avidement comme un objet rare et inconnu. Or, ce joujou, que le petit souillon agaçait, agitait et secouait dans une boîte grillée, c'était un rat vivant! Les parents, par économie sans doute, avaient tiré le joujou de la vie elle-même.

Et les deux enfants se riaient l'un à l'autre fraternellement, avec des dents d'une *égale* blancheur.

LA CORDE

À Edouard Manet

"Les illusions—me disait mon ami—sont aussi innombrables, peut-être, que les rapports des hommes entre eux, ou des hommes avec les choses. Et quand l'illusion disparaît, c'est-à-dire quand nous voyons l'être ou le fait tel qu'il existe en dehors de nous, nous éprouvons un bizarre sentiment, compliqué moitié de regret pour le fantôme disparu, moitié de surprise agréable devant la nouveauté, devant le fait réel. S'il existe un phénomène évident, trivial, toujours semblable, et d'une nature à laquelle il soit impossible de se tromper, c'est

Luxury, freedom from care and the habitual display of wealth make those children so charming that you could believe them made from a different substance than the children of an undistinguished or poor class.

Beside him on the grass lay a magnificent toy, as beautiful as its master, varnished, gilded, clothed in a purple robe, and covered with plumes and beads. But the child was paying no attention to his favorite toy, this is what he was looking at:

On the other side of the iron gate, on the road, in the midst of thistles and nettles, there was another child, dirty, frail, sooty, one of those child-waifs whose beauty an impartial eye might discover if, as the eye of a connoisseur guesses the ideal painting under a body varnish, it cleaned the child of the repulsive patina of poverty.

Through the symbolic bars separating two worlds, the main road and the castle, the poor child was showing his own toy to the rich child who was greedily examining it as if it were a rare and strange object. Now, this toy, which the small ragamuffin was irritating by shaking a wire box back and forth, was a live rat! His parents, for economy's sake doubtless, had gotten the toy from life itself.

As the two children laughed fraternally at one another, they showed teeth of a *similar* whiteness.

THE ROPE

To Edouard Manet

My friend used to say to me, "Illusions are as numerous, perhaps, as relationships among men, or between them and things. And when the illusion disappears, that is to say when we see the being or the fact such as it exists outside of us, we experience a strange feeling, complicated partly by regret for the vanished phantom, partly by a pleasant surprise before the new, before the real fact. If there exists a phenomenon evident, banal, always the same, and of such a nature that no mistake is possible, it is maternal love. It is as difficult to sup-

l'amour maternel. Il est aussi difficile de supposer une mère sans amour maternel qu'une lumière sans chaleur; n'est-il donc pas parfaitement légitime d'attribuer à l'amour maternel toutes les actions et les paroles d'une mère, relatives à son enfant? Et cependant, écoutez cette petite histoire, où j'ai été singulièrement mystifié par l'illusion la plus naturelle.

"Ma profession de peintre me pousse à regarder attentivement les visages, les physionomies qui s'offrent dans ma route, et vous savez quelle jouissance nous tirons de cette faculté qui rend à nos yeux la vie plus vivante et plus significative que pour les autres hommes. Dans le quartier reculé que j'habite, et où de vastes espaces gazonnés séparent encore les bâtiments, j'observai souvent un enfant dont la physionomie ardente et espiègle, plus que toutes les autres, me séduisit tout d'abord. Il a posé plus d'une fois pour moi, et je l'ai transformé tantôt en petit bohémien, tantôt en ange, tantôt en Amour mythologique. Je lui ai fait porter le violon du vagabond, la Couronne d'Epines et les Clous de la Passion, et la Torche d'Eros. Je pris enfin à la drôlerie de ce gamin un plaisir si vif, que je priai un jour ses parents, de pauvres gens, de vouloir bien me le céder, promettant de bien l'habiller, de lui donner quelque argent et de ne pas lui imposer d'autre peine que de nettoyer mes pinceaux et de faire mes commissions. Cet enfant, débarbouillé, devint charmant, et la vie qu'il menait chez moi lui semblait un paradis, comparativement à celle qu'il aurait subie dans le taudis paternel. Seulement je dois dire que ce petit bonhomme m'étonna quelquefois par des crises singulières de tristesse précoce, et qu'il manifesta bientôt un goût immodéré pour le sucre et les liqueurs; si bien qu'un jour où je constatai que, malgré mes nombreux avertissements, il avait encore commis un nouveau larcin de ce genre, je le menaçai de le renvoyer à ses parents. Puis je sortis, et mes affaires me retinrent assez longtemps hors de chez moi.

"Quels ne furent pas mon horreur et mon étonnement quand, rentrant à la maison, le premier objet qui frappa

pose a mother without maternal love as a light without heat; is it not perfectly legitimate, therefore, to attribute to maternal love all the actions and words of a mother which relate to her child? And yet, listen to this little story, in which I was unusually mystified by the most natural illusion.

"My profession of painter impels me to look attentively at faces and facial expressions which I encounter on my way, and you know what pleasure we derive from this faculty which for our eyes makes life more vivid and meaningful than for other men. In the distant neighborhood where I live, and where large spaces covered with grass still separate the buildings, I often noticed a boy whose fiery and mischievous expression appealed to me at first, more than all the others. More than once he modeled for me. At times I made a gypsy out of him, at other times an angel, and still at other times a mythological Cupid. I made him carry the vagabond's violin, the Crown of Thorns and the Nails of the Passion, and the torch of Love. I took such keen pleasure in the comic manner of this boy that one day I begged his parents, who were poor people, to let me have him, and I promised to clothe him well, to give him some money and not to impose on him any other work save that of cleaning my brushes and running my errands. This child, cleaned up, became a charming creature, and the life he led with me seemed to him a paradise, compared to what he would have had to undergo in his father's hovel. Yet I must say that this little fellow amazed me at times by strange fits of precocious sadness, and that he soon showed an immoderate liking for sugar and liqueurs; to such an extent, that one day when I saw he had again committed, in spite of my many warnings, a new theft of this nature, I threatened to send him back to his parents. Then I left, and my business kept me away from home for quite some time.

"Imagine my horror and astonishment when, on entering the house, the first thing I saw was that little

mon regard fut mon petit bonhomme, l'espiègle compagnon de ma vie, pendu au panneau de cette armoire! Ses pieds touchaient presque le plancher; une chaise, qu'il avait sans doute repoussée du pied, était renversée à côté de lui; sa tête était penchée convulsivement sur une épaule; son visage, boursouflé, et ses yeux, tout grands ouverts avec une fixité effrayante, me causèrent d'abord l'illusion de la vie. Le dépendre n'était pas une besogne aussi facile que vous pouvez le croire. Il était déjà fort raide, et j'avais une répugnance inexplicable à le faire brusquement tomber sur le sol. Il fallait le soutenir tout entier avec un bras, et, avec la main de l'autre bras, couper la corde. Mais cela fait, tout n'était pas fini; le petit monstre s'était servi d'une ficelle fort mince qui était entrée profondément dans les chairs, et il fallait maintenant, avec de minces ciseaux, chercher la corde entre les deux bourrelets de l'enflure, pour lui dégager le cou.

"J'ai négligé de vous dire que j'avais vivement appelé au secours; mais tous mes voisins avaient refusé de me venir en aide, fidèles en cela aux habitudes de l'homme civilisé, qui ne veut jamais, je ne sais pourquoi, se mêler des affaires d'un pendu. Enfin vint un médecin qui déclara que l'enfant était mort depuis plusieurs heures. Quand, plus tard, nous eûmes à le déshabiller pour l'ensevelissement, la rigidité cadavérique était telle, que, désespérant de fléchir les membres, nous dûmes lacérer et couper les vêtements pour les lui enlever.

"Le commissaire, à qui, naturellement, je dus déclarer l'accident, me regarda de travers, et me dit: 'Voilà qui est louche!' mû sans doute par un désir invétéré et une habitude d'état de faire peur, à tout hasard, aux innocents comme aux coupables.

"Restait une tâche suprême à accomplir, dont la seule pensée me causait une angoisse terrible: il fallait avertir les parents. Mes pieds refusaient de m'y conduire. Enfin j'eus ce courage. Mais, à mon grand étonnement, la mère fut impassible, pas une larme ne suinta du coin de son oeil. J'attribuai cette étrangeté à l'horreur même qu'elle devait éprouver, et je me souvins de la sentence connue:

fellow, the mischievous companion of my life, hanging from the closet door! His feet almost touched the floor; a chair, which he must have pushed aside with his foot, was overturned beside him; his head was twisted over one shoulder; his swollen face and his eyes, wide open with a terrifying gaze, made me believe first that he was alive. To get him down was not as easy a job as you may think. He was already stiff, and I had an inexplicable repugnance at the thought of dropping him abruptly to the ground. I had to hold up his entire body with one arm, and with the hand of my other arm, cut the rope. But all was not over when that was done; the little monster had used a very thin string, which had cut deeply into the flesh, and I had to pry with narrow scissors between the two rings of swollen flesh, in order to release his neck.

"I neglected to tell you that I had called loudly for help; but my neighbors had all refused to come to my aid. In that, they were faithful to the custom of civilized man who—I don't know why—never wants to get mixed up with the business of a hanged man. At last a doctor came and declared that the child had been dead for several hours. Later, when we had to undress him for the burial, the rigidity of the corpse was such that, renouncing hope of bending the limbs, we had to slash and cut his clothes in order to take them off.

"The police inspector, to whom, naturally, I had to report the accident, looked at me quizzically and said: 'There's something fishy about this!' impelled doubtless by some innate desire and habit of frightening, on the off-chance, the innocent as well as the guilty.

"One supreme task remained to be done, and the thought of it alone caused me terrible anguish: I had to inform the parents. My legs refused to take me there. At last I summoned courage. But, to my amazement, the mother showed no emotion, and not a tear trickled from the corner of her eye. I attributed this strange behavior to the horror she must have been feeling, and I remem-

'Les douleurs les plus terribles sont les douleurs muettes.' Quant au père, il se contenta de dire d'un air moitié abruti, moitié rêveur: 'Après tout, cela vaut peut-être mieux ainsi; il aurait toujours mal fini!'

"Cependant le corps était étendu sur mon divan, et, assisté d'une servante, je m'occupais des derniers préparatifs, quand la mère entra dans mon atelier. Elle voulait, disait-elle, voir le cadavre de son fils. Je ne pouvais pas, en vérité, l'empêcher de s'enivrer de son malheur et lui refuser cette suprême et sombre consolation. Ensuite elle me pria de lui montrer l'endroit où son petit s'était pendu. 'Oh! non! madame,'—lui répondis-je, 'cela vous ferait mal.' Et comme involontairement mes yeux se tournaient vers la funèbre armoire, je m'aperçus, avec un dégoût mêlé d'horreur et de colère, que le clou était resté fiché dans la paroi, avec un long bout de corde qui traînait encore. Je m'élançai vivement pour arracher ces derniers vestiges du malheur, et comme j'allais les lancer au dehors par la fenêtre ouverte, la pauvre femme saisit mon bras et me dit d'une voix irrésistible: 'Oh! monsieur! laissez-moi cela! je vous en prie! je vous en supplie!' Son désespoir l'avait, sans doute, me parut-il, tellement affolée, qu'elle s'éprenait de tendresse maintenant pour ce qui avait servi d'instrument à la mort de son fils, et le voulait garder comme une horrible et chère relique.—Et elle s'empara du clou et de la ficelle.

"Enfin! enfin! tout était accompli. Il ne restait plus qu'à me remettre au travail, plus vivement encore que d'habitude, pour chasser peu à peu ce petit cadavre qui hantait les replis de mon cerveau, et dont le fantôme me fatiguait de ses grands yeux fixes. Mais le lendemain je reçus un paquet de lettres: les unes, des locataires de ma maison, quelques autres des maisons voisines; l'une, du premier étage; l'autre, du second; l'autre, du troisième, et ainsi de suite, les unes en style demi-plaisant, comme cherchant à déguiser sous un apparent badinage la sincérité de la demande; les autres, lourdement effrontées et sans orthographe, mais toutes tendant au même but, c'est-à-dire à obtenir de moi un morceau de

bered the well-known saying, 'The deepest suffering is mute.' As for the father, he merely said, half stupefied, half dreaming: 'After all, it is perhaps better that way; he would have come to a bad end anyhow!'

"In the meantime the body lay stretched out on my couch, and, helped by a maid, I was busy with the final details, when the mother came into my studio. She said she wanted to see the body of her son. I could not, in truth, prevent her from enjoying emotionally her grief and refuse this supreme and sad consolation. Then she begged me to show her the place where her child had hanged himself. 'Oh, no, Madame,' I replied, 'that would upset you.' And as my eyes involuntarily turned toward the sinister closet, I saw, with a feeling of disgust mixed with horror and anger, that the nail had remained planted in the panel, and a long piece of rope was still dangling from it. Quickly I went over to tear off those last vestiges of the catastrophe, and was about to throw them out of the window, when the poor woman seized my arm and said to me in an irresistible tone of voice: 'Oh! Monsieur! Give me that, I beg you, I implore you!' It seemed to me that her despair had doubtless so bewildered her that now she had feelings of tenderness for what had served as an instrument of death for her son, and wanted to keep it as a horrible and precious relic. She seized the nail and the string.

"At last! At last! It was all over! Nothing remained for me to do except to resume my work, more avidly than usual, to drive out gradually that little corpse which haunted the recesses of my mind and whose ghost wore me out with his wide staring eyes. But the next day I received a bundle of letters: some were from tenants of my house, others from nearby houses; one from the second floor, another from the third, another from the fourth, and so on; some in a half-joking style, as if trying to disguise under an obvious banter the sincerity of the request, others grossly insolent and misspelled, but all concerned with the same purpose, namely to obtain from me a piece of the fatal and beatific rope.

la funeste et béatifique corde. Parmi les signataires il y avait, je dois le dire, plus de femmes que d'hommes; mais tous, croyez-le bien, n'appartenaient pas à la classe infime et vulgaire. J'ai gardé ces lettres.

"Et alors, soudainement, une lueur se fit dans mon cerveau, et je compris pourquoi la mère tenait tant à m'arracher la ficelle et par quel commerce elle entendait se consoler."

LE THYRSE

À Franz Liszt

Qu'est-ce qu'un thyrse? Selon le sens moral et poétique, c'est un emblème sacerdotal dans la main des prêtres et des prêtresses célébrant la divinité dont ils sont les interprètes et les serviteurs. Mais physiquement ce n'est qu'un bâton, un pur bâton, perche à houblon, tuteur de vigne, sec, dur et droit. Autour de ce bâton, dans des méandres capricieux, se jouent et folâtrent des tiges et des fleurs, celles-ci sinueuses et fuyardes, celles-là penchées comme des cloches ou des coupes renversées. Et une gloire étonnante jaillit de cette complexité de lignes et de couleurs, tendres ou éclatantes. Ne dirait-on pas que la ligne courbe et la spirale font leur cour à la ligne droite et dansent autour, dans une muette adoration? Ne dirait-on pas que toutes ces corolles délicates, tous ces calices, explosions de senteurs et de couleurs, exécutent un mystique fandango autour du bâton hiératique? Et quel est, cependant, le mortel imprudent qui osera décider si les fleurs et les pampres ont été faits pour le bâton, ou si le bâton n'est que le prétexte pour montrer la beauté des pampres et des fleurs? Le thyrse est la représentation de votre étonnante dualité, maître puissant et vénéré, cher Bacchant de la Beauté mystérieuse et passionnée. Jamais nymphe exaspérée par l'invincible Bacchus ne secoua son thyrse sur les têtes de ses compagnes affolées avec autant d'énergie et de caprice que vous agitez votre génie sur les coeurs de vos frères.—Le bâton, c'est votre volonté, droite et ferme et inébranlable; les fleurs, c'est la promenade de votre fan-

I must say that among the signers there were more women than men; but they all, believe me, did not belong to the lowest and commonest class. I have kept those letters.

"And then suddenly a light dawned on me, and I understood why the mother was so bent on snatching the string from me and by what kind of trade she intended to be consoled."

THE THYRSUS

To Franz Liszt

What is a thyrsus? According to the moral and the poetic meaning, it is a sacerdotal emblem in the hands of priests and priestesses celebrating divinity of which they are the interpreters and the servants. But physically it is only a staff, a pure staff, a pole for hops, a vine prop, dry, hard and straight. Around this staff, in its capricious windings, stems and flowers play and frolic, some sinuous and fugitive, and others bent over like bells or reversed cups. And an amazing glory rises up from this complexity of lines and colors, tender or resplendent. It might be said that the curved line and the spiral pay court to the straight line and dance around, in silent worship. Might it not be said that all those delicate corollas, all those calyxes, explosions of perfume and color, dance a mystical fandango around the hieratic staff? And yet, where is the imprudent mortal who dares decide whether the flowers and the vine branches were made for the staff, or whether the staff is only the pretext to show the beauty of the vine branches and the flowers? The thyrsus is the representation of your amazing duality, powerful and venerated master, dear Bacchant of the mysterious and impassioned Beauty. Never did a nymph exasperated by invincible Bacchus shake her thyrsus over the heads of her terrified companions with as much energy and caprice as you wave your genius over the hearts of your brothers. The staff is your will, straight, strong and steady; the flowers are the wandering of your fancy

taisie autour de votre volonté, c'est l'élément féminin exécutant autour du mâle ses prestigieuses pirouettes. Ligne droite et ligne arabesque, intention et expression, roideur de la volonté, sinuosité du verbe, unité du but, variété des moyens, amalgame tout-puissant et indivisible du génie, quel analyste aura le détestable courage de vous diviser et de vous séparer?

Chez Liszt, à travers les brumes, par delà les fleuves, par-dessus les villes où les pianos chantent votre gloire, où l'imprimerie traduit votre sagesse, en quelque lieu que vous soyez, dans les splendeurs de la ville éternelle ou dans les brumes des pays rêveurs que console Gambrinus, improvisant des chants de délectation ou d'ineffable douleur, ou confiant au papier vos méditations abstruses, chantre de la Volupté et de l'Angoisse éternelles, philosophe, poëte et artiste, je vous salue en l'immortalité!

ENIVREZ-VOUS

Il faut être toujours ivre. Tout est là: c'est l'unique question. Pour ne pas sentir l'horrible fardeau du Temps qui brise vos épaules et vous penche vers la terre, il faut vous enivrer sans trêve.

Mais de quoi? De vin, de poésie ou de vertu, à votre guise. Mais enivrez-vous.

Et si quelquefois, sur les marches d'un palais, sur l'herbe verte d'un fossé, dans la solitude morne de votre chambre, vous vous réveillez, l'ivresse déjà diminuée ou disparue, demandez au vent, à la vague, à l'étoile, à l'oiseau, à l'horloge, à tout ce qui fuit, à tout ce qui gémit, à tout ce qui roule, à tout ce qui chante, à tout ce qui parle, demandez quelle heure il est; et le vent, la vague, l'étoile, l'oiseau, l'horloge, vous répondront: "Il est l'heure de s'enivrer! Pour n'être pas les esclaves martyrisés du Temps, enivrez-vous sans cesse! De vin, de poésie ou de vertu, à votre guise."

around your will, the feminine element performing around the male her fascinating pirouettes. Straight line and arabesque line, intention and expression, strength of will, sinuosity of the word, unity of the goal, variety of the means, all-powerful and indivisible amalgam of genius, what analyst will have the hateful courage to divide you and separate you?

Dear Liszt, through fog, beyond rivers, above cities where pianos sing your glory, where printing presses translate your wisdom, in whatever place you are, in the beauty of the eternal city or in the fogs of countries of dreamers consoled by Gambrinus, improvising songs of joy and unspeakable grief, or confiding to paper your abstruse meditations, singer of eternal Pleasure and Anguish, philosopher, poet and artist, I greet you in immortality!

INTOXICATION

You must always be intoxicated. It is the key to all: the one question. In order not to feel the horrible burden of Time breaking your back and bending you toward the earth, you must become drunk, without truce.

But on what? On wine, poetry or virtue, as you wish. But you must get drunk.

And if at times, on the steps of a palace, on the green grass of a ditch, in the mournful solitude of your room, you awaken, and your intoxication is already diminished or gone, ask the wind, the wave, the star, the bird, the clock, everything that flees, everything that groans, everything that rolls, that sings, that speaks, ask what time it is; and the wind, the wave, the star, the bird, the clock will answer you: "It is time to get intoxicated! In order not to be slaves martyred by Time, always become intoxicated! On wine, on poetry or on virtue, as you will."

LE MIROIR

Un homme épouvantable entre et se regarde dans la glace.

"—Pourquoi vous regardez-vous au miroir, puisque vous ne pouvez vous y voir qu'avec déplaisir?"

L'homme épouvantable me répond: "—Monsieur, d'après les immortels principes de 89, tous les hommes sont égaux en droits; donc je possède le droit de me mirer; avec plaisir ou déplaisir, cela ne regarde que ma conscience."

Au nom du bon sens, j'avais sans doute raison; mais, au point de vue de la loi, il n'avait pas tort.

LE PORT

Un port est un séjour charmant pour une âme fatiguée des luttes de la vie. L'ampleur du ciel, l'architecture mobile des nuages, les colorations changeantes de la mer, le scintillement des phares, sont un prisme merveilleusement propre à amuser les yeux sans jamais les lasser. Les formes élancées des navires, au gréement compliqué, auxquels la houle imprime des oscillations harmonieuses, servent à entretenir dans l'âme le goût du rhythme et de la beauté. Et puis, surtout, il y a une sorte de plaisir mystérieux et aristocratique pour celui qui n'a plus ni curiosité ni ambition, à contempler, couché dans le belvédère ou accoudé sur le môle, tous ces mouvements de ceux qui partent et de ceux qui reviennent, de ceux qui ont encore la force de vouloir, le désir de voyager ou de s'enrichir.

ANY WHERE OUT OF THE WORLD[24]

(N'importe où hors du monde)

Cette vie est un hôpital où chaque malade est possédé du désir de changer de lit. Celui-ci voudrait souffrir en face du poêle, et celui-là croit qu'il guérirait à côté de la fenêtre.

Il me semble que je serais toujours bien là où je ne

THE MIRROR

A frightful man comes in and looks at himself in the mirror.

"Why do you look at yourself in the mirror, since you can't see yourself except with displeasure?"

The frightful man answers me: "Sir, according to the immortal principles of '89, all men are equal in rights; therefore I possess the right to see my image; with pleasure or displeasure, that concerns only my conscience."

In the name of common sense, I was doubtless right; but from the viewpoint of the law, he was not wrong.

THE HARBOR

A harbor is a delightful resort for a soul tired with life's struggles. The fullness of the sky, the moving architecture of clouds, the changing colors of the sea, the beam from the lighthouses, are a prism marvelously suitable to amuse the eyes without ever tiring them. The slender shapes of the ships, with their complicated rigging, on which the sea swell imprints harmonious oscillations, serve to sustain in the soul the love of rhythm and beauty. And then, especially, there is a kind of mysterious aristocratic pleasure for the man who no longer has any curiosity or ambition, to contemplate, when he is lying in the belvedere or leaning on the pier, all the movements of those leaving and those returning, of those who still have the strength to wish, the desire to travel or grow rich.

ANY WHERE OUT OF THE WORLD

This life is a hospital where each patient is possessed with the desire of changing his bed. One would like to suffer in front of the stove, and another believes he would get well beside the windows.

I have the impression that I would always be com-

suis pas, et cette question de déménagement en est une que je discute sans cesse avec mon âme.

"Dis-moi, mon âme, pauvre âme refroidie, que penserais-tu d'habiter Lisbonne? Il doit y faire chaud, et tu t'y ragaillardirais comme un lézard. Cette ville est au bord de l'eau; on dit qu'elle est bâtie en marbre, et que le peuple y a une telle haine du végétal, qu'il arrache tous les arbres. Voilà un paysage selon ton goût; un paysage fait avec la lumière et le minéral, et le liquide pour les réfléchir!"

Mon âme ne répond pas.

"Puisque tu aimes tant le repos, avec le spectacle du mouvement, veux-tu venir habiter la Hollande, cette terre béatifiante? Peut-être te divertiras-tu dans cette contrée dont tu as souvent admiré l'image dans les musées. Que penserais-tu de Rotterdam, toi qui aimes les forêts de mâts, et les navires amarrés au pied des maisons?"

Mon âme reste muette.

"Batavia te sourirait peut-être davantage? Nous y trouverions d'ailleurs l'esprit de l'Europe marié à la beauté tropicale."

Pas un mot.—Mon âme serait-elle morte?

"En es-tu donc venue à ce point d'engourdissement que tu ne te plaises que dans ton mal? S'il en est ainsi, fuyons vers les pays qui sont les analogies de la Mort.— Je tiens notre affaire, pauvre âme! Nous ferons nos malles pour Tornéo. Allons plus loin encore, à l'extrême bout de la Baltique; encore plus loin de la vie, si c'est possible; installons-nous au pôle. Là le soleil ne frise qu'obliquement la terre, et les lentes alternatives de la lumière et de la nuit suppriment la variété et augmentent la monotonie, cette moitié du néant. Là, nous pourrons prendre de longs bains de ténèbres, cependant que, pour nous divertir, les aurores boréales nous enverront de temps en temps leurs gerbes roses, comme des reflets d'un feu d'artifice de l'Enfer!"

Enfin, mon âme fait explosion, et sagement elle me crie: "N'importe où! pourvu que ce soit hors de ce monde!"

fortable there where I am not, and this question of moving is one I am endlessly discussing with myself.

"Tell me, dear soul, poor chilled soul, what would you think of inhabiting Lisbon? It must be warm there, and you would cheer up like a lizard. That city is on the edge of water; they say it is built of marble, and that its people have such hate of plants that they pull up all the trees. That is a landscape to your taste; a landscape made of light and minerals, and of water to reflect them!"

My soul does not answer.

"Since you like to rest so much, with the spectacle of movement, do you wish to come live in that blissful land, Holland? Perhaps you will find enjoyment in that country whose image you have often admired in museums. What would you think of Rotterdam, you who love forests of masts, and ships moored at the base of houses?"

My soul remains mute.

"Perhaps Batavia would attract you more? There we would find the spirit of Europe married with tropical beauty."

Not a word. Might my soul be dead?

"Have you then reached that point of numbness that you find pleasure in your suffering? If that is the case, let us hasten toward countries which are the analogues of Death. I have found the right thing, poor soul! We will pack our bags for Torneo. Let us go still farther, to the extreme end of the Baltic; farther away still from life, if it is possible; let us settle down at the pole. There the sun grazes the earth only obliquely, and the slow alternations of light and night suppress all variety and increase monotony, the bitter half of the void. There, we can take long baths of darkness, while, for our diversion, the aurora borealis sends us from time to time its rose sheaths, like reflections of fireworks from Hell!"

Finally my soul explodes, and cries out to me in great wisdom: "Any where at all! Provided it is outside of this world!"

CURIOSITÉS ESTHÉTIQUES[25]

A QUOI BON LA CRITIQUE?

A quoi bon?—Vaste et terrible point d'interrogation, qui saisit la critique au collet, dès le premier pas qu'elle veut faire dans son premier chapitre.

L'artiste reproche tout d'abord à la critique de ne pouvoir rien enseigner au bourgeois, qui ne veut ni peindre ni rimer,—ni à l'art, puisque c'est de ses entrailles que la critique est sortie.

Et pourtant que d'artistes de ce temps-ci doivent à elle seule leur pauvre renommée! C'est peut-être là le vrai reproche à lui faire.

Vous avez vu un Gavarni représentant un peintre courbé sur sa toile; derrière lui un monsieur, grave, sec, roide et cravaté de blanc, tenant à la main son dernier feuilleton. "Si l'art est noble, la critique est sainte."—"Qui dit cela?"—"La critique!" Si l'artiste joue si facilement le beau rôle, c'est que le critique est sans doute un critique comme il y en a tant.

En fait de moyens et procédés tirés des ouvrages eux-mêmes, le public et l'artiste n'ont rien à apprendre ici. Ces choses-là s'apprennent à l'atelier, et le public ne s'inquiète que du résultat.

Je crois sincèrement que la meilleure critique est celle qui est amusante et poétique; non pas celle-ci, froide et algébrique, qui, sous prétexte de tout expliquer, n'a ni haine ni amour, et se dépouille volontairement de toute espèce de tempérament; mais,—un beau tableau étant la nature réfléchie par un artiste,—celle qui sera ce tableau réfléchi par un esprit intelligent et sensible. Ainsi, le meilleur compte rendu d'un tableau pourra être un sonnet ou une élégie.

Mais ce genre de critique est destiné aux recueils de poésie et aux lecteurs poétiques. Quant à la critique

CRITICAL WRITINGS

WHAT IS THE USE OF CRITICISM?

The use? A huge awesome question mark, which seizes criticism by its collar, at the first step it tries to take in its first chapter.

First, the artist blames criticism for not being able to teach anything to the bourgeois, who is not interested in painting or writing verse—nor in art, since criticism comes from the body of art itself.

And yet how many artists today owe to criticism alone their paltry fame! That is perhaps the real reproach that can be made against it.

You can see a drawing of Gavarni showing a painter bending over his canvas; behind him is a solemn, dried-up-looking gentleman, stiff, with a white tie, and holding in his hand the newspaper with its serial story. "If art is noble, criticism is holy." "Who said that?" "Criticism did!" If the artist so easily plays the fine role, it is because the critic resembles all the critics who come a dime a dozen.

In terms of ways and means drawn from the works themselves, the public and the artist have nothing to learn from this. Such matters are studied in the studio, and the public is perturbed only over the result.

I sincerely believe that the best criticism is that kind which is amusing and poetic; not the cold mathematical kind, which, on the pretext of explaining everything, shows neither hate nor love, and voluntarily rids itself of every trace of feeling; but rather—since a beautiful picture is nature as seen by an artist—that criticism which is the picture as seen by an intelligent sensitive spirit. Therefore, the best article on a painting could be a sonnet or an elegy.

But this kind of criticism is destined for poetry anthologies and readers of poetry. As for the traditional

proprement dite, j'espère que les philosophes comprendront ce que je vais dire: pour être juste, c'est-à-dire pour avoir sa raison d'être, la critique doit être partiale, passionnée, politique, c'est-à-dire faite à un point de vue exclusif, mais au point de vue qui ouvre le plus d'horizons.

Exalter la ligne au détriment de la couleur, ou la couleur aux dépens de la ligne, sans doute c'est un point de vue; mais ce n'est ni très large ni très juste, et cela accuse une grande ignorance des destinées particulières.

Vous ignorez à quelle dose la nature a mêlé dans chaque esprit le goût de la ligne et le goût de la couleur, et par quels mystérieux procédés elle opère cette fusion, dont le résultat est un tableau.

Ainsi un point de vue plus large sera l'individualisme bien entendu: commander à l'artiste la naïveté et l'expression sincère de son tempérament, aidée par tous les moyens que lui fournit son métier. Qui n'a pas de tempérament n'est pas digne de faire des tableaux, et,—comme nous sommes las des imitateurs et surtout des éclectiques,—doit entrer comme ouvrier au service d'un peintre à tempérament.

Désormais muni d'un critérium certain, critérium tiré de la nature, le critique doit accomplir son devoir avec passion; car pour être critique on n'en est pas moins homme, et la passion rapproche les tempéraments analogues et soulève la raison à des hauteurs nouvelles.

Stendhal a dit quelque part: "La peinture n'est que de la morale construite!"—Que vous entendiez ce mot de morale dans un sens plus ou moins libéral, on en peut dire autant de tous les arts. Comme ils sont toujours le beau exprimé par le sentiment, la passion et la rêverie de chacun, c'est-à-dire la variété dans l'unité, ou les faces diverses de l'absolu,—la critique touche à chaque instant à la métaphysique.

Chaque siècle, chaque peuple ayant possédé l'expression de sa beauté et de sa morale,—si l'on veut entendre par romantisme l'expression la plus récente et la plus moderne de la beauté,—le grand artiste sera donc,—

kind of criticism, I hope philosophers will understand what I am going to say: for the sake of justice, that is, for its self-justification, criticism should be partisan, passionate and political, that is to say, it should be conceived from a particular point of view, but from a point of view which opens up the largest number of horizons.

Praising the composition at the expense of the color, or the color at the expense of the composition, is doubtless a point of view. But it is neither very profound nor very fair, and it demonstrates a great ignorance of individual destinies.

You do not know to what degree nature has joined in each being the taste for composition and the taste for color, and by what mysterious ways it brings about the fusion, the result of which is a painting.

A broad viewpoint would of course be individualism: demanding from an artist the naïveté and direct expression of his feelings, aided by all the means with which his craft provides him. The man who has no feeling is not worthy to paint pictures, and—since we are weary of imitation and especially of eclecticism—he should enroll as a workman in the service of a painter of feeling.

Hereafter, armed with a specific criterion, one drawn from nature, the critic should accomplish his purpose with love; for one is not less a man in being a critic, and passionate feeling joins similar temperaments and elevates reason to new heights.

Stendhal has said somewhere: "Painting is morality put into a form!" If you give this word morality a more or less liberal meaning, you can apply it to all the arts. Since they are always beauty expressed by sentiment, the passion and the dreams of each man, namely variety in unity, or the many aspects of the absolute, criticism at every moment involves metaphysics.

Since each century and each race has possessed the expression of its own beauty and morality—if we mean by romanticism the most recent and the most modern expression of beauty—the great artist will therefore be

pour le critique raisonnable et passionné,—celui qui unira à la condition demandée ci-dessus, la naïveté,—le plus de romantisme possible.

QU'EST-CE QUE LE ROMANTISME?

Peu de gens aujourd'hui voudront donner à ce mot un sens réel et positif; oseront-ils cependant affirmer qu'une génération consent à livrer une bataille de plusieurs années pour un drapeau qui n'est pas un symbole?

Qu'on se rappelle les troubles de ces derniers temps, et l'on verra que, s'il est resté peu de romantiques, c'est que peu d'entre eux ont trouvé le romantisme; mais tous l'ont cherché sincèrement et loyalement.

Quelques-uns ne se sont appliqués qu'au choix des sujets; ils n'avaient pas le tempérament de leurs sujets. —D'autres, croyant encore à une société catholique, ont cherché à refléter le catholicisme dans leurs oeuvres.— S'appeler romantique et regarder systématiquement le passé, c'est se contredire.—Ceux-ci, au nom du romantisme, ont blasphémé les Grecs et les Romains: or on peut faire des Romains et des Grecs romantiques, quand on l'est soi-même.—La vérité dans l'art et la couleur locale en ont égaré beaucoup d'autres. Le réalisme avait existé longtemps avant cette grande bataille, et d'ailleurs, composer une tragédie ou un tableau pour M. Raoul Rochette, c'est s'exposer à recevoir un démenti du premier venu, s'il est plus savant que M. Raoul Rochette.

Le romantisme n'est précisément ni dans le choix des sujets ni dans la vérité exacte, mais dans la manière de sentir.

Ils l'ont cherché en dehors, et c'est en dedans qu'il était seulement possible de le trouver.

Pour moi, le romantisme est l'expression la plus récente, la plus actuelle du beau.

Il y a autant de beautés qu'il y a de manières habituelles de chercher le bonheur.

La philosophie du progrès explique ceci clairement;

—for the reasonable and passionate critic—the man who will unite with the condition asked for above, naïveté—the maximum of possible romanticism.

WHAT IS ROMANTICISM?

Few people today are willing to give this word an exact and positive meaning; but do they dare claim that a generation is willing to wage a battle of several years for a flag which is not a symbol?

If you remember the difficulties of the last few years, you will agree that, if there are few romantics left, it is because very few of them discovered romanticism; but all tried sincerely and loyally to find it.

Some concentrated only on the choice of subjects; they did not have the feeling for their subjects. Others, still believing in a Catholic society, sought to show the influence of Catholicism in their works. To call oneself a romantic and systematically to consider the past, is a contradiction. Such people, in the name of romanticism, blasphemed against the Greeks and the Romans: yet you can make Greeks and Romans romantic, when you are that yourself. Artistic truth and local color deceived many others. Realism had existed for a long time before this great battle, and, moreover, when you create a tragedy or a painting for M. Raoul Rochette, you risk being contradicted by the first comer, if he is more learned than M. Raoul Rochette.

Actually romanticism is neither in the choice of subjects nor in adherence to truth. It is in the manner of feeling a subject.

It has been sought for outside, and it is only within that romanticism can possibly be found.

For me, romanticism is the most recent, the most contemporary expression of beauty.

There are as many forms of beauty as there are traditional ways of seeking happiness.

The philosophy of progress clearly explains this; just

ainsi, comme il y a eu autant d'idéals, qu'il y a eu pour les peuples de façons de comprendre la morale, l'amour, la religion, etc., le romantisme ne consistera pas dans une exécution parfaite, mais dans une conception analogue à la morale du siècle.

C'est parce que quelques-uns l'ont placé dans la perfection du métier, que nous avons eu le rococo du romantisme, le plus insupportable de tous sans contredit.

Il faut donc, avant tout, connaître les aspects de la nature et les situations de l'homme, que les artistes du passé ont dédaignés ou n'ont pas connus.

Qui dit romantisme dit art moderne,—c'est-à-dire intimité, spiritualité, couleur, aspiration vers l'infini exprimées par tous les moyens que contiennent les arts.

Il suit de là qu'il y a une contradiction évidente entre le romantisme et les oeuvres de ses principaux sectaires.

Que la couleur joue un rôle très important dans l'art moderne, quoi d'étonnant? Le romantisme est fils du Nord, et le Nord est coloriste; les rêves et les féeries sont enfants de la brume. L'Angleterre, cette patrie des coloristes exaspérés, la Flandre, la moitié de la France, sont plongées dans les brouillards; Venise elle-même trempe dans les lagunes. Quant aux peintres espagnols, ils sont plutôt contrastés que coloristes.

En revanche le Midi est naturaliste, car la nature y est si belle et si claire, que l'homme, n'ayant rien à désirer, ne trouve rien de plus beau à inventer que ce qu'il voit: ici, l'art en plein air, et quelques centaines de lieues plus haut, les rêves profonds de l'atelier et les regards de la fantaisie noyés dans les horizons gris.

Le Midi est brutal et positif comme un sculpteur dans ses compositions les plus délicates; le Nord souffrant et inquiet se console avec l'imagination, et s'il fait de la sculpture, elle sera plus souvent pittoresque que classique.

Raphaël, quelque pur qu'il soit, n'est qu'un esprit matériel sans cesse à la recherche du solide; mais cette canaille de Rembrandt est un puissant idéaliste qui fait rêver et deviner au delà. L'un compose des créatures à

as there have been as many ideals, as there have been ways in the nations of the world to understand morality, love, religion, etc., romanticism does not equate a perfect performance, but a conception analogous to the century's morality.

It is because some people have placed it in the perfection of a craft that we have had a rococo romanticism, the most disastrous of all without exception.

We must therefore, above all, know the appearance of nature and the conditions of man, which the artists of the past scorned or did not know.

By romanticism, one means modern art—namely intimacy, spirituality, color, aspiration toward the absolute, expressed by all the methods contained in art.

It follows from this that there is an obvious contradiction between romanticism and the works of its leading partisans.

What is there surprising about color playing an important role in modern art? Romanticism is a son of the North, and the North is a colorist; dreams and fantasies are children of the mist. England, a country of exasperated colorists, Flanders, and half of France are covered with fog; Venice itself is bathed in lagoons. As for the Spanish, they are painters of contrast rather than colorists.

On the other hand the South is naturalistic, because there nature is so beautiful and clear that man, having nothing to desire, finds nothing more beautiful to invent than what he sees: in one place, art created outside; a few leagues farther off, the deep dreams of the studio and the vision of fantasy drowned in gray horizons.

The South is brutal and positive like a sculptor in his most delicate compositions; the suffering and restless North is consoled by its imagination, and if it creates sculpture, it will be picturesque more often than classical.

However pure he is, Raphael is only a material spirit always searching for what is solid; whereas that rogue of a Rembrandt is a strong idealist who makes you dream and imagine what lies beyond. Raphael creates

l'état neuf et virginal,—Adam et Eve;—mais l'autre secoue des haillons devant nos yeux et nous raconte les souffrances humaines.

Cependant Rembrandt n'est pas un pur coloriste, mais un harmoniste; combien l'effet sera donc nouveau et le romantisme adorable, si un puissant coloriste nous rend nos sentiments et nos rêves les plus chers avec une couleur appropriée aux sujets!

DU CHIC ET DU PONCIF

Le *chic,* mot affreux et bizarre et de moderne fabrique, dont j'ignore même l'orthographe, mais que je suis obligé d'employer, parce qu'il est consacré par les artistes pour exprimer une monstruosité moderne, signifie: absence de modèle et de nature. Le *chic* est l'abus de la mémoire; encore le *chic* est-il plutôt une mémoire de la main qu'une mémoire du cerveau; car il est des artistes doués d'une mémoire profonde des caractères et des formes,—Delacroix ou Daumier,—et qui n'ont rien à démêler avec le *chic.*

Le *chic* peut se comparer au travail de ces maîtres d'écriture, doués d'une belle main et d'une bonne plume taillée pour l'anglaise ou la coulée, et qui savent tracer hardiment, les yeux fermés, en manière de paraphe, une tête de Christ ou le chapeau de l'empereur.

La signification du mot *poncif* a beaucoup d'analogie avec celle du mot *chic.* Néanmoins, il s'applique plus particulièrement aux expressions de tête et aux attitudes.

Il y a des colères *poncif,* des étonnements *poncif,* par exemple l'étonnement exprimé par un bras horizontal avec le pouce écarquillé.

Il y a dans la vie et dans la nature des choses et des êtres *poncif,* c'est-à-dire qui sont le résumé des idées vulgaires et banales qu'on se fait de ces choses et de ces êtres: aussi les grands artistes en ont horreur.

Tout ce qui est conventionnel et traditionnel relève du *chic* et du *poncif.*

Quand un chanteur met la main sur son coeur, cela

his creatures in a fresh virginal state—Adam and Eve—but Rembrandt shakes rags in front of our eyes and speaks to us of human suffering.

Yet Rembrandt is not a pure colorist, but a harmonist; how new the effect will be, and how beautiful romanticism will be, if a strong colorist paints for us our most cherished sentiments and dreams with a color suitable to the subjects!

ON THE *CHIC* AND THE *PONCIF*

Chic, a strange frightful word of modern fabrication, whose spelling I don't even know, but which I am forced to use, because it is consecrated by artists to express a modern monstrosity, means: the absence of a model and of nature. *Chic* is the misuse of memory; or rather, *chic* is a memory of the hand rather than a memory of the mind; for there are artists endowed with a profound memory of characters and forms—Delacroix or Daumier—and who have no connection with the *chic*.

The *chic* may be compared to the work of those masters of penmanship, gifted with a skillful hand and a good pen suitable for English handwriting [to the right] or serried writing, and who are able to trace boldly, with their eyes closed, in the form of a signature, the head of Christ or an emperor's hat.

The meaning of the word *poncif* [pompous] is analogous to that of the word *chic*. Yet, it is more especially applicable to the drawings of a head and poses.

There is a *poncif* anger, a *poncif* surprise, such as the surprise expressed by a horizontal arm with the thumb sticking out.

In life and in nature there are things which are *poncif*, which are in other words the summary of the commonplace banal ideas one imagines about those things and beings; and for that reason, great artists despise them.

Everything which is conventional and traditional derives from the *chic* and the *poncif*.

When a singer puts his hand to his heart, it usually

veut dire d'ordinaire: je l'aimerai toujours!—Serre-t-il
les poings en regardant le souffleur ou les planches, cela
signifie: il mourra, le traître!—Voilà le *poncif*.

DE L'HÉROÏSME DE LA VIE MODERNE

Beaucoup de gens attribueront la décadence de la
peinture à la décadence des moeurs. Ce préjugé d'atelier
qui a circulé dans le public, est une mauvaise excuse
des artistes. Car ils étaient intéressés à représenter sans
cesse le passé; la tâche est plus facile, et la paresse y
trouvait son compte.

Il est vrai que la grande tradition s'est perdue, et que
la nouvelle n'est pas faite.

Qu'était-ce que cette grande tradition, si ce n'est
l'idealisation ordinaire et accoutumée de la vie ancienne;
vie robuste et guerrière, état de défensive de chaque
individu qui lui donnait l'habitude des mouvements
sérieux, des attitudes majestueuses ou violentes. Ajoutez
à cela la pompe publique qui se réfléchissait dans la vie
privée. La vie ancienne *représentait* beaucoup; elle était
faite surtout pour le plaisir des yeux, et ce paganisme
journalier a merveilleusement servi les arts.

Avant de rechercher quel peut être le côté épique de
la vie moderne, et de prouver par des exemples que
notre époque n'est pas moins féconde que les anciennes
en motifs sublimes, on peut affirmer que puisque tous
les siècles et tous les peuples ont eu leur beauté, nous
avons inévitablement la nôtre. Cela est dans l'ordre.

Toutes les beautés contiennent, comme tous les phé-
nomènes possibles, quelque chose d'éternel et quelque
chose de transitoire,—d'absolu et de particulier. La
beauté absolue et éternelle n'existe pas, ou plutôt elle
n'est qu'une abstraction écrémée à la surface générale
des beautés diverses. L'élément particulier de chaque
beauté vient des passions, et comme nous avons nos
passions particulières, nous avons notre beauté.

Excepté Hercule au mont Oeta, Caton d'Utique et
Cléopâtre, dont les suicides ne sont pas des suicides
modernes, quels suicides voyez-vous dans les tableaux

means: I will love her forever! When he tightens his fists and looks at the prompter or the stage, it means: the villain will die! That is *poncif*.

ON THE HEROISM OF MODERN LIFE

Many people attribute decadence in painting to the decadence in social behavior. This studio prejudice, which is popular in the public, is a bad excuse for artists. For they were interested in constantly depicting the past; the task is easier and laziness is justified.

It is true that the great tradition is over, and the new tradition is not founded.

What was this great tradition, if it is not the ordinary customary idealization of life long ago; a vigorous belligerent life, the defensive state of each individual which gave him the habit of serious actions, of majestic or violent poses. Add to that the public pomp which was reflected in private life. Life long ago *represented* a great deal; it was especially designed for visual pleasure, and this day-by-day paganism marvelously served the arts.

Before looking for what may be the epic aspect of modern life, and proving by examples that our period is not less rich than older periods in sublime motifs, it may be claimed that since all centuries and all peoples have had their beauty, we inevitably have ours. This is in the order of things.

All forms of beauty contain, as all possible phenomena, something eternal and something transitory—something absolute and something specific. Absolute eternal beauty does not exist, or at best it is a mere abstraction drawn superficially from the surface of several kinds of beauty. The particular element of each beauty comes from the passions of man, and as we have a particular passion, so we have our beauty.

Except for Hercules on Mount Oeta, Cato of Utica and Cleopatra, whose suicides are not *modern*, what suicides do you see in old paintings? In all the lives of

anciens? Dans toutes les existences païennes vouées à l'appétit, vous ne trouverez pas le suicide de Jean-Jacques, ou même le suicide étrange et merveilleux de Rafaël de Valentin.

Quant à l'habit, la pelure du héros moderne,—bien que le temps soit passé où les rapins s'habillaient en mamamouchis et fumaient dans des canardières,—les ateliers et le monde sont encore pleins de gens qui voudraient poétiser Antony avec un manteau grec ou un vêtement mi-parti.

Et cependant, n'a-t-il pas sa beauté et son charme indigène, cet habit tant victimé? N'est-il pas l'habit nécessaire de notre époque, souffrante et portant jusque sur ses épaules noires et maigres le symbole d'un deuil perpétuel? Remarquez bien que l'habit noir et la redingote ont non seulement leur beauté politique, qui est l'expression de l'égalité universelle, mais encore leur beauté poétique, qui est l'expression de l'âme publique; —une immense défilade de croque-morts, croque-morts politiques, croque-morts amoureux, croque-morts bourgeois. Nous célébrons tous quelque enterrement.

Une livrée uniforme de désolation témoigne de l'égalité; et quant aux excentriques que les couleurs tranchées et violentes dénonçaient facilement aux yeux, ils se contentent aujourd'hui des nuances dans le dessin, dans la coupe, plus encore que dans la couleur. Ces plis grimaçants, et jouant comme des serpents autour d'une chair mortifiée, n'ont-ils pas leur grâce mystérieuse?

M. Eugène Lami et M. Gavarni, qui ne sont pourtant pas des génies supérieurs, l'ont bien compris:—celui-ci, le poëte du dandysme officiel; celui-là, le poëte du dandysme hasardeux et d'occasion!—En relisant le livre *Du Dandysme*, par M. Jules Barbey d'Aurevilly, le lecteur verra clairement que le dandysme est une chose moderne et qui tient à des causes tout à fait nouvelles.

Que le peuple des coloristes ne se révolte pas trop; car, pour être plus difficile, la tâche n'en est que plus glorieuse. Les grands coloristes savent faire de la couleur avec un habit noir, une cravate blanche et un fond gris.

antiquity, consecrated to concupiscence, you will not find the suicide of Jean-Jacques, or even the strange and marvelous suicide of Rafaël de Valentin.

As for his coat, the skin of the modern hero—although the time is over when young painters dressed like good-for-nothings and smoked in duck ponds—studios and society are still full of people who would like to poetize Antony with a Greek mantle or a two-piece costume.

And yet, doesn't this often victimized coat have its own beauty and indigenous charm? Isn't it the necessary coat of our period, of our suffering age which bears on its black thin shoulders the symbol of perpetual mourning? You will notice that the black coat and the long tailcoat have not only their political beauty, which is the expression of universal equality, but also their poetic beauty, which is the expression of the public soul—a long parade of coroners, politician-coroners, lover-coroners, bourgeois-coroners. We are all celebrating some funeral.

A uniform livery of mourning testifies to equality; the eccentrics, who were easily betrayed by their loud strong colors, are satisfied today with subtleties in the design and in the cut, much more than in the color. Don't those grinning pleats, playing like serpents around the mortified flesh, have a mysterious grace of their own?

M. Eugène Lami and M. Gavarni, who are not in the least superior geniuses, understood this—the latter, the poet of official dandyism; the former, the poet of occasional and chance dandyism! On rereading the book *On Dandyism*, by M. Jules Barbey d'Aurevilly, the reader will clearly see that dandyism is something modern and derives from completely new causes.

I hope the large number of colorist painters will not resent this too much; for, by being more difficult, the task is all the more glorious. The great colorists create color with a black coat, a white tie and a gray background.

Pour rentrer dans la question principale et essentielle, qui est de savoir si nous possédons une beauté particulière, inhérente à des passions nouvelles, je remarque que la plupart des artistes qui ont abordé les sujets modernes se sont contentés des sujets publics et officiels, de nos victoires et de notre héroïsme politique. Encore les font-ils en rechignant, et parce qu'ils sont commandés par le gouvernement qui les paye. Cependant il y a des sujets privés, qui sont bien autrement héroïques.

Le spectacle de la vie élégante et des milliers d'existences flottantes qui circulent dans les souterrains d'une grande ville,—criminels et filles entretenues,—*la Gazette des Tribunaux* et *le Moniteur* nous prouvent que nous n'avons qu'à ouvrir les yeux pour connaître notre héroïsme.

Un ministre, harcelé par le curiosité impertinente de l'opposition, a-t-il, avec cette hautaine et souveraine éloquence qui lui est propre, témoigné,—une fois pour toutes,—de son mépris et son dégoût pour toutes les oppositions ignorantes et tracassières,—vous entendez le soir, sur le boulevard des Italiens, circuler autour de vous ces paroles: "Etais-tu à la Chambre aujourd'hui? as-tu vu le ministre? N...de D...! qu'il était beau! je n'ai jamais rien vu de si fier!"

Il y a donc une beauté et un héroïsme modernes!

Et plus loin: "C'est K.—ou F.—qui est chargé de faire une médaille à ce sujet; mais il ne saura pas la faire; il ne peut pas comprendre ces choses-là!"

Il y a donc des artistes plus ou moins propres à comprendre la beauté moderne.

Ou bien: "Le sublime B...! Les pirates de Byron sont moins grands et moins dédaigneux. Croirais-tu qu'il a bousculé l'abbé Montès, et qu'il a couru sus à la guillotine en s'écriant: Laissez-moi tout mon courage!"

Cette phrase fait allusion à la funèbre fanfaronnade d'un criminel, d'un grand protestant, bien portant, bien organisé, et dont la féroce vaillance n'a pas baissé la tête devant la suprême machine!

Toutes ces paroles, qui échappent à votre langue,

In order to return to the leading and essential question, which is to know whether we possess a particular beauty, inherent in new passions, I notice that most of the artists who have attempted modern subjects have been satisfied with public and official subjects, with our victories and our political heroism. But they use them grudgingly, and because they are ordered to by the government which pays them. Yet there are private subjects, which are heroic in other ways.

The display of fashion and the thousands of floating existences which circulate in the subterranean places of a huge city—criminals and prostitutes—the *Gazette des Tribunaux* and the *Moniteur* give us proof that we have only to open our eyes in order to learn about our heroism.

If a statesman, tormented by the impertinent curiosity of the opposition party, testified, with that haughty powerful eloquence which becomes him—once and for all—to his scorn for and disgust with all ignorant and troublesome oppositions, you will hear that evening, along the Boulevard des Italiens, these words circulating freely: "Were you at the Chambre today? Did you see the minister? God! how handsome he was! I never saw anyone to equal his pride!"

There is therefore a modern beauty and heroism!

And later: "It is K.— or F.— who is commissioned to make a medal on that subject; but he won't be able to; he can't understand such things!"

There are artists therefore more or less capable of understanding modern beauty.

Or: "Heroic B. . . ! The pirates of Byron are less great and less proud. Will you believe that he pushed aside Abbé Montès, and ran up to the guillotine, crying: Allow me to have all my courage!"

This sentence alludes to the funereal boasting of a criminal, of a healthy, well-organized, important protestant, whose ferocious valor did not lower its head before the supreme machine!

All these words, which escape from your language,

témoignent que vous croyez à une beauté nouvelle et particulière, qui n'est celle ni d'Achille ni d'Agamemnon.

La vie parisienne est féconde en sujets poétiques et merveilleux. Le merveilleux nous enveloppe et nous abreuve comme l'atmosphère; mais nous ne le voyons pas.

Le *nu*, cette chose si chère aux artistes, cet élément nécessaire de succès, est aussi fréquent et aussi nécessaire que dans la vie ancienne:—au lit, au bain, à l'amphithéâtre. Les moyens et les motifs de la peinture sont également abondants et variés; mais il y a un élément nouveau, qui est la beauté moderne.

Car les héros de l'Iliade ne vont qu'à votre cheville, ô Vautrin, ô Rastignac, ô Birotteau,—et vous, ô Fontanarès, qui n'avez pas osé raconter au public vos douleurs sous le frac funèbre et convulsionné que nous endossons tous; —et vous, ô Honoré de Balzac, vous le plus héroïque, le plus singulier, le plus romantique et le plus poétique parmi tous les personnages que vous avez tirés de votre sein!

DE L'ESSENCE DU RIRE

et généralement du comique dans les arts plastiques

· · · · ·

Le Sage ne rit qu'en tremblant. De quelles lèvres pleines d'autorité, de quelle plume parfaitement orthodoxe est tombée cette étrange et saisissante maxime? Nous vient-elle du roi philosophe de la Judée? Faut-il l'attribuer à Joseph de Maistre, ce soldat animé de l'Esprit-Saint? J'ai un vague souvenir de l'avoir lue dans un de ses livres, mais donnée comme citation, sans doute. Cette sévérité de pensée et de style va bien à la sainteté majestueuse de Bossuet; mais la tournure elliptique de la pensée et la finesse quintessenciée me porteraient plutôt à en attribuer l'honneur à Bourdaloue, l'impitoyable psychologue chrétien. Cette singulière maxime me revient sans cesse à l'esprit depuis que j'ai conçu le projet de cet article, et j'ai voulu m'en débarrasser tout d'abord.

prove that you believe in a new particular beauty, which is neither Achilles' nor Agamemnon's.

Parisian life is rich in poetic and miraculous subjects. The miraculous envelops us and waters us like the atmosphere; but we do not see it.

The *nude,* a thing very precious to artists, and a necessary element for success, is as frequent and necessary as in antiquity—in the bed, in the bath, in the operating room. The means and the motifs of the painting are equally abundant and varied; but there is a new element, which is modern beauty.

For the heroes of *The Iliad* reach only to your ankles, O Vautrin, Rastignac, Birotteau—and you, O Fontanarès, who did not dare tell the public your suffering under the funereal troubled tailcoat which we all wear—and you, O Honoré de Balzac, the most heroic, the most extraordinary, the most romantic and the most poetic of all the characters you have drawn forth from your heart!

ON THE ESSENCE OF LAUGHTER

and, more generally, on the comic in the plastic arts

•   •   •   •   •

The Sage trembles when he laughs. From what fully authoritative lips, from what perfectly orthodox pen fell this strange and striking maxim? Does it come from the philosophical king of Judea? Should we attribute it to Joseph de Maistre, that soldier animated with the Holy Spirit? I have a vague memory of having read it in one of his books, but it was doubtless given as a quotation. The severity of thought and style suits the majestic holiness of Bossuet; but the elliptical turn of thought and its quintessential essence would lead me rather to attribute the honor to Bourdaloue, the pitiless Christian psychologist. This unusual maxim has been constantly coming back into my mind since I conceived the project of this article, and I wanted first to put it out of the way.

Analysons, en effet, cette curieuse proposition:

Le Sage, c'est-à-dire celui qui est animé de l'esprit du Seigneur, celui qui possède la pratique du formulaire divin, ne rit, ne s'abandonne au rire qu'en tremblant. Le Sage tremble d'avoir ri; Le Sage craint le rire, comme il craint les spectacles mondains, la concupiscence. Il s'arrête au bord du rire comme au bord de la tentation. Il y a donc, suivant le Sage, une certaine contradiction secrète entre son caractère de sage et le caractère primordial du rire. En effet, pour n'effleurer qu'en passant des souvenirs plus que solennels, je ferai remarquer,—ce qui corrobore parfaitement le caractère officiellement chrétien de cette maxime,—que le Sage par excellence, le Verbe Incarné, n'a jamais ri. Aux yeux de Celui qui sait tout et qui peut tout, le comique n'est pas. Et pourtant le Verbe Incarné a connu la colère, il a même connu les pleurs.

Ainsi, notons bien ceci: en premier lieu, voici un auteur,—un chrétien sans doute,—qui considère comme certain que le Sage y regarde de bien près avant de se permettre de rire, comme s'il devait lui en rester je ne sais quel malaise et quelle inquiétude, et en second lieu, le comique disparaît au point de vue de la science et de la puissance absolues. Or, en inversant les deux propositions, il en résulterait que le rire est généralement l'apanage des fous, et qu'il implique toujours plus ou moins d'ignorance et de faiblesse. Je ne veux point m'embarquer aventureusement sur une mer théologique, pour laquelle je ne serais sans doute pas muni de boussole ni de voiles suffisantes; je me contente d'indiquer au lecteur et de lui montrer du doigt ces singuliers horizons.

Il est certain, si l'on veut se mettre au point de vue de l'esprit orthodoxe, que le rire humain est intimement lié à l'accident d'une chute ancienne, d'une dégradation physique et morale. Le rire et la douleur s'expriment par les organes où résident le commandement et la science du bien et du mal: les yeux et la bouche. Dans le paradis terrestre (qu'on le suppose passé ou à venir,

Let us, then, analyze this curious proposition:

The Sage, that is to say the man who is animated with the spirit of the Lord, the man who possesses the practice of the divine formulation, does not laugh, does not give himself over to laughter without trembling. The Sage trembles for having laughed; the Sage fears laughter, as he fears worldly spectacles, and concupiscence. He stops at the edge of laughter as at the edge of temptation. There is therefore, according to the Sage, a certain secret contradiction between his character as a sage and the primitive character of laughter. If I touch very lightly on memories that are more than solemn, I call your attention to the fact—and this perfectly corroborates the officially Christian character of this maxim—that the supreme Sage, the Incarnate Word, never laughed. In the eyes of the One who is omniscient and omnipotent, the comic does not exist. And the Incarnate Word knew anger, and He even knew tears.

Thus, it should be carefully noted that, in the first place, here is an author—doubtless a Christian—who considers it certain that the Sage will examine a matter very closely before allowing himself to laugh, as if he must continue to feel discomfort and worry because of it, and in the second place, the comic disappears from the viewpoint of absolute science and power. Now, if we reverse the two propositions, it would become apparent that laughter is generally the characteristic of fools, and that it always implies more or less ignorance and weakness. I do not wish to embark adventurously on a theological sea, where I would doubtless not be provided with a compass and enough sails; I am satisfied with showing this to the reader and pointing out these extraordinary horizons.

If we accept the point of view of the orthodox mind, it is certain that human laughter is intimately bound up with the accident of an ancient fall, of a physical and moral degradation. Laughter and sorrow are expressed by the organs where the commandment and the science of good and evil reside: the eyes and the mouth. In the earthly paradise (whether it is looked upon as past or

souvenir ou prophétie, comme les théologiens ou comme les socialistes), dans le paradis terrestre, c'est-à-dire dans le milieu où il semblait à l'homme que toutes les choses créées étaient bonnes, la joie n'était pas dans le rire. Aucune peine ne l'affligeant, son visage était simple et uni, et le rire qui agite maintenant les nations ne déformait point les traits de sa face. Le rire et les larmes ne peuvent pas se faire voir dans le paradis de délices. Ils sont également les hommes de la peine, et ils sont venus parce que le corps de l'homme énervé manquait de force pour les contraindre. Au point de vue de mon philosophe chrétien, le rire de ses lèvres est signe d'une aussi grande misère que les rires de ses yeux. L'Etre qui voulut multiplier son image n'a point mis dans la bouche de l'homme les dents du lion, mais l'homme mord avec le rire; ni dans ses yeux toute la ruse fascinatrice du serpent, mais il séduit avec les larmes. Et remarquez que c'est aussi avec les larmes que l'homme lave les peines de l'homme, que c'est avec le rire qu'il adoucit quelquefois son coeur et l'attire; car les phénomènes engendrés par la chute deviendront les moyens du rachat.

· · · · ·

Ce qui suffirait pour démontrer que le comique est un des plus clairs signes sataniques de l'homme et un des nombreux pépins contenus dans la pomme symbolique, est l'accord unanime des physiologistes du rire sur la raison première de ce monstrueux phénomène. Du reste, leur découverte n'est pas très profonde et ne va guère loin. Le rire, disent-ils, vient de la supériorité. Je ne serais pas étonné que devant cette découverte le physiologiste se fût mis à rire en pensant à sa propre supériorité. Aussi, il fallait dire: le rire vient de l'idée de sa propre supériorité. Idée satanique s'il en fut jamais! Orgueil et aberration! Or, il est notoire que tous les fous des hôpitaux ont l'idée de leur propre supériorité développée outre mesure. Je ne connais guère de fous d'humilité. Remarquez que le rire est une des expressions les plus fréquentes et les plus nombreuses de la folie. ...

future, a memory or a prophecy, according to theologians or according to socialists), in the earthly paradise, namely in that environment where it seemed to man that all created things were good, joy was not in laughter. Since no pain afflicted him, his face was simple and calm, and the laughter which today rocks nations did not deform the features of his face. Laughter and tears cannot be manifested in a joyful paradise. They are equally children of suffering, and they have come because the body of disgruntled man lacked the strength to control them. From the viewpoint of my Christian philosopher, the laughter on his lips is the sign of as great a wretchedness as the tears of his eyes. The Being who wished to multiply His image did not put in the mouth of man the teeth of a lion, but man bites with his laughter; nor in his eyes all the fascinating ruse of a serpent, but he seduces with his tears. And notice that it is also with tears that man washes the sorrows of man, that it is with laughter he sometimes softens his heart and draws him to himself; for the phenomena engendered by the fall will become the means of redemption.

· · · · ·

A sufficient demonstration that the comic is one of the clearest Satanic signs of man and one of the many seeds contained in the symbolic apple is the unanimous agreement of the physiologists of laughter over the primary reason for this monstrous phenomenon. However, their discovery is not very profound and does not go very far. They claim that laughter comes from a feeling of superiority. I would not be surprised if in this discovery the physiologist would begin to laugh as he thinks of his own superiority. He should really have said: laughter comes from the idea of one's own superiority. A Satanic idea if there ever was one! Pride and aberration! Now, it is notorious that the insane in the hospitals have a greatly exaggerated idea of their own superiority. I know very few insane people who are humble. Remember that laughter is one of the most fre-

J'ai dit qu'il y avait symptôme de faiblesse dans le rire; et, en effet, quel signe plus marquant de débilité qu'une convulsion nerveuse, un spasme involontaire comparable à l'éternûment, et causé par la vue du malheur d'autrui? Ce malheur est presque toujours une faiblesse d'esprit. Est-il un phénomène plus déplorable que la faiblesse se réjouissant de la faiblesse? Mais il y a pis. Ce malheur est quelquefois d'une espèce très inférieure, une infirmité dans l'ordre physique. Pour prendre un des exemples les plus vulgaires de la vie, qu'y a-t-il de si réjouissant dans le spectacle d'un homme qui tombe sur la glace ou sur le pavé, qui trébuche au bout d'un trottoir, pour que la face de son frère en Jésus-Christ se contracte d'une façon désordonnée, pour que les muscles de son visage se mettent à jouer subitement comme une horloge à midi ou un joujou à ressorts? Ce pauvre diable s'est au moins défiguré, peut-être s'est-il fracturé un membre essentiel. Cependant, le rire est parti, irrésistible et subit. Il est certain que si l'on veut creuser cette situation, on trouvera au fond de la pensée du rieur un certain orgueil inconscient. C'est là le point de départ: *moi*, je ne tombe pas; *moi*, je marche droit; *moi*, mon pied est ferme et assuré. Ce n'est pas *moi* qui commettrais la sottise de ne pas voir un trottoir interrompu ou un pavé qui barre le chemin.

. . . . .

Maintenant, résumons un peu, et établissons plus visiblement les propositions principales, qui sont comme une espèce de théorie du rire. Le rire est satanique, il est donc profondément humain. Il est dans l'homme la conséquence de l'idée de sa propre supériorité; et, en effet, comme le rire est essentiellement humain, il est essentiellement contradictoire, c'est-à-dire qu'il est à la fois signe d'une grandeur infinie et d'une misère infinie, misère infinie relativement à l'Etre absolu dont il possède la conception, grandeur infinie relativement aux animaux. C'est du choc perpétuel de ces deux infinis

quent and most often repeated expressions of madness. . . .

I said there is a symptom of weakness in laughter; in truth, what more obvious sign of weakness is there than a nervous convulsion, an involuntary spasm comparable to a sneeze, and caused by the sight of someone else's calamity? This misfortune is almost always a weakness of the mind. Is it a more deplorable phenomenon than weakness rejoicing over weakness? But there is something worse. This misfortune is sometimes of a very inferior kind, an infirmity in the physical order. To take one of the most commonplace examples in life, what is so joyous in the spectacle of a man who falls on the ice or on the pavement, who trips over the curb of the sidewalk, for the face of his brother in Jesus Christ to contract in a disordered way, for the muscles of his face to begin to function suddenly like a clock at noon or a toy that has springs? The poor fellow was at least disfigured, and he perhaps fractured an important limb. Yet, laughter began, irresistible and sudden. It is certain that if you want to analyze this situation, you will find behind the thought of the man laughing a form of unconscious pride. That is the starting point: *I* did not fall; *I* am walking; *my* foot is firm and sure. It is not *I* who would commit the folly of not seeing the edge of the sidewalk or the pavement which blocks the way.

·   ·   ·   ·   ·

Now, we should summarize and establish more clearly the principal propositions, which resemble a kind of theory on laughter. Laughter is Satanic, and is therefore profoundly human. It is in man the consequence of the idea of his own superiority; and, in truth, since laughter is essentially human, it is essentially contradictory, that is to say, it is both the sign of infinite greatness and infinite wretchedness, infinite wretchedness in relation to the absolute Being of whom he possesses the conception, infinite greatness in relation to animals. It is from the perpetual collision of these two infinities that laugh-

que se dégage le rire. Le comique, la puissance du rire est dans le rieur et nullement dans l'objet du rire. Ce n'est point l'homme qui tombe qui rit de sa propre chute, à moins qu'il ne soit un philosophe, un homme qui ait acquis, par habitude, la force de se dédoubler rapidement et d'assister comme spectateur désintéressé aux phénomènes de son *moi*. Mais le cas est rare. Les animaux les plus comiques sont les plus sérieux; ainsi les singes et les perroquets. D'ailleurs, supposez l'homme ôté de la création, il n'y aura plus de comique, car les animaux ne se croient pas supérieurs aux végétaux, ni les végétaux aux minéraux. Signe de supériorité relativement aux bêtes, et je comprends sous cette dénomination les parias nombreux de l'intelligence, le rire est signe d'infériorité relativement aux sages, qui par l'innocence contemplative de leur esprit se rapprochent de l'enfance. . . .

Comme le comique est signe de supériorité ou de croyance à sa propre supériorité, il est naturel de croire qu'avant qu'elles aient atteint la purification absolue promise par certains prophètes mystiques, les nations verront s'augmenter en elles les motifs de comique à mesure que s'accroîtra leur supériorité. Mais aussi le comique change de nature. Ainsi l'élément angélique et l'élément diabolique fonctionnent parallèlement. L'humanité s'élève, et elle gagne pour le mal et l'intelligence du mal une force proportionnelle à celle qu'elle a gagnée pour le bien. C'est pourquoi je ne trouve pas étonnant que nous, enfants d'une loi meilleure que les lois religieuses antiques, nous, disciples favorisés de Jésus, nous possédions plus d'éléments comiques que la païenne antiquité. Cela même est une condition de notre force intellectuelle générale. Permis aux contradicteurs jurés de citer la classique historiette du philosophe qui mourut de rire en voyant un âne qui mangeait des figues, et mêmes les comédies d'Aristophane et celles de Plaute. Je répondrai qu'outre que ces époques sont essentiellement civilisées, et que la croyance s'était déjà bien retirée, ce comique n'est pas tout à fait le nôtre. Il a même quelque chose de sauvage, et nous ne

ter arises. The comic, the power of laughter is in the one who laughs and not at all in the object of the laughter. It is not the man who falls who laughs at his own fall, unless he is a philosopher, a man who has acquired by habit the power to divide himself quickly and watch as a disinterested spectator the phenomena of his own *ego*. But the case is rare. The most comical animals are the most serious; such as monkeys and parrots. Besides, if you imagine man removed from creation, there will be no comic left, because animals do not consider themselves superior to vegetables, nor vegetables to minerals. As a sign of superiority relative to animals, and I group under this term the many pariahs of the intellect, laughter is the sign of inferiority in relation to sages, who by the contemplative innocence of their minds approach childhood. . . .

As the comic is the sign of superiority or of a belief in one's own superiority, it is natural to believe that before they reach the absolute purification promised by certain mystical prophets, nations will see increasing within them comic motifs as their superiority increases. But the comic also changes its nature. Thus, the angelic element and the diabolical element function one beside the other. Humanity develops, and wins for evil and for the intelligence of evil a power proportionate to the power it had won for the good. That is why I do not find it surprising that we, children of a better law than the religious laws of antiquity, we, the favored disciples of Jesus, should possess more comic elements than pagan antiquity. That is even a condition for our general intellectual vitality. Sworn opponents may quote the classical story of the philosopher who died laughing when he saw an ass eating figs, and even the comedies of Aristophanes and Plautus. I reply that beyond the fact that those periods were essentially civilized, and that belief had already quite withdrawn, that comic is not exactly ours. It has even something barbaric, and we can hardly assimilate it except by an intellectual effort to move backward; the result of this is called pastiche. As for the grotesque

pouvons guère nous l'approprier que par un effort
d'esprit à reculons, dont le résultat s'appelle pastiche.
Quant aux figures grotesques que nous a laissées l'an-
tiquité, les masques, les figurines de bronze, les Hercules
tout en muscles, les petits Priapes à la langue recourbée
en l'air, aux oreilles pointues, tout en cervelet et en
phallus,—quant à ces phallus prodigieux sur lesquels les
blanches filles de Romulus montent innocemment à
cheval, ces monstrueux appareils de la génération armés
de sonnettes et d'ailes, je crois que toutes ces choses sont
pleines de sérieux. Vénus, Pan, Hercule n'étaient pas
des personnages risibles. On en a ri après la venue de
Jésus, Platon et Sénèque aidant. Je crois que l'antiquité
était pleine de respect pour les tambours-majors et les
faiseurs de tours de force en tout genre, et que tous les
fétiches extravagants que je citais ne sont que des signes
d'adoration, ou tout au plus des symboles de force, et
nullement des émanations de l'esprit intentionnellement
comique. Les idoles indiénnes et chinoises ignorent
qu'elles sont ridicules; c'est en nous, chrétiens, qu'est le
comique.

Il ne faut pas croire que nous soyons débarrassés de
toute difficulté. L'esprit le moins accoutumé à ces sub-
tilités esthétiques saurait bien vite m'opposer cette
objection insidieuse: le rire est divers. On ne se réjouit
pas toujours d'un malheur, d'une faiblesse, d'une in-
fériorité. Bien des spectacles qui excitent en nous le rire
sont fort innocents, et non seulement les amusements de
l'enfance, mais encore bien des choses qui servent au
divertissement des artistes, n'ont rien à démêler avec
l'esprit de Satan.
Il y a bien là quelque apparence de vérité. Mais il faut
d'abord bien distinguer la joie d'avec le rire. La joie
existe par elle-même, mais elle a des manifestations
diverses. Quelquefois elle est presque invisible; d'autres
fois, elle s'exprime par les pleurs. Le rire n'est qu'une
expression, un symptôme, un diagnostic. Symptôme de
quoi? Voilà la question. La joie est *une*. Le rire est l'ex-
pression d'un sentiment double, ou contradictoire; et

figures antiquity left us—masks, bronze figures, muscular figures of Hercules, small figures of Priapus, with tongues twisted up in the air, with pointed ears, all brains and phallus—and as for those gigantic phalluses, on which the white daughters of Romulus innocently mount as on horseback, those monstrous generative apparatuses armed with bells and wings, I believe that all such things are very serious. Venus, Hercules and Pan were not laughable personages. They were laughed at after the advent of Jesus, with the aid of Plato and Seneca. I believe that antiquity was full of respect for the drum majors and the performers of all kinds of acrobatic feats, and that all the extravagant fetishes I quoted are but signs of worship, or at the most symbols of strength, and in no wise emanations of an intentionally comic spirit. Indian and Chinese idols do not know that they are ridiculous; the comic is in us Christians.

You must not believe we have disposed of all difficulties. The mind which is the least accustomed to these aesthetic subtleties could quickly oppose me with the insidious objection: laughter is of many kinds. We do not always rejoice over a misfortune, a weakness, or an inferiority. Many scenes which excite laughter in us are quite innocent, and not only childhood games, but many other things which serve as diversion for artists, have nothing to do with the spirit of Satan.

Here there is certainly some appearance of truth. But first joy must be carefully distinguished from laughter. Joy exists in itself, but it has different manifestations. At times it is almost invisible; at other times, it is expressed in tears. Laughter is only an expression, a symptom, a diagnosis. A symptom of what? That is the question. Joy is *one*. Laughter is the expression of a double, or contradictory sentiment; and that is why there

c'est pour cela qu'il y a convulsion. Aussi le rire des enfants, qu'on voudrait en vain m'objecter, est-il tout à fait différent, même comme expression physique, comme forme, du rire de l'homme qui assiste à une comédie, regarde une caricature, ou du rire terrible de Melmoth; de Melmoth, l'être déclassé, l'individu situé entre les dernières limites de la patrie humaine et les frontières de la vie supérieure; de Melmoth se croyant toujours près de se débarrasser de son pacte infernal, espérant sans cesse troquer ce pouvoir surhumain, qui fait son malheur, contre la conscience pure d'un ignorant qui lui fait envie. —Le rire des enfants est comme un épanouissement de fleur. C'est la joie de recevoir, la joie de respirer, la joie de s'ouvrir, la joie de contempler, de vivre, de grandir. C'est une joie de plante. Aussi, généralement, est-ce plutôt le sourire, quelque chose d'analogue au balancement de queue des chiens ou au ronron des chats. Et pourtant, remarquez bien que si le rire des enfants diffère encore des expressions du contentement animal, c'est que ce rire n'est pas tout à fait exempt d'ambition, ainsi qu'il convient à des bouts d'hommes, c'est-à-dire à des Satans en herbe.

Il y a un cas où la question est plus compliquée. C'est le rire de l'homme, mais rire vrai, rire violent, à l'aspect d'objets qui ne sont pas un signe de faiblesse ou de malheur chez ses semblables. Il est facile de deviner que je veux parler du rire causé par le grotesque. Les créations fabuleuses, les êtres dont la raison, la légitimation ne peut pas être tirée du code du sens commun, excitent souvent en nous une hilarité folle, excessive, et qui se traduit en des déchirements et des pâmoisons interminables. Il est évident qu'il faut distinguer, et qu'il y a là un degré de plus. Le comique est, au point de vue artistique, une imitation; le grotesque une création. Le comique est une imitation mêlée d'une certaine faculté créatrice, c'est-à-dire d'une idéalité artistique. Or, l'orgueil humain, qui prend toujours le dessus, et qui est la cause naturelle du rire dans le cas du comique, devient aussi cause naturelle du rire dans le cas du grotesque, qui est une création mêlée d'une

is a convulsion. I wonder if the laughter of children, which people vainly use in opposing me, is very different, even as a physical expression, as a form, from the laughter of the man who watches a comedy, or looks at a cartoon, or from the terrible laughter of Melmoth; of Melmoth, the being fallen from his class, the individual placed between the extreme limits of the land of men and the frontiers of a higher existence; of Melmoth believing he is always about to escape from his infernal pact, hoping ceaselessly to exchange that superhuman power, which causes his suffering, for the pure conscience of an ignorant man whom he envies. The laughter of children is like the blossoming of a flower. It is the joy of receiving, the joy of breathing, the joy of opening out, the joy of contemplation, of living, of growing. It is the joy of a plant. Generally speaking, it is more like a smile, something analogous to the waving of the tail of dogs or the purring of cats. And yet, notice carefully that if the laughter of children still differs from the expressions of animal contentment, it is because that laughter is not completely devoid of ambition, as is visible in fragmentary men, or in unripe Satans.

There is a case where the question is more complicated. It is the laughter of man, a real, violent laughter, before objects which are not a sign of weakness or calamity in other men. It is easy to guess that I am speaking of laughter caused by the grotesque. Fabulous creations, beings whose reason, whose legitimacy cannot be drawn from the code of common sense, often excite in us a mad, excessive hilarity which is translated into interminable sufferings and swoonings. It is clear that one should make this distinction, and that there is in it one more level. From the artistic viewpoint, the comic is an imitation; and the grotesque a creation. The comic is an imitation fused with a certain creative faculty, that is to say an artistic ideality. Human pride, which always takes the upper hand, and which is the natural cause of laughter in the case of the comic, becomes also the natural cause of laughter in the case of the grotesque, which is a creation fused with a cer-

certaine faculté imitatrice d'éléments préexistants dans la nature. Je veux dire que dans ce cas-là le rire est l'expression de l'idée de supériorité, non plus de l'homme sur l'homme, mais de l'homme sur la nature. Il ne faut pas trouver cette idée trop subtile; ce ne serait pas une raison suffisante pour la repousser. Il s'agit de trouver une autre explication plausible. Si celle-ci paraît tirée de loin et quelque peu difficile à admettre, c'est que le rire causé par le grotesque a en soi quelque chose de profond, d'axiomatique et de primitif qui se rapproche beaucoup plus de la vie innocente et de la joie absolue que le rire causé par le comique de moeurs. Il y a entre ces deux rires, abstraction faite de la question d'utilité, la même différence qu'entre l'école littéraire intéressée et l'école de l'art pour l'art. Ainsi le grotesque domine le comique d'une hauteur proportionnelle.

J'appellerai désormais le grotesque comique absolu, comme antithèse au comique ordinaire, que j'appellerai comique significatif. Le comique significatif est un langage plus clair, plus facile à analyser, son élément étant visiblement double: l'art et l'idée morale; mais le comique absolu, se rapprochant beaucoup plus de la nature, se présente sous une espèce *une,* et qui veut être saisie par intuition. Il n'y a qu'une vérification du grotesque, c'est le rire, et le rire subit; en face du comique significatif, il n'est pas défendu de rire après coup; cela n'argue pas contre sa valeur; c'est une question de rapidité d'analyse.

J'ai dit: comique absolu; il faut toutefois prendre garde. Au point de vue de l'absolu définitif, il n'y a plus que la joie. Le comique ne peut être absolu que relativement à l'humanité déchue, et c'est ainsi que je l'entends.

· · · · ·

L'ART MNÉMONIQUE

Ce mot *barbarie,* qui est venu peut-être trop souvent sous ma plume, pourrait induire quelques personnes à croire qu'il s'agit ici de dessins informes que l'imagina-

tain imitative faculty of elements pre-existing in nature. I mean that in that case laughter is the expression of the idea of superiority, not of man over man, but of man over nature. There is nothing too subtle about this idea; and that would not be sufficient reason to put it aside. It is a question of finding another plausible explanation. If this seems to come from too far out and is a bit difficult to admit, it is because laughter caused by the grotesque has in itself something profound, axiomatic and primitive which comes much closer to innocent life and absolute joy than laughter caused by the comedy of customs. There is between these two kinds of laughter, if we omit the question of usefulness, the same difference as between the moralistic literary school and the school of art for art's sake. Thus the grotesque dominates the comic from a proportionate height.

Hereafter I will call the grotesque an absolute comic, as the antithesis to the ordinary comic, which I will call a meaningful comic. The meaningful comic is a clearer language, easier to understand for the ordinary man, and especially easier to analyze, since its element is doubly visible: art and the moral idea; but the absolute comic, which comes much closer to nature, is presented under *one* species, and must be apprehended by intuition. There is only one verification of the grotesque, and that is laughter, and sudden laughter. With the meaningful comic, it is not forbidden to laugh afterwards; that does not argue against its value; it is a question of the speed of analysis.

I have said: absolute comic; but this raises a question. From the viewpoint of a definitive absolute, there is only joy. The comic can be only relatively absolute to fallen humanity. This is how I mean it.

· · · · ·

MNEMONIC ART

This word *barbaric*, which has perhaps appeared too often in my writing, might lead some to believe I am speaking of formless drawings which only the imagina-

tion seule du spectateur sait transformer en choses parfaites. Ce serait mal me comprendre. Je veux parler d'une barbarie inévitable, synthétique, enfantine, qui reste souvent visible dans un art parfait (mexicaine, égyptienne ou ninivite), et qui dérive du besoin de voir les choses grandement, de les considérer surtout dans l'effet de leur ensemble. Il n'est pas superflu d'observer ici que beaucoup de gens ont accusé de barbarie tous les peintres dont le regard est synthétique et abréviateur, par exemple M. Corot, qui s'applique tout d'abord à tracer les lignes principales d'un paysage, son ossature et sa physionomie. Ainsi, M.G., traduisant fidèlement ses propres impressions, marque avec une énergie instinctive les points culminants ou lumineux d'un objet (ils peuvent être culminants ou lumineux au point de vue dramatique), ou ses principales caractéristiques, quelquefois même avec une exagération utile pour la mémoire humaine; et l'imagination du spectateur subissant à son tour cette mnémonique si despotique, voit avec netteté l'impression produite par les choses sur l'esprit de M.G. Le spectateur est ici le traducteur d'une traduction toujours claire et enivrante.

Il est une condition qui ajoute beaucoup à la force vitale de cette traduction *légendaire* de la vie extérieure. Je veux parler de la méthode de dessiner de M.G. Il dessine de mémoire, et non d'après le modèle, sauf dans les cas (la guerre de Crimée, par exemple) où il y a nécessité urgente de prendre des notes immédiates, précipitées, et d'arrêter les lignes principales d'un sujet. En fait, tous les bons et vrais dessinateurs dessinent d'après l'image écrite dans leur cerveau, et non d'après la nature. Si l'on nous objecte les admirables croquis de Raphaël, de Watteau et de beaucoup d'autres, nous dirons que ce sont là des notes très minutieuses, il est vrai, mais de pures notes. Quand un véritable artiste en est venu à exécution définitive de son oeuvre, le modèle lui serait plutôt un *embarras* qu'un secours. Il arrive même que des hommes tels que Daumier et M.G., accoutumés dès longtemps à exercer leur mémoire et à la remplir d'images, trouvent devant le modèle et

tion of the spectator can transform into perfect objects. This would be a misunderstanding. I wish to speak of an inevitable, synthetic, and childish barbaric mode, which often remains visible in a perfected art (Mexican, Egyptian, Assyrian), and which comes from the need of seeing things in a broad perspective, and especially of considering them in their total effect. It is not redundant to note here that many people accused of barbaric tendency all the painters whose vision is synthetic and abridged, Corot, for example, who is concerned at the very beginning with tracing the principal lines of a landscape, its framework and its physiognomy. Thus, M. G., by faithfully translating his own impressions, indicates with instinctive forcefulness the culminating or luminous points of an object (they may be culminating or luminous from a dramatic viewpoint), or its principal characteristics, at times even with a useful exaggeration for human memory; and the imagination of the spectator, feeling in its turn this tyrannical mnemonics, clearly sees the impression produced by things on the mind of M. G. Here the spectator is the translator of an always clear and stimulating translation.

There is one condition which adds a great deal to the vital forcefulness of this *legendary* translation of exterior life. I mean M. G.'s method of drawing. He draws from memory, and not from the model, except in those cases (the Crimean War, for example) where there is an urgent necessity to take immediate and fast notes, and indicate the principal lines of a subject. It is certain that all good true designers draw from the image inscribed in their minds, and not from nature. If to contradict this you refer to the admirable sketches of Raphael, Watteau and many others, we reply that they are very minute notes, it is true, but exclusively notes. When a real artist has reached the definitive execution of his work, the model would be an *embarrassment* for him rather than a help. It even happens that men like Daumier and M.G., accustomed for a long time to exercising their memory and filling it with images, find that their principal faculty is troubled and almost paralyzed

la multiplicité de détails qu'il comporte leur faculté principale troublée et comme paralysée.

Il s'établit alors un duel entre la volonté de tout voir, de ne rien oublier, et la faculté de la mémoire qui a pris l'habitude d'absorber vivement la couleur générale et la silhouette, l'arabesque du contour. Un artiste ayant le sentiment parfait de la forme, mais accoutumé à exercer surtout sa mémoire et son imagination, se trouve alors comme assailli par une émeute de détails, qui tous demandent justice avec la furie d'une foule amoureuse d'égalité absolue. Toute justice se trouve forcément violée; toute harmonie détruite, sacrifiée; mainte trivialité devient énorme; mainte petitesse, usurpatrice. Plus l'artiste se penche avec impartialité vers le détail, plus l'anarchie augmente. Qu'il soit myope ou presbyte, toute hiérarchie et toute subordination disparaissent. C'est un accident qui se présente souvent dans les oeuvres d'un de nos peintres les plus en vogue, dont les défauts d'ailleurs sont si bien appropriés aux défauts de la foule, qu'ils ont singulièrement servi sa popularité. La même analogie se fait deviner dans la pratique de l'art du comédien, art si mystérieux, si profond, tombé aujourd'hui dans la confusion des décadences. M. Frédérick Lemaître compose un rôle avec l'ampleur et la largeur du génie. Si étoilé que soit son jeu de détails lumineux, il reste toujours synthétique et sculptural. M. Bouffé compose les siens avec une minutie de myope et de bureaucrate. En lui tout éclate, mais rien ne se fait voir, rien ne veut être gardé par la mémoire.

Ainsi, dans l'exécution de M.G. se montrent deux choses: l'une, une contention de mémoire résurrectionniste, évocatrice, une mémoire qui dit à chaque chose: "Lazare, lève-toi!"; l'autre, un feu, une ivresse de crayon, de pinceau, ressemblant presque à une fureur. C'est la peur de n'aller pas assez vite, de laisser échapper le fantôme avant que la synthèse n'en soit extraite et saisie; c'est cette terrible peur qui possède tous les grands artistes et qui leur fait désirer si ardemment de s'approprier tous les moyens d'expression, pour que jamais les ordres de l'esprit ne soient altérés par les hésitations

before a model and the multiplicity of details it brings.

A conflict is then set up between the will to see everything, to forget nothing, and the power of memory which has acquired the habit of graphically absorbing the general color and silhouette, the arabesque of the form. An artist having a perfect feeling for form, but accustomed above all to exercising his memory and imagination, finds himself then beset by a host of details, all of which clamor for justice with the fury of a mob in love with absolute equality. All sense of justice is naturally violated; all harmony destroyed and sacrificed; many a trivial point becomes enormous; many a banality usurps its right. The more an artist considers every detail with impartiality, the greater the growth of anarchy. Whether he be nearsighted or farsighted, all hierarchy and all subordination disappear. This is an accident which often appears in the world of one of our most popular painters, whose faults in an unusual way served his popularity. The same analogy can be perceived in the practice of the actor's art, a very mysterious and profound art, today fallen into the confusion of decadence. Mr. Frederick Lemaître creates a role with the fullness and breadth of genius. No matter how much his acting is cut up into luminous details, he always remains synthetic and sculpturesque. M. Bouffé creates his roles with the minutiae of a myopic bureaucratic actor. In his role everything glitters, but nothing can be seen, nothing can be retained by our memory.

Thus, in the painting of M.G. two things are apparent: first, a prolonged effort of resurrectional evocative memory which says to each object: "Lazarus, arise!" Second, a flaming, intoxicated pencil or brush, almost resembling a fury. It is the fear of not going fast enough, of letting the phantom escape before the synthesis be extracted from it and seized; it is that terrible fear which grips all the great artists and which makes them wish so ardently to appropriate all means of expression, so that the orders of the mind will never be altered by the hesitations of the hand; so that finally the execution,

de la main; pour que finalement l'exécution, l'exécution idéale, devienne aussi inconsciente, aussi *coulante* que l'est la digestion pour le cerveau de l'homme bien portant qui a dîné. M.G. commence par de légères indications au crayon, qui ne marquent guère que la place que les objets doivent tenir dans l'espace. Les plans principaux sont indiqués ensuite par des teintes au lavis, des masses vaguement, légèrement colorées d'abord, mais reprises plus tard et chargées successivement de couleurs plus intenses. Au dernier moment, le contour des objets est définitivement cerné par de l'encre. A moins de les avoir vus, on ne se douterait pas des effets surprenants qu'il peut obtenir par cette méthode si simple et presque élémentaire. Elle a cet incomparable avantage, qu'à n'importe quel point de son progrès, chaque dessin a l'air suffisamment fini; vous nommerez cela une ébauche si vous voulez, mais ébauche parfaite. Toutes les valeurs y sont en pleine harmonie, et s'il les veut pousser plus loin, elles marcheront toujours de front vers le perfectionnement désiré. Il prépare ainsi vingt dessins à la fois avec une pétulance et une joie charmantes, amusantes même pour lui; les croquis s'empilent et se superposent par dizaines, par centaines, par milliers. De temps à autre il les parcourt, les feuillette, les examine, et puis il en choisit quelques-uns dont il augmente plus ou moins l'intensité, dont il charge les ombres et allume progressivement les lumières.

Il attache une immense importance aux fonds, qui, vigoureux ou légers, sont toujours d'une qualité et d'une nature appropriées aux figures. La gamme des tons et l'harmonie générale sont strictement observées, avec un génie qui dérive plutôt de l'instinct que de l'étude. Car M.G. possède naturellement ce talent mystérieux du coloriste, véritable don que l'étude peut accroître, mais qu'elle est, par elle-même, je crois, impuissante à créer. Pour tout dire en un mot, notre singulier artiste exprime à la fois le geste et l'attitude solennelle ou grotesque des êtres et leur explosion lumineuse dans l'espace.

the ideal execution, will become as unconscious, as *natural* as digestion is for the brain of a healthy man who has dined. M.G. begins by light indications with the pencil, which barely mark the place the objects are to occupy in space. The principal sections are then indicated by coloring, forms vaguely, slightly colored at first, but touched up later and successively deepened with more intense colors. At the last stage, the shape of the objects is clearly outlined with ink. Unless you have seen them, you would not suspect the surprising effects which he can obtain by this very simple and almost elementary method. It has the exceptional advantage [of showing] at every point of its progress, that each drawing is sufficiently completed; you may call it a sketch if you wish, but a perfect sketch. All the values in it exist in full harmony, and if the artist wishes to develop them further, the values will move ahead evenly toward the desired point of perfection. In this way, he prepares twenty drawings at the same time with a charming delight and impetuousness, which amuses even him; the sketches multiply and are stacked together by the dozen, by the hundred, by the thousand. From time to time he goes through them, turns them over, examines them, and then chooses a few whose intensity he increases more or less, by deepening the shadows and progressively heightening the luminosity.

He attaches a great importance to the background, which, be it vigorous or slight, is always of a quality and nature appropriate to the figures. The scale of tones and the general harmony are strictly observed, with a genius which comes from instinct rather than study. For M.G. possesses quite naturally that mysterious talent of the colorist, a true gift which study can enhance, but which in itself is, I think, impossible to create. In a word, our unusual artist expresses at the same time the gestures and the solemn or grotesque poses of men and their luminous bursting forth in space.

LE DANDY

L'homme riche, oisif, et qui, même blasé, n'a pas d'autre occupation que de courir à la piste du bonheur; l'homme élevé dans le luxe et accoutumé dès sa jeunesse à l'obéissance des autres hommes, celui enfin qui n'a pas d'autre profession que l'élégance, jouira toujours, dans tous les temps, d'une physionomie distincte, tout à fait à part. Le dandysme est une institution vague, aussi bizarre que le duel; très ancienne, puisque César, Catilina, Alcibiade nous en fournissent des types éclatants; très générale, puisque Chateaubriand l'a trouvée dans les forêts et au bord des lacs du Nouveau Monde. Le dandysme, qui est une institution en dehors des lois, a des lois rigoureuses auxquelles sont strictement soumis tous ses sujets, quelles que soient d'ailleurs la fougue et l'indépendance de leur caractère. Les romanciers anglais ont, plus que les autres, cultivé le roman de *high life*, et les français qui, comme M. de Custine, ont voulu spécialement écrire des romans d'amour, ont d'abord pris soin, et très judicieusement, de doter leurs personnages de fortunes assez vastes pour payer sans hésitations toutes leurs fantaisies; ensuite ils les ont dispensés de toute profession. Ces êtres n'ont pas d'autre état que de cultiver l'idée du beau dans leur personne, de satisfaire leurs passions, de sentir et de penser. Ils possèdent ainsi, à leur gré et dans une vaste mesure, le temps et l'argent, sans lesquels la fantaisie, réduite à l'état de rêverie passagère, ne peut guère se traduire en action. Il est malheureusement bien vrai que, sans le loisir et l'argent, l'amour ne peut être qu'une orgie de roturier ou l'accomplissement d'un devoir conjugal. Au lieu du caprice brûlant ou rêveur, il devient une répugnante *utilité*.

Si je parle de l'amour à propos du dandysme, c'est que l'amour est l'occupation naturelle des oisifs. Mais le dandy ne vise pas à l'amour comme but spécial. Si j'ai parlé d'argent, c'est parce que l'argent est indispensable aux gens qui se font un culte de leurs passions; mais le dandy n'aspire pas à l'argent comme à une chose es-

THE DANDY

The wealthy, unoccupied man who, even blasé, has no other duty save that of hurrying along the road of happiness; the man raised in luxury and accustomed from his youth to the obedience of other men; the man who, in a word, has no other profession save elegance, will always possess, at all epochs, distinct characteristics which set him apart. Dandyism is a vague institution, as strange as dueling is; it is very ancient, since Caesar, Catiline and Alcibiades provide us with striking examples; and very widespread, since Chateaubriand found it in the forests and on the shore of lakes in the New World. Dandyism, which is an institution outside of the law, has rigorous laws to which all of its subjects strictly submit, no matter what the animation and the independence of their character be. The English novelists, more than others, have cultivated the novel of *high life*, and the French who, like M. de Custine, have particularly wanted to write love novels, first took great care, and wisely, to endow their characters with fortunes large enough to pay for all of their whims without hesitation; and then they relieved them of any profession. These men have no other occupation than that of cultivating the idea of beauty in their person, of satisfying their passions, of feeling and thinking. Thus they possess, as much as they wish and to a large degree, time and money, without which one's whim, reduced to the state of a passing dream, can scarcely be translated into action. It is unfortunately true that, without leisure and money, love can be only a commonplace orgy or the carrying out of a conjugal duty. Instead of a passionate imaginative caprice, it becomes a repulsive *utility*.

If I speak of love in connection with dandyism, it is because love is the natural occupation of the idle. But the dandy does not aim at love as a special goal. If I have spoken of money, it is because money is indispensable to people who make a cult of their passions; but the dandy does not aspire to money as to something

sentielle; un crédit indéfini pourrait lui suffire; il abandonne cette grossière passion aux mortels vulgaires. Le dandysme n'est même pas, comme beaucoup de personnes peu réfléchies paraissent le croire, un goût immodéré de la toilette et de l'élégance matérielle. Ces choses ne sont pour le parfait dandy qu'un symbole de la supériorité aristocratique de son esprit. Aussi, à ses yeux, épris avant tout de *distinction*, la perfection de la toilette consiste-t-elle dans la simplicité absolue, qui est, en effet, la meilleure manière de se distinguer. Qu'est-ce donc que cette passion qui, devenue doctrine, a fait des adeptes dominateurs, cette institution non écrite qui a formé une caste si hautaine? C'est avant tout le besoin ardent de se faire une originalité, contenu dans les limites extérieures des convenances. C'est une espèce de culte de soi-même qui peut survivre à la recherche du bonheur à trouver dans autrui, dans la femme, par exemple; qui peut survivre même à tout ce qu'on appelle les illusions. C'est le plaisir d'étonner et la satisfaction orgueilleuse de ne jamais être étonné. Un dandy peut être un homme blasé, peut être un homme souffrant; mais, dans ce dernier cas, il sourira comme le Lacédémonien sous la morsure du renard.

On voit que, par de certains côtés, le dandysme confine au spiritualisme et au stoïcisme. Mais un dandy ne peut jamais être un homme vulgaire. S'il commettait un crime, il ne serait pas déchu peut-être; mais si ce crime naissait d'une source triviale, le déshonneur serait irréparable. Que le lecteur ne se scandalise pas de cette gravité dans le frivole, et qu'il se souvienne qu'il y a une grandeur dans toutes les folies, une force dans tous les excès. Etrange spiritualisme! Pour ceux qui en sont à la fois les prêtres et les victimes, toutes les conditions matérielles compliquées auxquelles ils se soumettent, depuis la toilette irréprochable de toute heure du jour et de la nuit jusqu'aux tours les plus périlleux du sport, ne sont qu'une gymnastique propre à fortifier la volonté et à discipliner l'âme. En vérité, je n'avais pas tout à fait tort de considérer le dandysme comme une espèce de religion. La règle monastique la plus rigoureuse,

essential; a limitless credit would be sufficient for him; and he relinquishes to ordinary mortals the coarse passion. Dandyism is not even, as many thoughtless people seem to believe, an immoderate taste for fine clothes and material elegance. These things are for the perfect dandy only a symbol of the aristocratic superiority of his mind. In his eyes, therefore, in love with *distinction* above all else, the perfection of clothes consists in absolute simplicity, which is, in truth, the best way of distinguishing oneself. What then is this passion which, having become a doctrine, has made tyrannical partisans, this unwritten constitution which has formed so noble a caste? Above all else, it is the burning need to create an originality for oneself, a need contained within the exterior limits of convention. It is a kind of cult of oneself which may survive the search for happiness to be found in someone else, in woman, for example; which may even survive everything that is called illusion. It is the pleasure of astonishing and the proud satisfaction of never being astonished. A dandy may be blasé or he may be a sufferer; but, in this last case, he will smile like the Lacedemonian being bitten by the fox.

One can see that, in certain ways, dandyism touches on spirituality and stoicism. But a dandy can never be a commonplace person. If he committed a crime, he would not perhaps fall from his rank; but if the crime had come from a trivial source, his dishonor would be irreparable. The reader should not be shocked by this seriousness in frivolity, and he should remember that there is a greatness in every kind of madness, a power in every kind of excess. A strange spirituality! For those who are both priests and victims, all the complex material conditions which they accept, from the impeccable clothes every hour of the day and night, to the most dangerous acrobatics of sport, are merely gymnastics suitable for strengthening the will and disciplining the soul. In truth, I was not completely wrong in considering dandyism a kind of religion. The most rigorous monastic rule, the irresistible order of *The Old Man of*

l'ordre irrésistible du *Vieux de la Montagne*, qui commandait le suicide à ses disciples enivrés, n'étaient pas plus despotiques ni plus obéis que cette doctrine de l'élégance et de l'originalité, qui impose, elle aussi, à ses ambitieux et humbles sectaires, hommes souvent pleins de fougue, de passion, de courage, d'énergie contenue, la terrible formule: *Perindè ac cadaver!*

Que ces hommes se fassent nommer raffinés, incroyables, beaux, lions ou dandys, tous sont issus d'une même origine; tous participent du même caractère d'opposition et de révolte; tous sont des représentants de ce qu'il y a de meilleur dans l'orgueil humain, de ce besoin, trop rare chez ceux d'aujourd'hui, de combattre et de détruire la trivialité. De là naît, chez les dandys, cette attitude hautaine de caste provocante, même dans sa froideur. Le dandysme apparaît surtout aux époques transitoires où la démocratie n'est pas encore toute puissante, où l'aristocratie n'est que partiellement chancelante et avilie. Dans le trouble de ces époques, quelques hommes déclassés, dégoûtés, désoeuvrés, mais tous riches de force native, peuvent concevoir le projet de fonder une espèce nouvelle d'aristocratie, d'autant plus difficile à rompre qu'elle sera basée sur les facultés les plus précieuses, les plus indestructibles, et sur les dons célestes que le travail et l'argent ne peuvent conférer. Le dandysme est le dernier éclat d'héroïsme dans les décadences; et le type du dandy retrouvé par le voyageur dans l'Amérique du Nord n'infirme en aucune façon cette idée; car rien n'empêche de supposer que les tribus que nous nommons *sauvages* soient les débris de grandes civilisations disparues. Le dandysme est un soleil couchant; comme l'astre qui décline, il est superbe, sans chaleur et plein de mélancolie. Mais, hélas! la marée montante de la démocratie, qui envahit tout et qui nivelle tout, noie jour à jour ces derniers représentants de l'orgueil humain et verse des flots d'oubli sur les traces de ces prodigieux myrmidons. Les dandys se font chez nous de plus en plus rares, tandis que chez nos voisins, en Angleterre, l'état social et la constitution (la vraie constitution, celle qui s'exprime par les moeurs) lais-

the Mountain, who ordered his enthralled disciples to commit suicide, were not more tyrannical or better obeyed than this doctrine of elegance and originality, which also imposes on its ambitious humble sectarians, men who are often fiery and passionate, courageous and energetic, the harsh formula: *Perindè ac cadaver!*

Whether these men are called refined, extraordinary, handsome, lions or dandies, they have all come from the same origin; they all participate in the same characteristic of opposition and revolt; they are all representative of what is best in human pride, of that need, which is too rare in the men of today, of opposing and demolishing triviality. In dandies, this is the source of that haughty attitude of a provocative caste, even in its coldness. Dandyism appears especially at periods of transition when democracy is not yet all-powerful, and when aristocracy is only partially collapsed and vilified. In the confusion of those periods, a few men who have lost their standing, who are disgruntled and idle, but rich in native strength, may conceive the project of founding a new species of aristocracy, all the more difficult to upset because it will be based on the most precious, the most indestructible faculties, and on the heavenly gifts which work and money cannot confer. Dandyism is the last flare of heroism in a period of decadence; the type of dandy discovered by a traveler in North America does not in any way invalidate this idea; for nothing prevents us from supposing that the tribes we call *savage* are the remains of great civilizations which have disappeared. Dandyism is a setting sun; like a diminishing star, it is proud, without warmth and full of melancholy. But, alas! the rising tide of democracy, which invades and levels everything, drowns day by day these last representatives of human pride and pours the water of oblivion over the traces of these prodigious myrmidons. In our country, dandies are diminishing in number, while with our neighbors, in England, the social class and the constitution (the real constitution, which is expressed in customs) will leave for some time to come

seront longtemps encore une place aux héritiers de Sheridan, de Brummel et de Byron, si toutefois il s'en présente qui en soient dignes.

Ce qui a pu paraître au lecteur une digression n'en est pas une, en vérité. Les considérations et les rêveries morales qui surgissent des dessins d'un artiste sont, dans beaucoup de cas, la meilleure traduction que le critique en puisse faire; les suggestions font partie d'une idée-mère, et, en les montrant successivement, on peut la faire deviner. Ai-je besoin de dire que M.G., quand il crayonne un de ses dandys sur le papier, lui donne toujours son caractère historique, légendaire même, oserais-je dire, s'il n'était pas question du temps présent et de choses considérées généralement comme folâtres? C'est bien là cette légèreté d'allures, cette certitude de manières, cette simplicité dans l'air de domination, cette façon de porter un habit et de diriger un cheval, ces attitudes toujours calmes mais révélant la force, qui nous font penser, quand notre regard découvre un de ces êtres privilégiés en qui le joli et le redoutable se confondent si mystérieusement: "Voilà peut-être un homme riche, mais plus certainement un Hercule sans emploi."

Le caractère de beauté du dandy consiste surtout dans l'air froid qui vient de l'inébranlable résolution de ne pas être ému; on dirait un feu latent qui se fait deviner, qui pourrait mais qui ne veut pas rayonner. C'est ce qui est, dans ces images, parfaitement exprimé.

ELOGE DU MAQUILLAGE

Il est une chanson, tellement triviale et inepte qu'on ne peut guère la citer dans un travail qui a quelques prétentions au sérieux, mais qui traduit fort bien, en style de vaudevilliste, l'esthétique des gens qui ne pensent pas. *La nature embellit la beauté!* Il est présumable que le *poëte*, s'il avait pu parler en français, aurait dit: *La simplicité embellit la beauté!* ce qui équivaut à cette vérité, d'un genre tout à fait inattendu: Le *rien* embellit ce qui est.

a place for the heirs of Sheridan, Brummell and Byron, if any appear who are worthy.

What may have appeared to the reader as a digression is not really one. The moral considerations and dreams which rise up from the drawings of an artist are, in many cases, the best translation which the critic can make; suggestions are a part of a leading idea, and, by showing them successively, it can be perceived. Do I need to say that M.G., when he draws one of his dandies on paper, always gives him his historic, even legendary, character, I might dare say, if it were not a question of the present and of things generally considered laughable? That ease of movement, that assurance of behavior, that simplicity in the manner of domination, that style of wearing a coat and driving a horse, manners that are always serene but revelatory of strength, make us think, when our eyes discover one of those privileged beings in whom the attractive mingles so mysteriously with the awesome: "He is perhaps a rich man, but it is more certain he is a Hercules out of work."

The characteristic of beauty in the dandy consists especially in the cold attitude which comes from the unbreakable resolution not to be moved; you might call it a latent flame which you guess exists, which might but which will not spread its light. This is perfectly expressed in these pictures.

IN PRAISE OF MAKE-UP

There is a song, so commonplace and inept that it cannot be quoted in a work that has any serious pretensions, but which translates very well, in the style of a musical-comedy song, the aesthetics of people who have no mind. *Nature embellishes beauty!* It is likely that the *poet*, if he had spoken, would have said: *Simplicity embellishes beauty!* which is equivalent to the *truth*, of a quite unexpected formula: a *void* embellishes what is.

La plupart des erreurs relatives au beau naissent de la fausse conception du 18e siècle relative à la morale. La nature fut prise dans ce temps-là comme base, source et type de tout bien et de tout beau possibles. La négation du péché originel ne fut pas pour peu de chose dans l'aveuglement général de cette époque. Si toutefois nous consentons à en référer simplement au fait, visible à l'expérience de tous les âges et à la *Gazette des Tribunaux*, nous verrons que la nature n'enseigne rien, ou presque rien, c'est-à-dire qu'elle *contraint* l'homme à dormir, à boire, à manger, et à se garantir, tant bien que mal, contre les hostilités de l'atmosphère. C'est elle aussi qui pousse l'homme à tuer son semblable, à le manger, à le séquestrer, à le torturer; car, sitôt que nous sortons de l'ordre des nécessités et des besoins pour entrer dans celui du luxe et des plaisirs, nous voyons que la nature ne peut conseiller que le crime. C'est cette infaillible nature qui a créé le parricide et l'anthropophagie, et mille autres abominations que la pudeur et la délicatesse nous empêchent de nommer. C'est la philosophie (je parle de la bonne), c'est la religion qui nous ordonne de nourrir des parents pauvres et infirmes. La nature (qui n'est pas autre chose que la voix de notre intérêt) nous commande de les assommer. Passez en revue, analysez tout ce qui est naturel, toutes les actions et les désirs du pur homme naturel, vous ne trouverez rien que d'affreux. Tout ce qui est beau et noble est le résultat de la raison et du calcul. Le crime, dont l'animal humain a puisé le goût dans le ventre de sa mère, est originellement naturel. La vertu, au contraire, est *artificielle*, surnaturelle, puisqu'il a fallu, dans tous les temps et chez toutes les nations, des dieux et des prophètes pour l'enseigner à l'humanité animalisée, et que l'homme, *seul*, eût été impuissant à la découvrir. Le mal se fait sans effort, *naturellement*, par fatalité; le bien est toujours le produit d'un art. Tout ce que je dis de la nature comme mauvaise conseillère en matière de morale, et de la raison comme véritable rédemptrice et réformatrice, peut être transporté dans l'ordre du beau. Je suis ainsi conduit à regarder la parure comme un des signes de la

Most errors concerning beauty come from the false conception of the 18th century concerning morality. Nature at that time was taken as the basis, as the source and form of all that is good and beautiful. The denial of original sin was not a small factor in the general blindness of the period. Yet if we agree to refer simply to the facts, visible in the experience of every age and in the *Gazette des Tribunaux*, we will see that nature teaches nothing, or almost nothing, that is to say it *forces* man to sleep, drink, eat, and protect himself, as well as he can, against the hostilities of the weather. It is nature also which incites man to kill his neighbor, eat him, imprison him, torture him; for as soon as we leave the order of necessity and daily needs to enter the order of luxury and pleasure, we see that nature can advise nothing but crime. It is infallible nature which has created parricide and anthropophagy, and a hundred other abominations which modesty and delicacy forbid our naming. It is philosophy (I mean real philosophy) and religion which order us to feed poor invalid relatives. Nature (which is nothing but the voice of our self-interest) orders us to kill them. If you pass in review and analyze everything that is natural, all the actions and desires of the pure natural man, you will find only horrible things. All that is beautiful and noble is the result of reason and calculation. Crime, the taste for which the human animal draws from the womb of his mother, is natural in the origins. Virtue, on the contrary, is *artificial* and supernatural, since gods and prophets were necessary in every epoch and every nation, to teach virtue to bestial humanity, and man *alone* would have been powerless to discover it. Evil is done effortlessly, and *naturally*, by fate; the good is always the product of some art. All that I am saying about nature as an evil counselor in questions of morality, and about reason as the real redemptive and reformative force, may be transported into the order of beauty. I am thus led to look upon adornments as one of the signs of the primitive nobility of the human soul. The races which our confused perverted civilization easily treats as sav-

noblesse primitive de l'âme humaine. Les races que notre civilisation, confuse et pervertie, traite volontiers de sauvages, avec un orgueil et une fatuité tout à fait risibles, comprennent, aussi bien que l'enfant, la haute spiritualité de la toilette. Le sauvage et le bébé témoignent, par leur aspiration naïve vers le brillant, vers les plumages bariolés, les étoffes chatoyantes, vers la majesté superlative des formes artificielles, de leur dégoût pour le réel, et prouvent ainsi, à leur insu, l'immatérialité de leur âme. Malheur à celui, qui, comme Louis XV (qui fut non le produit d'une vraie civilisation, mais d'une récurrence de barbarie), pousse la dépravation jusqu'à ne plus goûter que la *simple nature*.

La mode doit donc être considérée comme un symptôme du goût de l'idéal surnageant dans le cerveau humain au-dessus de tout ce que la vie naturelle y accumule de grossier, de terrestre et d'immonde, comme une déformation sublime de la nature, ou plutôt comme un essai permanent et successif de réformation de la nature. Aussi a-t-on sensément fait observer (sans en découvrir la raison) que toutes les modes sont charmantes, c'est-à-dire relativement charmantes, chacune étant un effort nouveau, plus ou moins heureux, vers le beau, une approximation quelconque, d'un idéal dont le désir titille sans cesse l'esprit humain non satisfait. Mais les modes ne doivent pas être, si l'on veut bien les goûter, considérées comme choses mortes: autant vaudrait admirer les défroques suspendues, lâches et inertes comme la peau de saint Barthélemy, dans l'armoire d'un fripier. Il faut se les figurer vitalisées, vivifiées par les belles femmes qui les portèrent. Seulement ainsi on en comprendra le sens et l'esprit. Si donc l'aphorisme: *Toutes les modes sont charmantes*, vous choque comme trop absolu, dites, et vous serez sûr de ne pas vous tromper: Toutes furent légitimement charmantes.

La femme est bien dans son droit, et même elle accomplit une espèce de devoir en s'appliquant à paraître magique et surnaturelle; il faut qu'elle étonne, qu'elle charme; idole, elle doit se dorer pour être adorée. Elle doit donc emprunter à tous les arts les moyens de

ages, with a laughable and fatuous pride, understand, as well as a child does, the lofty spirituality of beautiful clothes. The savage and the baby testify, by their naïve fascination for what is brilliant, for multicolored plumes, for shimmering cloth, for the superlative majesty of artificial forms, to their disgust for what is real, and thus prove, without realizing it, the immateriality of their souls. Woe to the man who, like Louis XV (who was not the product of a real civilization, but of a return of barbarity), is depraved enough not to enjoy anything except *simple nature*.

Fashion should therefore be considered as a symptom of the taste for the ideal surviving in the human mind above all that natural life accumulates that is coarse, earthy and disgusting, as a sublime deforming of nature, or rather as a permanent continuing reformation of nature. It has been wisely observed (without the reason being discovered) that all fashions have their charm, that is to say their relative charm, since each is a new effort, more or less successful, toward beauty, some kind of approximation of an ideal whose desire constantly titillates the dissatisfied human mind. But if they are to be enjoyed, fashions should not be considered dead things: you might just as well admire the discarded clothing, loose and lifeless as the flesh of Saint Barthelemy, hanging up in the closet of a secondhand-clothes dealer. You have to imagine them brought to life and animated by the beautiful women who wore them. Only in this way will you understand their meaning and their spirit. If therefore the aphorism *All fashions have their charm* shocks you as too absolute, say, and you will be sure not to be wrong: all once had their authentic charm.

Woman is certainly within her rights, and she even performs a kind of duty when she endeavors to appear magical and supernatural; she should dazzle men, and charm them; she is an idol, who should be covered with gold in order to be worshiped. She should therefore

s'élever au-dessus de la nature pour mieux subjuguer les coeurs et frapper les esprits. Il importe fort peu que la ruse et l'artifice soient connus de tous, si le succès en est certain et l'effet toujours irrésistible. C'est dans ces considérations que l'artiste philosophe trouvera facilement la légitimation de toutes les pratiques employées dans tous les temps par les femmes pour consolider et diviniser, pour ainsi dire, leur fragile beauté. L'énumération en serait innombrable; mais, pour nous restreindre à ce que notre temps appelle vulgairement *maquillage*, qui ne voit que l'usage de la poudre de riz, si niaisement anathématisé par les philosophes candides, a pour but et pour résultat de faire disparaître du teint les taches que la nature a outrageusement semées, et de créer une unité abstraite dans le grain et la couleur de la peau, laquelle unité, comme celle produite par le maillot, rapproche immédiatement l'être humain de la statue, c'est-à-dire d'un être divin et supérieur? Quant au noir artificiel qui cerne l'oeil et au rouge qui marque la partie supérieure de la joue, bien que l'usage en soit tiré du même principe, du besoin de surpasser la nature, le résultat est fait pour satisfaire à un besoin tout opposé. Le rouge et le noir représentent la vie, une vie surnaturelle et excessive; ce cadre noir rend le regard plus profond et plus singulier, donne à l'oeil une apparence plus décidée de fenêtre ouverte sur l'infini; le rouge, qui enflamme la pommette, augmente encore la clarté de la prunelle et ajoute à un beau visage féminin la passion mystérieuse de la prêtresse.

Ainsi, si je suis bien compris, la peinture du visage ne doit pas être employée dans le but vulgaire, inavouable, d'imiter la belle nature et de rivaliser avec la jeunesse. On a d'ailleurs observé que l'artifice n'embellissait pas la laideur et ne pouvait servir que la beauté. Qui oserait assigner à l'art la fonction stérile d'imiter la nature? Le maquillage n'a pas à se cacher, à éviter de se laisser deviner; il peut, au contraire, s'étaler, sinon avec affectation, au moins avec une espèce de candeur. Je permets volontiers à ceux-là que leur lourde gravité

borrow from all the arts the means of rising above nature in order better to subjugate all hearts and impress all minds. It is of no consequence that her ruse and artifice be known by all, if their success is certain and their effect always irresistible. In these considerations the philosophical artist will easily find the legitimacy of all practices used in all ages by women for the purpose, so to speak, of making substantial and divine their fragile beauty. Their enumeration would be too lengthy; but, to restrict ourself to what our times commonly call *make-up*, who cannot see that the use of face powder, so foolishly anathematized by candid philosophers, has the purpose and result of causing to disappear from the complexion the spots which nature sowed there outrageously, and of creating an abstract unity in the texture and color of the skin, which unity, like that produced by tights, immediately likens the human figure to a statue, that is to say to a divine superior being? As for the artificial black which encircles the eyes and the rouge which colors the uppermost part of the cheeks, although their usage comes from the same principle, from the need to surpass nature, the result is reached in order to satisfy quite a different need. Red and black symbolize life, a supernatural and excessive life; the black lines give depth and strangeness to the expression, and to the eyes they give a more specific appearance of a window opening unto the infinite; rouge, which colors the high cheekbone, increases even more the light of the eyeball and adds to the beautiful face of a woman the mysterious passion of the priestess.

Thus, if you follow me, the painting of the face must not be done for the low, vulgar purpose of imitating the beauty of nature and rivaling the young. Moreover, it has been said that artifice does not embellish ugliness and can only serve beauty. Who would dare assign to art the sterile function of imitating nature? There is no need for make-up to be hidden, or to avoid showing itself; on the contrary, it should stand out clearly, if not with affectation, at least with some degree of candor.

Willingly I permit those who are prevented by their

empêche de chercher le beau jusque dans ses plus minutieuses manifestations, de rire de mes réflexions et d'en accuser la puérile solennité; leur jugement austère n'a rien qui me touche; je me contenterai d'en appeler auprès des véritables artistes, ainsi que des femmes qui ont reçu en naissant une étincelle de ce feu sacré dont elles voudraient s'illuminer tout entières.

weighty seriousness from seeking the beautiful even in its most minute manifestations, to laugh at my thoughts and point out their childish solemnity; their austere judgment will not affect me in the least; I will be satisfied with relying on true artists, as well as women who receive at birth a spark of that sacred fire which they would like to have penetrate their entire being.

CRITIQUE D'ART

L'OEUVRE ET LA VIE D'EUGÈNE DELACROIX[26]

Qu'est-ce que Delacroix? Quels furent son rôle et son devoir en ce monde? Telle est la première question à examiner. Je serai bref et j'aspire à des conclusions immédiates. La Flandre a Rubens, l'Italie a Raphaël et Véronèse; la France a Lebrun, David et Delacroix.

Un esprit superficiel pourra être choqué, au premier aspect, par l'accouplement de ces noms, qui représentent des qualités et des méthodes si différentes. Mais un oeil spirituel plus attentif verra tout de suite qu'il y a entre tous une parenté commune, une espèce de fraternité ou de cousinage dérivant de leur amour du grand, du national, de l'immense et de l'universel, amour qui s'est toujours exprimé dans la peinture dite décorative ou dans les grandes *machines*.

Beaucoup d'autres, sans doute, ont fait de grandes *machines*; mais ceux-là que j'ai nommés les ont faites de la manière la plus propre à laisser une trace éternelle dans la mémoire humaine. Quel est le plus grand de ces grands hommes si divers? Chacun peut décider la chose à son gré, suivant que son tempérament le pousse à préférer l'abondance prolifique, rayonnante, joviale presque, de Rubens, la douce majesté et l'ordre eurythmique de Raphaël, la couleur paradisiaque et comme d'après-midi de Véronèse, la sévérité austère et tendue de David ou la faconde dramatique et quasi littéraire de Lebrun.

Aucun de ces hommes ne peut être remplacé; visant tous à un but semblable, ils ont employé des moyens différents tirés de leur nature personnelle. Delacroix, le dernier venu, a exprimé avec une véhémence et une ferveur admirables ce que les autres n'avaient traduit que d'une manière incomplète. Au détriment de quelque

ART CRITICISM

THE WORK AND THE LIFE OF EUGÈNE DELACROIX

Who is Delacroix? What was his function, what was his duty in the world? This is the first question to examine. I will be brief and hope to reach immediate conclusions. Flanders has Rubens, Italy has Raphael and Veronese; France has Lebrun, David and Delacroix.

A superficial mind might be shocked, at first, by the joining of these names, which represent such different qualities and methods. But a more attentive spiritual eye will see immediately that there is among all of them a common parentage, a kind of fraternity or cousinship which derives from their love for the grandiose, the national, the huge and the universal, a love which has always been expressed in so-called decorative painting or in large pictures.

Many others, doubtless, have done large pictures; but those I have just named did them in the most suitable manner for leaving an eternal trace in the memory of man. Which is the greatest of these very diverse great men? Each can decide this according to his own taste, depending on whether his temperament urges him to prefer the prolific, luminous, and almost jovial abundance of Rubens, the gentle majesty and the harmonious order of Raphael, the paradisaic late-afternoon color of Veronese, the austere and tense severity of David or the dramatic and quasi-literary facility of Lebrun.

No one of these men can be replaced. All of them, aiming at a similar goal, used different means drawn from their personal nature. Delacroix, the most recent, expressed with admirable vehemence and fervor what the others had merely translated in an incomplete way. To the detriment of something else perhaps, as they

autre chose peut-être, comme eux-mêmes avaient fait d'ailleurs? C'est possible; mais ce n'est pas la question à examiner.

Bien d'autres que moi ont pris soin de s'appesantir sur les conséquences fatales d'un génie essentiellement personnel; et il serait bien possible aussi, après tout, que les plus belles expressions du génie, ailleurs que dans le ciel pur, c'est-à-dire sur cette pauvre terre où la perfection elle-même est imparfaite, ne pussent être obtenues qu'au prix d'un inévitable sacrifice.

Mais enfin, monsieur, direz-vous ensuite, quel est donc ce je ne sais quoi de mystérieux que Delacroix, pour la gloire de notre siècle, a mieux traduit qu'aucun autre? C'est l'invisible, c'est l'impalpable, c'est le rêve, c'est les nerfs, c'est *l'âme*, et il a fait cela,—observez-le bien, monsieur,—sans autres moyens que le contour et la couleur; il l'a fait mieux que pas un; il l'a fait avec la perfection d'un peintre consommé, avec la rigueur d'un littérateur subtil, avec l'éloquence d'un musicien passionné. C'est, du reste, un des diagnostics de l'état spirituel de notre siècle que les arts aspirent, sinon à se suppléer l'un l'autre, du moins à se prêter réciproquement des forces nouvelles.

Delacroix est le plus *suggestif* de tous les peintres, celui dont les oeuvres, choisies même parmi les secondaires et les inférieures, font le plus penser, et rappellent à la mémoire le plus de sentiments et de pensées poétiques déjà connus, mais qu'on croyait enfouis pour toujours dans la nuit du passé.

L'oeuvre de Delacroix m'apparaît quelquefois comme une espèce de mnémotechnie de la grandeur et de la passion native de l'homme universel. Ce mérite très particulier et tout nouveau de M. Delacroix, qui lui a permis d'exprimer, simplement avec le contour, le geste de l'homme, si violent qu'il soit, et avec la couleur ce qu'on pourrait appeler l'atmosphère du drame humain, ou l'état de l'âme du créateur,—ce mérite tout original a toujours rallié autour de lui les sympathies de tous les poëtes; et si d'une pure manifestation matérielle il était permis de tirer une vérification philosophique, je

themselves had done? This is possible; but it is not the question to be discussed.

Many others beside me have been careful to bear down upon the fatal consequences of an essentially personal genius; and it may also be possible, after all, that the most beautiful expressions of genius, elsewhere than in the pure sky, that is to say on this poor earth where perfection itself is imperfect, could not be obtained except at the price of an inevitable sacrifice.

But now you are doubtless asking me if I will finally say what the mysterious quality is which Delacroix, for the glory of our century, has translated better than anyone else. It is the invisible, the impalpable, the dream, the nerves, the *soul*, and he has done this—observe closely—with no other means than form and color; he did it better than anyone else; he did it with the perfection of a consummate painter, with the discipline of a subtle writer, with the eloquence of an impassioned musician. One of the diagnostics, moreover, of the spirituality of our century is the aspiration of the arts, if not to replace one another, at least to lend new strength reciprocally to one another.

Delacroix is the most *suggestive* of all the painters, the one whose works, even those chosen from among his secondary and inferior works, evoke the most thought and recall to memory the largest number of sentiments and poetic thoughts already known, but which we believed had been buried forever in the night of the past.

The work of Delacroix seems to me at times a kind of mnemonics of the greatness and the native passion of universal man. The very special and very new merit of M. Delacroix, which permitted him to express, quite simply with lines, the gesture of man, however violent it is, and with color what we might call the atmosphere of the human drama, or the state of feeling of the creator—this very original merit has always rallied around him the gratitude of all the poets; if it were permitted to draw a philosophical verification from so purely a material manifestation, I would beg the reader to observe

vous prierais d'observer, monsieur, que, parmi la foule accourue pour lui rendre les suprêmes honneurs, on pouvait compter beaucoup plus de littérateurs que de peintres. Pour dire la vérité crue, ces derniers ne l'ont jamais parfaitement compris.

Et en cela, quoi de bien étonnant, après tout? Ne savons-nous pas que la saison des Michel-Ange, des Raphaël, des Léonard de Vinci, disons même des Reynolds, est depuis longtemps passée, et que le niveau intellectuel général des artistes a singulièrement baissé? Il serait sans doute injuste de chercher parmi les artistes du jour des philosophes, des poëtes et des savants; mais il serait légitime d'exiger d'eux qu'ils s'intéressassent, un peu plus qu'ils ne font, à la religion, à la poésie et à la science.

Hors de leurs ateliers que savent-ils? qu'aiment-ils? qu'expriment-ils? Or, Eugène Delacroix était, en même temps qu'un peintre épris de son métier, un homme d'éducation générale, au contraire des autres artistes modernes, qui, pour la plupart, ne sont guère que d'illustres ou d'obscurs rapins, de tristes spécialistes, vieux ou jeunes; de purs ouvriers, les uns sachant fabriquer des figures académiques, les autres des fruits, les autres des bestiaux. Eugène Delacroix aimait tout, savait tout peindre, et savait goûter tous les genres de talents.

C'était l'esprit le plus ouvert à toutes les notions et à toutes les impressions, le jouisseur le plus éclectique et le plus impartial.

Grand liseur, cela va sans dire. La lecture des poëtes laissait en lui des images grandioses et rapidement définies, des tableaux tout faits, pour ainsi dire. Quelque différent qu'il soit de son maître Guérin par la méthode et la couleur, il a hérité de la grande école républicaine et impériale l'amour des poëtes et je ne sais quel esprit endiablé de rivalité avec la parole écrite. David, Guérin et Girodet enflammaient leur esprit au contact d'Homère, de Virgile, de Racine et d'Ossian. Delacroix fut le traducteur émouvant de Shakespeare, de Dante, de

that among the large number of people who came to pay him their last respects, you could count many more writers than painters. To speak the bare truth, the latter have never understood him well.

And after all, what is surprising about that? Aren't we aware that the season of Michelangelos, Raphaels, Leonardo da Vincis, and let us even say Reynolds, was over long ago, and that the general intellectual level of artists has notably declined? It would doubtless be unfair to search among the artists of the day for philosophers, poets and scholars; but it would be legitimate to demand of them that they show more concern than they do for religion, poetry and science.

What do they know outside of their studios? What do they like? What do they express? Eugène Delacroix, as well as being a painter in love with his craft, was a man of general culture, as opposed to other modern artists, who, for the most part, are only famous or obscure daubers, mournful specialists, old or young; pure workers, some able to produce academic figures, others, fruit, and others, animals. Eugène Delacroix loved everything, could paint everything, and could enjoy all forms of talent.

His mind was the most opened to all notions and all impressions, he was the most eclectic and the most impartial lover.

It goes without saying, he was a great reader. The reading of the poets left him with grandiose and rapidly defined images, pictures already made, so to speak. However different from his master Guérin in method and color, he inherited from the great republican and imperial school the love of poets and an almost frenetic spirit of rivalry with the written word. The minds of David, Guérin and Girodet were inspired by contact with Homer, Virgil, Racine and Ossian. Delacroix was the moving translator of Shakespeare, Dante, Byron

Byron et d'Arioste. Ressemblance importante et différence légère.

Delacroix était passionnément amoureux de la passion, et froidement déterminé à chercher les moyens d'exprimer la passion de la manière la plus visible. Dans ce double caractère, nous trouvons, disons-le en passant, les deux signes qui marquent les plus solides génies, génies extrêmes qui ne sont guère faits pour plaire aux âmes timorées, faciles à satisfaire, et qui trouvent une nourriture suffisante dans les oeuvres lâches, molles, imparfaites. Une passion immense, doublée d'une volonté formidable, tel était l'homme.

Or, il disait sans cesse:

"Puisque je considère l'impression transmise à l'artiste par la nature comme la chose la plus importante à traduire, n'est-il pas nécessaire que celui-ci soit armé à l'avance de tous les moyens de traduction les plus rapides?"

Il est évident qu'à ses yeux l'imagination était le don le plus précieux, la faculté la plus importante, mais que cette faculté restait impuissante et stérile, si elle n'avait pas à son service une habileté rapide, qui pût suivre la grande faculté despotique dans ses caprices impatients. Il n'avait pas besoin, certes, d'activer le feu de son imagination, toujours incandescente; mais il trouvait toujours la journée trop courte pour étudier les moyens d'expression.

C'est à cette préoccupation incessante qu'il faut attribuer ses recherches perpétuelles relatives à la couleur, à la qualité des couleurs, sa curiosité des choses de la chimie et ses conversations avec les fabricants de couleurs. Par là il se rapproche de Léonard de Vinci, qui, lui aussi, fut envahi par les mêmes obsessions.

La nature n'est qu'un dictionnaire, répétait-il fréquemment. Pour bien comprendre l'étendue du sens impliqué dans cette phrase, il faut se figurer les usages ordinaires et nombreux du dictionnaire. On y cherche le sens des mots, la génération des mots, l'étymologie des mots, enfin on en extrait tous les éléments qui composent une

and Ariosto. An important resemblance and a slight difference.

Delacroix was passionately in love with passion, and coldly determined to find the ways of expressing passion in the most visible manner. In these two characteristics we find—let us make this point swiftly—the two signs which mark the most robust geniuses, extreme geniuses who are not really made to please timorous, easily satisfied souls, and who find sufficient nourishment in ill-formed, facile, and imperfect works. The man himself was an intense passion, supported by a formidable will power.

He used to say constantly:

"Since I consider the impression transmitted to the artist by nature as the most important thing to translate, is it not necessary that he be armed in advance with all the speediest means of translation?"

It is evident that for him the imagination was the most precious gift, the most important faculty, but that this faculty remained powerless and sterile, if it did not have for its use a rapid skill, which could accompany the great despotic faculty in its impatient whims. Certainly he did not need to stir up the fire of his imagination, which was always incandescent; but he always found the day too short to study the means of expression.

It is to this ceaseless preoccupation that one must attribute his perpetual investigations of color, of the quality of colors, his curiosity concerning matters of chemistry and his conversations with the makers of colors. In that he resembles Leonardo da Vinci, who also was filled with the same obsessions.

Nature is only a dictionary, he repeated frequently. In order to understand clearly the extent of the implied meaning of this sentence, one must imagine the ordinary multiple uses of the dictionary. There you look for the meaning of words, the formation of words, the etymology of words, in short, you draw from it all the elements

phrase ou un récit; mais personne n'a jamais considéré le dictionnaire comme une *composition*, dans le sens poétique du mot. Les peintres qui obéissent à l'imagination cherchent dans leur dictionnaire les éléments qui s'accommodent à leur conception; encore, en les ajustant avec un certain art, leur donnent-ils une physionomie toute nouvelle. Ceux qui n'ont pas d'imagination copient le dictionnaire. Il en résulte un très grand vice, le vice de la banalité, qui est plus particulièrement propre à ceux d'entre les peintres que leur spécialité rapproche davantage de la nature dite inanimée, par exemple les paysagistes, qui considèrent généralement comme un triomphe de ne pas montrer leur personnalité. A force de contempler et de copier, ils oublient de sentir et de penser.

Pour être bref, je suis obligé d'omettre une foule de corollaires résultant de la formule principale, où est, pour ainsi dire, contenu tout le formulaire de la véritable esthétique, et qui peut être exprimée ainsi: Tout l'univers visible n'est qu'un magasin d'images et de signes auxquels l'imagination donnera une place et une valeur relative; c'est une espèce de pâture que l'imagination doit digérer et transformer. Toutes les facultés de l'âme humaine doivent être subordonnées à l'imagination, qui les met en réquisition toutes à la fois. De même que bien connaître le dictionnaire n'implique pas nécessairement la connaissance de l'art de la composition, et que l'art de la composition lui-même n'implique pas l'imagination universelle, ainsi un *bon* peintre peut n'être pas un *grand* peintre; mais un grand peintre est forcément un bon peintre, parce que l'imagination universelle renferme l'intelligence de tous les moyens et le désir de les acquérir.

Eugène Delacroix était un curieux mélange de scepticisme, de politesse, de dandysme, de volonté ardente, de ruse, de despotisme, et enfin d'une espèce de bonté particulière et de tendresse modérée qui accompagne toujours le génie. Son père appartenait à cette race d'hommes forts dont nous avons connu les derniers

which compose a sentence or a story; but no one ever considered the dictionary a *composition*, in the poetic sense of the word. The painters who obey the imagination look in their dictionary for the elements which harmonize with their conception; and by arranging them with a certain art, give them quite a new appearance. Those who have no imagination copy the dictionary. From this there results a very great vice, the vice of banality, which is more especially characteristic of those among the painters whom their specialty joins more with so-called inanimate nature, the landscape painters for example, who generally consider it a triumph not to show their personality. By dint of contemplating and copying, they forget to feel and think.

For the sake of brevity, I am forced to omit many corollaries resulting from the principal formula, where, so to speak, all the formulation of real aesthetics is contained, and which may be expressed in this way: all the visible universe is but a storehouse of images and signs to which the imagination will give a place and a relative value; it is a kind of food which the imagination must digest and transform. All the faculties of the human soul must be subordinated to the imagination, which puts them all into requisition at the same time. Just as knowing the dictionary well does not necessarily imply the knowledge of the art of composition, and just as the art of composition itself does not imply universal imagination, so a *good* painter may not be a *great* painter; but a great painter is perforce a good painter, because the universal imagination contains the intelligence of all the means and the desire to acquire them.

Eugène Delacroix was a curious mixture of skepticism, politeness, dandyism, ardent will power, ruse, despotism, and finally a species of special kindness and moderate tenderness which always accompanies genius. His father belonged to that race of strong men of whom we knew in our childhood the last members; some, fervent

dans notre enfance; les uns fervents apôtres de Jean-
Jacques, les autres disciples déterminés de Voltaire, qui
ont tous collaboré, avec une égale obstination, à la
Révolution française, et dont les survivants, jacobins ou
cordeliers, se sont ralliés avec une parfaite bonne foi
(c'est important à noter) aux intentions de Bonaparte.

Eugène Delacroix a toujours gardé les traces de cette
origine révolutionnaire. On peut dire de lui, comme de
Stendhal, qu'il avait grande frayeur d'être dupe.
Sceptique et aristocrate, il ne connaissait la passion et
le surnaturel que par sa fréquentation forcée avec le
rêve. Haïsseur des multitudes, il ne les considérait
guère que comme des briseuses d'images, et les violences
commises en 1848 sur quelques-uns de ses ouvrages
n'étaient pas faites pour le convertir au sentimentalisme
politique. . . .

Il y avait dans Eugène Delacroix beaucoup du
sauvage; c'était là la plus précieuse partie de son âme,
la partie vouée tout entière à la peinture de ses rêves
et au culte de son art. Il y avait en lui beaucoup de
l'homme du monde; cette partie-là était destinée à voiler
la première et à la faire pardonner. Ç'a été, je crois,
une des grandes préoccupations de sa vie, de dissimuler
les colères de son coeur et de n'avoir pas l'air d'un
homme de génie. Son esprit de domination, esprit bien
légitime, fatal d'ailleurs, avait presque entièrement
disparu sous mille gentillesses. On eût dit un cratère de
volcan artistement caché par des bouquets de fleurs. . . .

Tout, dans son oeuvre, n'est que désolation, massacres,
incendies; tout porte témoignage contre l'éternelle et
incorrigible barbarie de l'homme. Les villes incendiées et
fumantes, les victimes égorgées, les femmes violées, les
enfants eux-mêmes jetés sous les pieds des chevaux ou
sous le poignard des mères délirantes; tout cet oeuvre, dis-
je, ressemble à un hymne terrible composé en l'honneur
de la fatalité et de l'irrémédiable douleur. Il a pu
quelquefois, car il ne manquait certes pas de tendresse,
consacrer son pinceau à l'expression de sentiments
tendres et voluptueux: mais là encore l'inguérissable

apostles of Jean-Jacques, others, resolute disciples of Voltaire, all of whom collaborated, with equal obstinacy, in the French Revolution, and of whom the survivors, Jacobins or Cordeliers, rallied with a perfect good faith (this is important to note) around the intentions of Bonaparte.

Eugène Delacroix always preserved the traces of this revolutionary origin. It can be said of him, as of Stendhal, that he had great fear of being duped. A skeptic and an aristocrat, he knew passion and the supernatural only by his forced frequenting of dreams. A hater of the masses, he looked upon them only as iconoclasts, and the violences committed in 1848 on some of his works were not prone to convert him to the political sentimentality of our time. . . .

In Eugène Delacroix there was much of the *savage;* this was the most precious part of his soul, the part completely consecrated to the painting of his dreams and to the cult of his art. In him there was much of the man of the world; and that part was destined to veil the first and to have it pardoned. I believe one of the great preoccupations of his life was to conceal the angers of his heart and not to give the appearance of a man of genius. His spirit of domination, a very legitimate spirit, but fatal, had almost completely disappeared under a thousand acts of kindness. One might have said a volcano crater artistically hidden under a bouquet of flowers. . . .

His work is made up of catastrophe, massacres, fires; everything bears testimony to the eternal incorrigible barbarity of man. Burning and smoking cities, slaughtered victims, women raped, children hurled under the feet of horses or under the dagger of delirious mothers; I repeat, all of this work resembles a terrifying hymn composed in honor of fatality and irremediable suffering. At times he was able, because certainly he did not lack tenderness, to devote his brush to the expression of tender and loving sentiments: but there again, an incurable bitterness was obviously visible, and carefree-

amertume était répandue à forte dose, et l'insouciance et la joie (qui sont les compagnes ordinaires de la volupté naïve) en étaient absentes. Une seule fois, je crois, il a fait une tentative dans le drôle et le bouffon, et comme s'il avait deviné que cela était au delà et au-dessous de sa nature, il n'y est plus revenu.

ness and joy (which are the ordinary companions of simple sensuality) were absent from the paintings. Only once, I believe, did he attempt something comic and droll, and as if he had understood that this was beyond and beneath his nature, he did not return to it.

CRITIQUE MUSICALE

RICHARD WAGNER ET TANNHÄUSER À PARIS

Donc, il y a treize mois, ce fut une grande rumeur dans Paris. Un compositeur allemand, qui avait vécu longtemps chez nous, à notre insu, pauvre, inconnu, par de misérables besognes, mais que, depuis quinze ans déjà, le public allemand célébrait comme un homme de génie, revenait, dans la ville jadis témoin de ses jeunes misères, soumettre ses oeuvres à notre jugement. Paris avait jusque là peu entendu parler de Wagner; on savait vaguement qu'au delà du Rhin s'agitait la question d'une réforme dans le drame lyrique, et que Liszt avait adopté avec ardeur les opinions du réformateur. . . .

Aussitôt que les affiches annoncèrent que Richard Wagner ferait entendre dans la salle des Italiens des fragments de ses compositions, un fait amusant se produisit, que nous avons déjà vu, et qui prouve le besoin instinctif, précipité, des Français, de prendre sur toute chose leur parti avant d'avoir délibéré où examiné. Les uns annoncèrent des merveilles, et les autres se mirent à dénigrer à outrance des oeuvres qu'ils n'avaient pas encore entendues. Encore aujourd'hui dure cette situation bouffonne, et l'on peut dire que jamais sujet inconnu ne fut tant discuté. Bref les concerts de Wagner s'annonçaient comme une véritable bataille de doctrines, comme une de ces solennelles crises de l'art, une de ces mêlées, où critiques, artistes et public ont coutume de jeter confusément toutes les passions; crises heureuses qui dénotent la santé et la richesse dans la vie intellectuelle d'une nation, et que nous avions, pour ainsi dire, désapprises depuis les grands jours de Victor Hugo. . . .
Wagner avait été audacieux: le programme de son concert ne comprenait ni solos d'instruments, ni chan-

MUSIC CRITICISM

RICHARD WAGNER AND TANNHÄUSER IN PARIS

Thirteen months ago there was a great uproar in Paris. A German composer, who had lived in France for a long time, by means of miserable labors, without one knowing it, poor and unknown, but who, for fifteen years, had been hailed by the German public as a man of genius, returned to the city which had formerly witnessed his early poverty, to submit his works to our judgment. Until then, Paris had heard very little about Wagner; it was vaguely known that on the other side of the Rhine the question of a reform in lyric drama was being discussed and that Liszt had ardently espoused the opinions of the reformer. . . .

As soon as the billboards announced that Richard Wagner would conduct fragments of his composition in the Théâtre des Italiens, an amazing thing happened, which we have already seen, and which proves the quick, instinctive need of the French to make up their minds about everything before having deliberated or examined. Some people announced marvels, and others began to disparage vehemently works they had not yet heard. This ludicrous situation still continues today, and one can say that never was an unknown subject so much discussed. In a word, the Wagner concerts turned into a real battle over doctrine, into one of those solemn crises of art, one of those controversies in which critics, artists and public are accustomed to give vent haphazardly to all their passions; happy crises which denote health and prosperity in the intellectual life of a nation, and which we had forgotten about, so to speak, since the great days of Victor Hugo. . . .

Wagner had been bold: the program of his concert did not include instrumental solos or songs, or any of

sons, ni aucune des exhibitions si chères à un public amoureux des virtuoses et de leurs tours de force. Rien que des morceaux d'ensemble, choeurs ou symphonies. La lutte fut violente, il est vrai; mais le public, étant abandonné à lui-même, prit feu à quelques-uns de ces irrésistibles morceaux dont la pensée était pour lui plus nettement exprimée, et la musique de Wagner triompha par sa propre force. L'ouverture de *Tannhäuser*, la marche pompeuse du deuxième acte, l'ouverture de *Lohengrin* particulièrement, la *musique de noces* et l'*épithalame* furent magnifiquement acclamés. Beaucoup de choses restaient obscures sans doute, mais les esprits impartiaux se disaient: "Puisque ces compositions sont faites pour la scène, il faut attendre; les choses non suffisamment définies seront expliquées par la plastique." En attendant, il restait avéré que, comme symphoniste, comme artiste traduisant par les mille combinaisons du son les tumultes de l'âme humaine, Richard Wagner était à la hauteur de ce qu'il y a de plus élevé, aussi grand, certes, que les plus grands.

J'ai souvent entendu dire que la musique ne pouvait pas se vanter de traduire quoi que ce soit avec certitude, comme fait la parole ou la peinture. Cela est vrai dans une certaine proportion, mais n'est pas tout à fait vrai. Elle traduit à sa manière, et par les moyens qui lui sont propres. Dans la musique, comme dans la peinture et même dans la parole écrite, qui est cependant le plus positif des arts, il y a toujours une lacune complétée par l'imagination de l'auditeur.

Ce sont sans doute ces considérations qui ont poussé Wagner à considérer l'art dramatique, c'est-à-dire la réunion, la *coïncidence* de plusieurs arts, comme l'art par excellence, le plus synthétique et le plus parfait. Or, si nous écartons un instant le secours de la plastique, du décor, de l'incorporation des types rêvés dans des comédiens vivants et même de la parole chantée, il reste encore incontestable que plus la musique est éloquente, plus la suggestion est rapide et juste, et plus il y a de chances pour que les hommes sensibles conçoivent des idées en rapport avec celles qui inspiraient l'artiste....

the exhibitions dear to a public in love with virtuosi and their brilliant performances. Nothing but ensemble pieces, choruses or symphonies. It is true that the fight was violent; but the public, relying only on themselves, became excited by some of those irresistible pieces whose meaning was more clearly expressed for them, and the music of Wagner triumphed by its own strength. The overture to *Tannhäuser*, the pompous march of the second act, the overture to *Lohengrin* in particular, the *Wedding Music* and the *Wedding March* were magnificently acclaimed. Many things doubtless remained obscure, but the impartial spectators said to one another: "Since these compositions were written for the stage, we must wait; things not sufficiently defined will be explained by the scenic presentation." In the meantime, it was clear that, as a writer of symphonic music, as an artist translating by means of the thousand combinations of sound the tumult of the human soul, Richard Wagner was at the level of what is the most elevated, and the most grandiose, among the greatest.

I have often heard that music could not pride itself on translating with certainty anything whatsoever, in the way that words or painting do. That is true up to a certain point, but it is not completely true. It translates in its own way, and by means appropriate to itself. In music, as in painting and even in the written word, which is moreover the most positive of the arts, there is always a lacuna filled in by the imagination of the listener.

These are doubtless the considerations which urged Wagner to look upon dramatic art, namely the reunion, the *coincidence* of several arts, as the exemplary art, the most synthetic and the most perfect. If we remove for a moment the help of bodily movement, of a setting, of the incorporation of types imagined by living actors and even of words set to music, it is still undeniable that the more eloquent music is, the more rapid and precise the suggestion is, the more chances there are for sensitive men to conceive ideas in harmony with those which inspire the artist. . . .

Le lecteur sait quel but nous poursuivons: démontrer que la véritable musique suggère des idées analogues dans des cerveaux différents. D'ailleurs, il ne serait pas ridicule ici de raisonner *a priori*, sans analyse et sans comparaisons; car ce qui serait vraiment surprenant, c'est que le son *ne pût pas* suggérer la couleur, que les couleurs *ne pussent pas* donner l'idée d'une mélodie, et que le son et la couleur fussent impropres à traduire des idées; les choses s'étant toujours exprimées par une analogie réciproque, depuis le jour où Dieu a proféré le monde comme une complexe et indivisible totalité. . . .

Tannhäuser représente la lutte des deux principes qui ont choisi le coeur humain pour principal champ de bataille, c'est-à-dire de la chair avec l'esprit, de l'enfer avec le ciel, de Satan avec Dieu. Et cette dualité est représentée tout de suite, par l'ouverture, avec une incomparable habileté. Que n'a-t-on pas déjà écrit sur ce morceau? Cependant il est présumable qu'il fournira encore matière à bien des thèses et des commentaires éloquents; car c'est le propre des oeuvres vraiment artistiques d'être une source inépuisable de suggestions. L'ouverture, dis-je, résume donc la pensée du drame par deux chants, le chant religieux et le chant voluptueux, qui, pour me servir de l'expression de Liszt, "sont ici posés comme deux termes, et qui, dans le finale, trouvent leur équation." Le *Chant des Pèlerins* apparaît le premier, avec l'autorité de la loi suprême, comme marquant tout de suite le véritable sens de la vie, le but de l'universel pèlerinage, c'est-à-dire Dieu. Mais comme le sens intime de Dieu est bientôt noyé dans toute conscience par les concupiscences de la chair, le chant représentatif de la sainteté est peu à peu submergé par les soupirs de la volupté. La vraie, la terrible, l'universelle Vénus se dresse déjà dans toutes les imaginations. Et que celui qui n'a pas encore entendu la merveilleuse ouverture de *Tannhäuser* ne se figure pas ici un chant d'amoureux vulgaires, essayant de tuer le temps sous les tonnelles, les accents d'une troupe enivrée jetant à Dieu son défi dans la langue d'Horace. Il s'agit d'autre chose, à la

The reader knows the goal we are pursuing: a demonstration that real music suggests analogous ideas in different minds. Moreover, it would not be ridiculous to reason here *a priori*, without analysis and without comparisons; for what would be really surprising is that a sound *could not* suggest a color, that colors *could not* give the idea of a melody, and that sound and color would be unsuitable to translating ideas; since things have always been expressed by reciprocal analogy, from the day when God uttered the world in a complex, indivisible totality. . . .

Tannhäuser represents the struggle of the two principles which have chosen the human heart as the leading battlefield—of the flesh against the spirit, hell against heaven, Satan against God. And this duality is represented immediately, in the overture, with incomparable skill. What can we add to all that has been written on this piece? However, it is likely that it will still furnish the subject matter of many theses and eloquent commentaries; for it is the characteristic of truly artistic works to be an inexhaustible source for suggestions. As I have said, the overture summarizes the thought of the drama in two songs, the religious song and the love song, which, if I use the expression of Liszt, "are placed here like two terms, and which, in the finale, find their equation." The *Pilgrims' Chorus* comes first, with the authority of the supreme law, as marking at once the real meaning of life, the goal of the universal pilgrimage, namely God. But as the intimate meaning of God is soon drowned in every conscience by the concupiscence of the flesh, the representative song of holiness is gradually submerged in the sighs of love. The real and terrifying and universal Venus rises up in the imagination of all. The man who has not yet heard the marvelous overture of *Tannhäuser* should not imagine it to be a song of common lovers, trying to kill time under green arbors, or the song of a drunken group shouting their defiance to God in the language of Horace. It is something else, both more true and more

fois plus vrai et plus sinistre. Langueurs, délices mêlées de fièvre et coupées d'angoisses, retours incessants vers une volupté qui promet d'éteindre, mais n'éteint jamais la soif; palpitations furieuses du coeur et des sens, ordres impérieux de la chair, tout le dictionnaire des onomatopées de l'amour se fait entendre ici. Enfin le thème religieux reprend peu à peu son empire, lentement, par gradations, et absorbe l'autre dans une victoire paisible, glorieuse comme celle de l'être irrésistible sur l'être maladif et désordonné, de saint Michel sur Lucifer.

On peut toujours faire momentanément abstraction de la partie systématique que tout grand artiste volontaire introduit fatalement dans ses oeuvres; il reste, dans ce cas, à chercher et à vérifier par quelle qualité propre, personnelle, il se distingue des autres. Un artiste, un homme vraiment digne de ce grand nom, doit posséder quelque chose d'essentiellement *sui generis*, par la grâce de quoi il est *lui* et non un autre. A ce point de vue, les artistes peuvent être comparés à des saveurs variées, et le répertoire des métaphores humaines n'est peut-être pas assez vaste pour fournir la définition approximative de tous les artistes connus et de tous les artistes *possibles*. Nous avons déjà, je crois, noté deux hommes dans Richard Wagner, l'homme d'ordre et l'homme passionné. C'est de l'homme passionné, de l'homme de sentiment qu'il est ici question. Dans le moindre de ses morceaux il inscrit si ardemment sa personnalité, que cette recherche de sa qualité principale ne sera pas très difficile à faire. Dès le principe, une considération m'avait vivement frappé: c'est que dans la partie voluptueuse et orgiaque de l'ouverture de *Tannhäuser*, l'artiste avait mis autant de force, développé autant d'énergie que dans la peinture de la mysticité qui caractérise l'ouverture de *Lohengrin*. Même ambition dans l'une que dans l'autre, même escalade titanique et aussi mêmes raffinements et même subtilité. Ce qui me paraît donc avant tout marquer d'une manière inoubliable la musique de ce maître, c'est l'intensité nerveuse, la vio-

sinister. Languor, pleasure mingled with fever and crossed by anguish, incessant resumption of a voluptuousness which promises to extinguish thirst, but never does; mad palpitations of the heart and the senses, imperious commands of the flesh, the entire dictionary of the onomatopoeias of love can be heard in it. And finally the religious theme gradually captures its power, slowly, by degrees, and absorbs the other in a peaceful, glorious victory like that of an irresistible being over a sickly disordered being, of Saint Michael over Lucifer.

It is always possible momentarily to make an abstraction out of the systematic part which every great willful artist inevitably introduces into all his works; in this case, we need to search and verify by what characteristic, personal, quality he is distinguished from others. An artist, a man really worthy of that great name, must possess something essentially *sui generis*, thanks to which he is *he* and not someone else. From this viewpoint, artists can be compared to varied tastes, and the repertory of human metaphors is not perhaps vast enough to furnish the approximate definition of all the known artists and all the *possible* artists. I believe we have already noted two men in Richard Wagner, the man of order and the man of passion. Here it is a question of the man of passion, the man of sentiment. In the slightest of his pieces he inscribes his personality so ardently that this search for his principal quality will not be very difficult to carry out. From the beginning, a consideration had struck me forcibly: in the sensuous, orgiastic part of the overture to *Tannhäuser*, the artist had put as much force, and developed as much energy, as in the depiction of the mysticism which characterizes the overture to *Lohengrin*. Each shows the same ambition, the same titanic mounting and also the same refinements and the same subtlety. What seems to me especially to characterize the music of this master in an unforgettable way is the nervous intensity, the violence in passion and will. His music expresses with the sweet-

lence dans la passion et dans la volonté. Cette musique-là exprime avec la voix la plus suave ou la plus stridente tout ce qu'il y a de plus caché dans le coeur de l'homme. Une ambition idéale préside, il est vrai, à toutes ses compositions; mais si, par le choix de ses sujets et sa méthode dramatique, Wagner se rapproche de l'antiquité, par l'énergie passionnée de son expression il est actuellement le représentant le plus vrai de la nature moderne. Et toute la science, tous les efforts, toutes les combinaisons de ce riche esprit ne sont, à vrai dire, que les serviteurs très humbles et très zélés de cette irrésistible passion. Il en résulte, dans quelque sujet qu'il traite, une solennité d'accent superlative. Par cette passion il ajoute à chaque chose je ne sais quoi de surhumain; par cette passion il comprend tout et fait tout comprendre. Tout ce qu'impliquent les mots: *volonté, désir, concentration, intensité nerveuse, explosion,* se sent et se fait deviner dans ses oeuvres. Je ne crois pas me faire illusion ni tromper personne en affirmant que je vois là les principales caractéristiques du phénomène que nous appelons *génie;* ou du moins, que dans l'analyse de tout ce que nous avons jusqu'ici légitimement appelé *génie,* on retrouve lesdites caractéristiques. En matière d'art, j'avoue que je ne hais pas l'outrance; la modération ne m'a jamais semblé le signe d'une nature artistique vigoureuse. J'aime ces excès de santé, ces débordements de volonté qui s'inscrivent dans les oeuvres comme le bitume enflammé dans le sol d'un volcan, et qui, dans la vie ordinaire, marquent souvent la phase, pleine de délices, succédant à une grande crise morale ou physique.

Quant à réforme que le maître veut introduire dans l'application de la musique au drame, qu'en arrivera-t-il? Là-dessus, il est impossible de rien prophétiser de précis. D'une manière vague et générale, on peut dire, avec le Psalmiste, que, tôt ou tard, ceux qui ont été abaissés seront élevés, que ceux qui ont été élevés seront humiliés, mais rien de plus que ce qui est également applicable au train connu de toutes les affaires humaines. Nous

est or the most strident voice everything that is most concealed in the human heart. It is true that an ideal ambition presides over all his compositions but if, through the choice of his subjects and his dramatic method, Wagner recalls antiquity, in the impassioned energy of his expression he is today the truest representative of modern nature. And all the science, all the efforts and combinations of this rich spirit are only, in truth, the very humble and very zealous servants of this irresistible passion. In whatever subject he treats, there comes forth a superlative solemnity of tone. Through this passion he adds something superhuman; through this passion he understands everything and explains everything. Every thing implied in the words: *will, desire, concentration, nervous intensity, explosion*, is felt and revealed in his works. I do not believe I am deluding myself or deceiving anyone when I affirm that I see there the principal characteristics of the phenomenon we call *genius;* or that at least, in the analysis of all we have up until now legitimately called *genius*, we find the above-said characteristics. In the domain of art, I confess I do not dislike exaggeration; moderation has never seemed to me the sign of a vigorous artistic nature. I like that excess of health and the abundance of will which are apparent in works of art like burning bitumen in the soil of a volcano, and which, in ordinary life, often indicate the thoroughly joyous phase coming after great moral or physical crisis.

As for the reform which the master wishes to introduce into the application of music to drama, what will come of it? It is impossible to prophesy anything precise about this. In a vague general way, we can say, with the psalmist, that, sooner or later, those who were humbled will be raised, and that those who were raised will be humbled, but nothing more than what is equally applicable to the ordinary working out of all human

avons vu bien des choses déclarées jadis absurdes, qui sont devenues plus tard des modèles adoptés par la foule. Tout le public actuel se souvient de l'énergique résistance où se heurtèrent, dans le commencement, les drames de Victor Hugo et les peintures d'Eugène Delacroix. D'ailleurs nous avons déjà fait observer que la querelle qui divise maintenant le public était une querelle oubliée et soudainement ravivée, et que Wagner lui-même avait trouvé dans le passé les premiers éléments de *la base pour asseoir son idéal*. Ce qui est bien certain, c'est que sa doctrine est faite pour rallier tous les gens d'esprit fatigués depuis longtemps des erreurs de l'Opéra, et il n'est pas étonnant que les hommes de lettres, en particulier, se soient montrés sympathiques pour un musicien qui se fait gloire d'être poëte et dramaturge. De même les écrivains du 18e siècle avaient acclamé les ouvrages de Gluck, et je ne puis m'empêcher de voir que les personnages qui manifestent le plus de répulsion pour les ouvrages de Wagner montrent aussi une antipathie décidée à l'égard de son précurseur.

Enfin le succès ou l'insuccès de *Tannhäuser* ne peut absolument rien prouver, ni même déterminer une quantité quelconque de chances favorables ou défavorables dans l'avenir. *Tannhäuser*, en supposant qu'il fût un ouvrage détestable, il aurait pu *monter aux nues*. En le supposant parfait, il pourrait révolter. La question, dans le fait, la question de la réformation de l'opéra n'est pas vidée, et la bataille continuera; apaisée, elle recommencera. J'entendais dire récemment que si Wagner obtenait par son drame un éclatant succès, ce serait un accident purement individuel, et que sa méthode n'aurait aucune influence ultérieure sur les destinées et les transformations du drame lyrique. Je me crois autorisé, par l'étude du passé, c'est-à-dire de l'éternel, à préjuger l'absolu contraire, à savoir qu'un échec complet ne détruit en aucune façon la possibilité de tentatives nouvelles dans le même sens, et que dans un avenir très rapproché on pourrait bien voir non pas seulement des auteurs nouveaux, mais même des hommes ancienne-

affairs. We have seen many things once declared absurd which later became models adopted by everyone. The public today remembers the energetic resistance encountered at the beginning by the dramas of Victor Hugo and the paintings of Eugène Delacroix. Moreover, we have already mentioned the fact that the quarrel now dividing the public was a forgotten quarrel suddenly revived, and that Wagner himself had found in the past the first elements of *the foundation on which his ideal rests*. It is certain that his doctrine was conceived to rally all the intellectuals weary for so long a time of the mistakes of the Opéra, and it is not surprising that writers, in particular, have shown appreciation for a musician who glories in being poet and dramatist. In the same way the writers of the 18th century had hailed the works of Gluck, and it is easy to see that those persons who show the greatest disgust for the works of Wagner show also a decided antipathy with respect to his forerunner.

In a word, the success or the lack of success of *Tannhäuser* can prove absolutely nothing, or even determine any specific quantity of favorable or unfavorable chances in the future. *Tannhäuser*, supposing it were a disgraceful work, might have been *wildly acclaimed*. Even supposing it to be perfect, it could disgust people. The question, in fact the question about the reform in opera, is not solved, and the battle will continue; once quieted down, it will start up again. I heard recently that if Wagner obtained a brilliant success with his drama, it would be purely one single accident, and that his method would have no further influence on the destinies and transformation of lyric theater. I believe I am entitled, by my study of the past, that is of what is eternal, to contradict this statement in an absolute way, and claim that a complete failure in no way destroys the possibility of new attempts in the same direction, and that in a very immediate future we will see not only new authors, but even formerly accredited

ment accrédités, profiter, dans une mesure quelconque, des idées émises par Wagner, et passer heureusement à travers la brèche ouverte par lui. Dans quelle histoire a-t-on jamais lu que les grandes causes se perdaient en une seule partie?

men, profit, in some way or other, from ideas put forth by Wagner, and happily pass through the opening made by him. In what history can we read that great causes are defeated in one single battle?

CRITIQUE LITTÉRAIRE

PÉTRUS BOREL (*L'ART ROMANTIQUE*)

Il y a des noms qui deviennent proverbes et adjectifs. Quand un petit journal veut en 1859 exprimer tout le dégoût et le mépris que lui inspire une poésie ou un roman d'un caractère sombre et outré, il lance le mot: *Pétrus Borel!* et tout est dit. Le jugement est prononcé, l'auteur est foudroyé.

Pétrus Borel, ou Champavert le Lycanthrope, auteur de *Rhapsodies*, de *Contes immoraux* et de *Madame Putiphar*, fut une des étoiles du sombre ciel romantique. Etoile oubliée ou éteinte, qui s'en souvient aujourd'hui, et qui la connaît assez pour prendre le droit d'en parler si délibérément? "*Moi,*" dirai-je volontiers, comme Médée, "*mois, dis-je, et c'est assez!*" Edouard Ourliac, son camarade, riait de lui sans se gêner; mais Ourliac était un petit Voltaire de hameau, à qui tout excès répugnait, surtout l'excès de l'amour de l'art. Théophile Gautier, seul, dont le large esprit se réjouit dans l'universalité des choses, et qui, le voulût-il fermement, ne pourrait pas négliger quoi que ce soit d'intéressant, de subtil ou de pittoresque, souriait avec plaisir aux bizarres élucubrations du Lycanthrope.

Lycanthrope bien nommé! Homme-loup ou loup-garou, quelle fée ou quel démon le jeta dans les forêts lugubres de la mélancolie? Quel méchant esprit se pencha sur son berceau et lui dit: *Je te défends de plaire?* Il y a dans le monde spirituel quelque chose de mystérieux qui s'appelle le *Guignon*, et nul de nous n'a le droit le discuter avec la Fatalité. C'est la déesse qui s'explique le moins, et qui possède, plus que tous les papes et les lamas, le privilège de l'infaillibilité. Je me suis demandé bien souvent comment et pourquoi un homme tel que Pétrus Borel, qui avait montré un talent véritablement épique dans plusieurs scènes de sa *Madame*

LITERARY CRITICISM

PÉTRUS BOREL (*ROMANTIC ART*)

Some names become proverbs and adjectives. When a mediocre newspaper wants in 1859 to express all the disgust and scorn it feels for poetry or for a typically gloomy and exaggerated novel, it prints the word *Pétrus Borel!* and nothing more is needed. The judgment is pronounced, the author is struck down.

Pétrus Borel, or Champavert the Lycanthrope, author of *Rhapsodies, Contes immoraux* and *Madame Putiphar*, was one of the stars in the dark romantic sky. A forgotten or extinguished star, who remembers it today, or who knows it well enough to have the right to speak of it so deliberately? Let me willingly say, "*I do,*" as Medea said: "*I say 'I' and that is enough!*" Edouard Ourliac, his friend, laughed at him without compunction; but Ourliac was a little rustic Voltaire, disliking any excess, and especially the excess of love for art. Only Théophile Gautier, whose broadmindedness rejoices in the universality of things, and who, even if he deeply wished to, could not neglect anything interesting, subtle or picturesque, smiled with pleasure at the strange elucubrations of the Lycanthrope.

A suitable name! Wolf man or werewolf, what fairy or demon let him loose in the gloomy forests of melancholy? What evil spirit leaned over his cradle and said to him: "*I forbid that you ever please anyone*"? In the world of the spirit there is a mystery called *Bad Luck,* and no one of us has the right to oppose Fate. She is the goddess who gives the fewest explanations, and who possesses, more than all popes and lamas, the privilege of infallibility. I often wondered how and why a man like Pétrus Borel, who had demonstrated a truly epic talent in several scenes of his *Madame Putiphar* (particularly in the opening scenes, where he depicts the

Putiphar (particulièrement dans les scènes du début, où
est peinte l'ivrognerie sauvage et septentrionale du père
de l'héroïne, dans celle où le cheval favori rapporte à
la mère, jadis violée, mais toujours pleine de la haine
de son déshonneur, le cadavre de son bien-aimé fils, du
pauvre Vengeance, le courageux adolescent tombé au
premier choc, et qu'elle avait si soigneusement éduqué
pour la vengeance; enfin, dans la peinture des hideurs
et des tortures du cachot, qui monte jusqu'à la vigueur
de Maturin); je me suis demandé, dis-je, comment le
poëte qui a produit l'étrange poëme, d'une sonorité si
éclatante et d'une couleur presque primitive à force
d'intensité, qui sert de préface à *Madame Putiphar*,
avait pu aussi en maint endroit montrer tant de mala-
dresse, buter dans tant de heurts et de cahots, tomber
au fond de tant de *guignons*. Je n'ai pas d'explication
positive à donner; je ne puis indiquer que des symp-
tômes, symptômes d'une nature morbide, amoureuse
de la contradiction pour la contradiction, et toujours
prête à remonter tous les courants, sans en calculer la
force, non plus que sa force propre. Tous les hommes,
ou presque tous, penchent leur écriture vers la droite;
Pétrus Borel couchait absolument la sienne à gauche,
si bien que tous les caractères, d'une physionomie fort
soignée d'ailleurs, ressemblaient à des files de fantassins
renversés par la mitraille. De plus, il avait le travail
si douloureux, que la moindre lettre, la plus banale,
une invitation, un envoi d'argent, lui coûtait deux ou
trois heures d'une méditation excédante, sans compter
les ratures et les repentirs. Enfin, la bizarre orthographe
qui se pavane dans *Madame Putiphar*, comme un
soigneux outrage fait aux habitudes de l'oeil public,
est un trait qui complète cette physionomie grimaçante.
Ce n'est certes pas une orthographe mondaine dans le
sens des cuisinières, de Voltaire et du sieur Erdan, mais,
au contraire, une orthographe plus que pittoresque et
profitant de toute occasion pour rappeler fastueusement
l'étymologie. Je ne peux me figurer, sans une sym-
pathique douleur, toutes les fatigantes batailles que,
pour réaliser son rêve typographique, l'auteur a dû

savage and arctic drunkenness of the heroine's father, in the scene in which the favorite horse brings back to the mother, who was once raped, and who is still full of hatred because of her dishonor, the body of her beloved son, poor Vengeance, the courageous adolescent who had fallen at the first clash, and whom she had so carefully brought up for vengeance; and finally, in the description of the horrors and tortures of the cell, which reaches the power of Maturin); I wondered, as I said, how the poet who produced the strange poem, of such brilliant sound and of an almost primitive color because of its intensity, which serves as a preface to *Madame Putiphar*, had also shown in many places such awkwardness, and come up against so many jolts and bumps, and fallen to the bottom of so many traps of *bad luck*. I have no clear explanation to give; I can point out only symptoms, symptoms of a morbid nature, in love with contradiction for the sake of contradiction, and always ready to mount all currents, without measuring their power, or his own power. The handwriting of all men, or almost all, bends to the right; Pétrus Borel bent his writing absolutely to the left, so that all the letters, very carefully formed, resembled lines of foot soldiers knocked down by cannon fire. Moreover, the act of writing was so painful that the slightest, the most banal letter, an invitation or the sending of money, cost him two or three hours of wearisome meditation, without counting the passages crossed out and the first drafts. And finally, the strange spelling which proudly walks about in *Madame Putiphar*, like a careful outrage perpetrated on the habits of the public eye, is a feature which completes this grimacing physiognomy. It is certainly not a fashionable spelling in the sense of cooks, of Voltaire and Sir Erdan, but, on the contrary, a more than picturesque spelling profiting from every opportunity to call attention lavishly to etymology. I cannot imagine, without a sympathetic pain, all the tiring battles which, in order to realize his typographical dream, the author had to wage with the printers commissioned to print his manuscript. Thus, not only did he enjoy vio-

livrer aux compositeurs chargés d'imprimer son manuscrit. Ainsi, non seulement il aimait à violer les habitudes morales du lecteur, mais encore à contrarier et à taquiner son oeil par l'expression graphique.

Plus d'une personne se demandera sans doute pourquoi nous faisons une place dans notre galerie à un esprit que nous jugeons nous-même si incomplet. C'est non seulement parce que cet esprit, si lourd, si criard, si incomplet qu'il soit, a parfois envoyé vers le ciel une note éclatante et juste, mais aussi parce que dans l'histoire de notre siècle il a joué un rôle non sans importance. Sa spécialité fut la *Lycanthropie*. Sans Pétrus Borel, il y aurait une lacune dans le Romantisme. Dans la première phase de notre révolution littéraire, l'imagination poétique se tourna surtout vers le passé; elle adopta souvent le ton mélodieux et attendri des regrets. Plus tard la mélancolie prit un accent plus décidé, plus sauvage et plus terrestre. Un républicanisme misanthropique fit alliance avec la nouvelle école, et Pétrus Borel fut l'expression la plus outrecuidante et la plus paradoxale de l'esprit des *Bousingots* ou du *Bousingo;* car l'hésitation est toujours permise dans la manière d'orthographier ces mots qui sont les produits de la mode et de la circonstance. Cet esprit à la fois littéraire et républicain, à l'inverse de la passion démocratique et bourgeoise qui nous a plus tard si cruellement opprimés, était agité à la fois par une haine aristocratique sans limites, sans restrictions, sans pitié, contre les rois et contre la bourgeoisie, et d'une sympathie générale pour tout ce qui en art représentait l'excès dans la couleur et dans la forme, pour tout ce qui était à la fois intense, pessimiste et byronien; dilettantisme d'une nature singulière, et que peuvent seules expliquer les haïssables circonstances où était enfermée une jeunesse ennuyée et turbulente. Si la Restauration s'était régulièrement développée dans la gloire, le Romantisme ne se serait pas séparé de la royauté; et cette secte nouvelle, qui professait un égal mépris pour l'opposition politique modérée, pour la peinture de Delaroche ou la poésie de Delavigne, et pour le roi qui présidait au développe-

lating the moral habits of the reader, but also in opposing and teasing the eye of the reader by the graphics of the printing.

More than one person will doubtless ask why we make a place in our gallery for a spirit we ourselves judge so incomplete. It is not only because this spirit, even if it is heavy, loud, and incomplete, has at times sent out toward heaven a piercing exact note, but also because in the history of our century he has played a role not lacking in importance. His specialty was *Lycanthropy*. Without Pétrus Borel, there would be a lacuna in Romanticism. In the first phase of our literary revolution, the poetic imagination turned especially toward the past; it often adopted a melodious sentimental tone of regrets. Later, melancholy took on a more decided, a wilder and more earthy accent. Misanthropic republicanism joined with the new school, and Pétrus Borel was the most arrogant and the most paradoxical expression of the *Bousingots* or of the *Bousingo;* for it is always permitted one to hesitate in the way of spelling those words which are the product of fashion and circumstance. This spirit both literary and republican, in opposition to the democratic and bourgeois passion which later oppressed us so cruelly, was stimulated both by a boundless aristocratic hatred, without restriction, without pity, against kings and the bourgeoisie, and by a general sympathy for everything in art which represented excess in color and form, for everything that was intense, pessimistic and Byronic; it was a dilettantism of a singular type, and which can be explained only by the hateful circumstances which enclosed bored and turbulent young people. If the Restoration had developed regularly in glory, Romanticism would not have withdrawn from royalty; and this new sect, which professed an equal scorn for the moderate political opposition, for the painting of Delaroche or the poetry of Delavigne, and for the king who presided over the development of the *juste-milieu*, would not have found reasons for existing.

ment du *juste-milieu*, n'aurait pas trouvé de raisons d'exister.

Pour moi, j'avoue sincèrement, quand même j'y sentirais un ridicule, que j'ai toujours eu quelque sympathie pour ce malheureux écrivain dont le génie manqué, plein d'ambition et de maladresse, n'a su produire que des ébauches minutieuses, des éclairs orageux, des figures dont quelque chose de trop bizarre, dans l'accoutrement ou dans la voix, altère la native grandeur. Il a, en somme, une couleur à lui, une saveur *sui generis;* n'eût-il que le charme de la volonté, c'est déjà beaucoup! mais il aimait férocement les lettres, et aujourd'hui nous sommes encombrés de jolis et souples écrivains tout prêts à vendre la muse pour le champ du potier.

Comme nous achevions, l'an passé, d'écrire ces notes, trop sévères peut-être, nous avons appris que le poëte venait de mourir en Algérie, où il s'était retiré, loin des affaires littéraires, découragé ou méprisant, avant d'avoir livré au public un *Tabarin* annoncé depuis longtemps.

EDGAR POE: SA VIE, SES OEUVRES[27]

La vie de Poe, ses moeurs, ses manières, son être physique, tout ce qui constitue l'ensemble de son personnage, nous apparaissent comme quelque chose de ténébreux et de brillant à la fois. Sa personne était singulière, séduisante et, comme ses ouvrages, marquée d'un indéfinissable cachet de mélancolie. Du reste, il était remarquablement bien doué de toutes façons. Jeune, il avait montré une rare aptitude pour tous les exercices physiques, et, bien qu'il fût petit, avec des pieds et des mains de femme, tout son être portant d'ailleurs ce caractère de délicatesse féminine, il était plus que robuste et capable de merveilleux traits de force. Il a, dans sa jeunesse, gagné un pari de nageur qui dépasse la mesure ordinaire du possible. On dirait que la Nature fait à ceux dont elle veut tirer de grandes choses un tempérament énergique, comme elle donne une puissante vitalité aux arbres qui sont chargés de

For me, I sincerely confess that, even if I felt it to be ridiculous, I always had some sympathy for that unfortunate writer whose ineffectual genius, full of ambition and awkwardness, produced only minutely drawn sketches, flashes of a storm, figures with something too strange, in the accoutrement or in the voice, which alters a natural greatness. In a word, he is a color of his own, a *suis generis* savor; if he had only the charm of his will, it would be too much! But he loved literature passionately, and today we are encumbered with dainty and supple writers ready to sell the muse for a potter's field.

Last year, as we were finishing the writing of these notes, which are perhaps too severe, we learned that the poet had just died in Algeria, where he had retired, far from literary matters, discouraged or scornful, before giving to the public a *Tabarin* which had been announced for some time.

EDGAR POE: HIS LIFE AND WORKS

The life of Poe, his habits, his manners, his physical being, everything that makes up the totality of his character, seem to us both obscure and brilliant. His personality was unusual, charming, and, like his writings, marked with an indefinable stamp of melancholy. Moreover, he was remarkably endowed in every way. As a young man, he had shown a rare aptitude for all physical exercises, and, although he was short, with the feet and hands of a woman—all of his being, as a matter of fact, had a feminine delicacy—he was more than robust and capable of miraculous feats of strength. In his adolescence, he won a swimming wager which went beyond the usual measure of the possible. You might say that Nature gives an energetic temperament to those from whom she intends to extract great things, as she gives a powerful vitality to the trees appointed to symbolize mourning and grief. Such men, at times

symboliser le deuil et la douleur. Ces hommes-là, avec
des apparences quelquefois chétives, sont taillés en
athlètes, bons pour l'orgie et pour le travail, prompts
aux excès et capables d'étonnantes sobriétés.

Il est quelques points relatifs à Edgar Poe, sur lesquels
il y a un accord unanime, par exemple sa haute distinc-
tion naturelle, son éloquence et sa beauté, dont, à ce
qu'on dit, il tirait un peu de vanité. Ses manières,
mélange singulier de hauteur avec une douceur exquise,
étaient pleines de certitude. Physionomie, démarche,
gestes, airs de tête, tout le désignait, surtout dans ses
bons jours, comme une créature d'élection. Tout son être
respirait une solennité pénétrante. Il était réellement
marqué par la nature, comme ces figures de passants qui
tirent l'oeil de l'observateur et préoccupent sa mémoire.
Le pédant et aigre Griswold lui-même avoue que,
lorsqu'il alla rendre visite à Poe, et qu'il le trouva pâle
et malade encore de la mort de sa femme, il fut frappé
outre mesure, non seulement de la perfection de ses
manières, mais encore de la physionomie aristocratique,
de l'atmosphère parfumée de son appartement, d'ailleurs
assez modestement meublé. Griswold ignore que le poète
a plus que tous les hommes ce merveilleux privilège
attribué à la femme parisienne et à l'espagnole, de
savoir se parer avec un rien, et que Poe aurait trouvé
l'art de transformer une chaumière en un palais d'une
espèce nouvelle. N'a-t-il pas écrit, avec l'esprit le plus
original et le plus curieux, des projets de mobiliers, des
plans de maisons de campagne, de jardins et de réformes
de paysages?

Dans les Nouvelles de Poe, il n'y a jamais d'amour.
Du moins *Ligeia*, *Eleonora* ne sont pas, à proprement
parler, des histoires d'amour, l'idée principale sur
laquelle pivote l'oeuvre étant tout autre. Peut-être
croyait-il que la prose n'est pas une langue à la hauteur
de ce bizarre et presque intraduisible sentiment; car ses
poésies, en revanche, en sont fortement saturés. La divine
passion y apparaît magnifique, étoilée, et toujours voilée
d'une irrémédiable mélancolie. Dans ses articles, il parle
quelquefois de l'amour, et même comme d'une chose

of sickly appearance, are cut out as athletes, good for
orgies and work, quick to excesses and capable of sur-
prising soberness.

There are a few points concerning Edgar Poe on
which there is unanimous agreement, for example his
lofty natural distinction, his eloquence and beauty, from
which, as was said, he derived some vanity. His man-
ners, a singular mixture of haughtiness and exquisite
gentleness, were self-assertive. Facial characteristics,
gait, gestures, the toss of his head, everything pointed
him out, especially in his good days, as a chosen crea-
ture. His whole being gave out a penetrating solemnity.
He was truly marked by nature, like those forms of
passers-by who hold the attention of the observer and
preoccupy his memory. The pedantic biting Griswold
himself confesses that, when he went to visit Poe, and
found him still pale and ill from the death and sickness
of his wife, he was unduly struck, not only by the per-
fection of his manners, but also by the aristocratic face,
the perfumed atmosphere of his apartment, which was
quite modestly furnished. Griswold does not know that
the poet has, more than other men, that marvelous
privilege attributed to the Parisian and Spanish woman,
of knowing how to embellish his life with nothing, and
that Poe would have discovered the art of transforming
a thatched hut into a palace of a new species. Didn't
he write, with a most original and curious wit, of proj-
ects concerning furniture, plans for country houses,
gardens and landscape reforms?
In the stories of Poe, there is never any love interest.
At least *Ligeia* and *Eleanora* are not, strictly speaking,
love stories, the leading idea on which the work centers
being something quite different. Perhaps he believed
that prose is not a language sufficiently elevated for that
strange and almost untranslatable sentiment; his poems,
on the other hand, are abundantly saturated with love.
In them the divine passion appears magnificent, starry,
and always veiled with an irremediable melancholy. In
his articles, he speaks at times of love, and even as of

dont le nom fait frémir la plume. Dans *The Domain of Arnheim*, il affirmera que les quatre conditions élémentaires du bonheur sont: la vie en plein air, *l'amour d'une femme*, le détachement de toute ambition et la création d'un Beau nouveau. . . . Ses portraits de femmes sont, pour ainsi dire, auréolés; ils brillent au sein d'une vapeur surnaturelle et sont peints à la manière emphatique d'un adorateur.—Quant aux *petits épisodes romanesques*, y a-t-il lieu de s'étonner, qu'un être aussi nerveux, dont la soif du Beau était peut-être le trait principal, ait parfois, avec une ardeur passionnée, cultivé la galanterie, cette fleur volcanique et musquée pour qui le cerveau bouillonnant des poètes est un terrain de prédilection?

Sa conversation était des plus remarquables et essentiellement nourrissante. Il n'était pas ce qu'on appelle un beau parleur,—une chose horrible,—et d'ailleurs sa parole comme sa plume avaient horreur du convenu; mais un vaste savoir, une linguistique puissante, de fortes études, des impressions ramassées dans plusieurs pays faisaient de cette parole un enseignement. Son éloquence, essentiellement poétique, pleine de méthode, et se mouvant toutefois hors de toute méthode connue, un arsenal d'images tirées d'un monde peu fréquenté par la foule des esprits, un art prodigieux à déduire d'une proposition évidente et absolument acceptable des aperçus secrets et nouveaux, à ouvrir d'étonnantes perspectives, et, en un mot, l'art de ravir, de faire penser, de faire rêver, d'arracher les âmes des bourbes de la routine, telles étaient les éblouissantes facultés dont beaucoup de gens ont gardé le souvenir. Mais il arrivait parfois—on le dit, du moins,—que le poète, se complaisant dans un caprice destructeur, rappelait brusquement ses amis à la terre par un cynisme affligeant et démolissait brutalement son oeuvre de spiritualité. C'est d'ailleurs une chose à noter, qu'il était fort peu difficile dans le choix de ses auditeurs, et je crois que le lecteur trouvera sans peine dans l'histoire d'autres intelligences grandes et originales, pour qui toute compagnie était

something whose name makes the pen tremble. In *The Domain of Arnheim*, he affirms the four basic conditions of happiness are: life in the open air, *the love of a woman*, detachment from all ambition, and the creation of a new Beauty. . . . His portraits of women are, so to speak, haloed; they shine from the center of a supernatural cloud and are painted in the robust manner of a worshiper. As for the *little love episodes*, should one be surprised that so nervous a man, whose thirst for Beauty was perhaps his principal characteristic, cultivated at times, with passionate ardor, gallantry, that volcanic musk flower for which the ardent mind of poets is a soil of predilection? . . .

His conversation was most remarkable and essentially enriching. He was not what is called a fine speaker— that is a horrible thing—and moreover his words like his pen detested the conventional; but vast knowledge, a powerful linguistic sense, advanced studies, impressions gathered from several countries turned his words into lessons. His eloquence, essentially poetic and methodical, and yet moving beyond any known method, an arsenal of images drawn from a world only slightly frequented by most minds, a prodigious art in deducing from an evident and absolutely acceptable proposition secret new intuitions, in opening up amazing perspectives, and, in a word, the art of charming, of eliciting thought and dreams, of rescuing people from the mire of routine, such were the scintillating faculties which many still remember. But it happened at times—at least, it is said—that the poet, indulging in a destructive caprice, abruptly recalled his friends back to earth by a distressing cynicism, and brutally demolished his work of spirituality. It is noteworthy that he was not difficult in the choice of his auditors, and I believe that in history the reader will find without difficulty other great and original minds for whom any company was welcome. Certain minds, solitary in the midst of a crowd, and who delight in monologues, ignore delicacy concerning

bonne. Certains esprits solitaires au milieu de la foule, et qui se repaissent dans le monologue, n'ont que faire de la délicatesse en matière de public. C'est, en somme, une espèce de fraternité basée sur le mépris.

De cette ivrognerie,—célébrée et reprochée avec une insistance qui pourrait donner à croire que tous les écrivains des Etats-Unis, excepté Poe, sont des anges de sobriété,—il faut cependant en parler. Plusieurs versions sont plausibles, et aucune n'exclut les autres. Avant tout, je suis obligé de remarquer que Willis et Mme Osgood affirment qu'une quantité fort minime de vin ou de liqueur suffisait pour perturber complètement son organisation. Il est d'ailleurs facile de supposer qu'un homme aussi réellement solitaire, aussi profondément malheureux, et qui a pu souvent envisager tout le système social comme un paradoxe et une imposture, un homme qui, harcelé par une destinée sans pitié, répétait souvent que la société n'est qu'une cohue de misérables (c'est Griswold qui rapporte cela, aussi scandalisé qu'un homme qui peut penser la même chose, mais qui ne la dira jamais),—il est naturel, dis-je, de supposer que ce poète jeté tout enfant dans les hasards de la vie libre, le cerveau cerclé par un travail âpre et continu, ait cherché parfois une volupté d'oubli dans les bouteilles. Rancunes littéraires, vertiges de l'infini, douleurs de ménage, insultes de la misère, Poe fuyait tout dans le noir de l'ivresse comme dans une tombe préparatoire. Mais, quelque bonne que paraisse cette explication, je ne la trouve pas suffisamment large, et je m'en défie à cause de sa déplorable simplicité. . . .

Des ouvrages de ce singulier génie, j'ai peu de chose à dire; le public fera voir ce qu'il en pense. Il me serait difficile, peut-être, mais non pas impossible de débrouiller sa méthode, d'expliquer son procédé, surtout dans la partie de ses oeuvres dont le principal effet gît dans une analyse bien ménagée. Je pourrais introduire le lecteur dans les mystères de sa fabrication, m'étendre longuement sur cette portion de génie américain qui le fait se réjouir d'une difficulté vaincue, d'une énigme expliquée, d'un tour de force réussi,—qui le pousse à se jouer avec

a public. In a word, it is a kind of fraternity based on scorn.

We must say something about his drunkenness—which is famous and is criticized with an insistence that might make us believe all writers in the United States, except Poe, are angels of sobriety. Several versions are plausible, and no one excludes the others. In the first place, I am forced to say that Willis and Mrs. Osgood affirm that a very small amount of wine or alcohol was sufficient to upset his organism completely. Moreover, it is easy to suppose that a man so truly solitary, so profoundly unhappy, and who was often able to consider the entire social system a paradox and an imposture, a man who, tormented by a pitiless fate, often repeated that society is only a mass of wretches (it is Griswold who repeats this, and seems as scandalized as a man who can think the same thing, but will never say it)—it is natural, I repeat, to suppose that this poet, hurled as a child into the risks of a free life, his brain encircled by harsh continuous labor, at times looked for the voluptuousness of oblivion to be found in drink. Literary quarrels, dizziness of aspiration, domestic suffering, the insults of poverty, Poe fled all this in the darkness of intoxication as in a preparatory tomb. But however sound this explanation appears, I do not find it sufficiently broad, and I distrust it because of its deplorable simplicity. . . .

I have little to say about the works of this unusual genius; the public will show what it thinks of them. It would be difficult for me perhaps, but not impossible to unravel his method, to explain his procedure, especially in the part of his works whose principal effect lies in a very contrived analysis. I might introduce the reader to the mysteries of his composition, expatiate at length on that aspect of the American genius which makes him rejoice over a vanquished difficulty, over an explained enigma, over a successful feat—which in-

une volupté enfantine et presque perverse dans le monde des probabilités et des conjectures, et à créer des *canards* auxquels son art subtil a donné une vie vraisemblable. Personne ne niera que Poe ne soit un jongleur merveilleux, et je sais qu'il donnait surtout son estime à une autre partie de ses oeuvres. J'ai quelques remarques plus importantes à faire, d'ailleurs très brèves.

Ce n'est pas par ses miracles matériels, qui pourtant ont fait sa renommée, qu'il lui sera donné de conquérir l'admiration des gens qui pensent, c'est par son amour du Beau, par sa connaissance des conditions harmoniques de la beauté, par sa poésie profonde et plaintive, ouvragée néanmoins, transparente et correcte comme un bijou de cristal,—par son admirable style, pur et bizarre,—serré comme les mailles d'une armure,—complaisant et minutieux,—et dont la plus légère intention sert à pousser doucement le lecteur vers un but voulu,— et enfin surtout par ce génie tout spécial, par ce tempérament unique qui lui a permis de peindre et d'expliquer, d'une manière impeccable, saisissante, terrible, l'*exception dans l'ordre moral.*—Diderot, pour prendre un exemple entre cent, est un auteur sanguin; Poe est l'écrivain des nerfs, et même de quelque chose de plus, —et le meilleur que je connaisse.

Chez lui, toute entrée en matière est attirante sans violence, comme un tourbillon. Sa solennité surprend et tient l'esprit en éveil. On sent tout d'abord qu'il s'agit de quelque chose de grave. Et lentement, peu à peu, se déroule une histoire dont tout l'intérêt repose sur une imperceptible déviation de l'intellect, sur une hypothèse audacieuse, sur un dosage imprudent de la Nature dans l'amalgame des facultés. Le lecteur, lié par le vertige, est contraint de suivre l'auteur dans ses entraînantes déductions.

Aucun homme, je le répète, n'a raconté avec plus de magie les *exceptions* de la vie humaine et de la nature,— les ardeurs de curiosité de la convalescence,—les fins de saisons chargées de splendeurs énervantes, les temps chauds, humides et brumeux, où le vent du sud amollit et détend les nerfs comme les cordes d'un instrument,

cites him to play with a childish and almost perverse pleasure in the world of probability and conjecture, and to create *hoaxes* to which his subtle art has given an air of likelihood. No one will deny that Poe is a marvelous juggler, and I know that he prizes especially another part of his work. I have a few more important comments to make, which are very brief.

It is not through material miracles, which however have brought him fame, that he will win the admiration of thoughtful people, it is through his love for Beauty, through his knowledge of the harmonious conditions of beauty, through his profound and plaintive poetry, very carefully written nevertheless, transparent and precise as a crystal jewel—through his pure, strange and admirable style—compact as the meshes of armor—agreeable and detailed—and of which the slightest intention serves to impel the reader gently toward a desired goal—and finally, above all, through that very special genius, through that unique temperament which allowed him to paint and explain, in an impeccable, extraordinary and terrible way, *the exception in the moral order.* To take one example from a hundred, Diderot is a sanguine writer; Poe is a writer of nerves, and even of something more—and the best I know.

With Poe, the introductory part of each piece is attractive without violence, like a whirlwind. His solemnity surprises and keeps the reader's mind alert. At the very start you feel it is a question of something serious. And slowly, gradually, a story unfolds whose interest depends upon an imperceptible deviation of the intellect, on a bold hypothesis, on an imprudent dosage of Nature in the amalgam of the faculties. The reader, held by dizziness, is forced to follow the writer in his fascinating deduction.

I repeat that no man has narrated with more magic the *exceptions* of human life and nature—the excitement of curiosity in convalescence—the seasonal endings laden with enervating splendor, warm humid foggy weather, when the south wind softens and loosens the nerves like the strings of an instrument, when the eyes

où les yeux se remplissent de larmes qui ne viennent pas du coeur,—l'hallucination laissant d'abord place au doute, bientôt convaincue et raisonneuse comme un livre,—l'absurde s'installant dans l'intelligence et la gouvernant avec une épouvantable logique,—l'hystérie usurpant la place de la volonté, la contradiction établie entre les nerfs et l'esprit, et l'homme désaccordé au point d'exprimer la douleur par le rire. Il analyse ce qu'il y a de plus fugitif, il soupèse l'impondérable et décrit, avec cette manière minutieuse et scientifique dont les effets sont terribles, tout cet imaginaire qui flotte autour de l'homme nerveux et le conduit à mal.

L'ardeur même avec laquelle il se jette dans le grotesque pour l'amour du grotesque et dans l'horrible pour l'amour de l'horrible me sert à vérifier la sincérité de son oeuvre et l'accord de l'homme avec le poëte.— J'ai déjà remarqué que, chez plusieurs hommes, cette ardeur était souvent le résultat d'une vaste énergie vitale inoccupée, quelquefois d'une opiniâtre chasteté et aussi d'une profonde sensibilité refoulée. La volupté surnaturelle que l'homme peut éprouver à voir couler son propre sang, les mouvements soudains, violents, inutiles, les grande cris jetés en l'air, sans que l'esprit ait commandé au gosier, sont des phénomènes à ranger dans le même ordre.

Au sein de cette littérature où l'air est rarefié, l'esprit peut éprouver cette vague angoisse, cette peur prompte aux larmes et ce malaise du coeur qui habitent les lieux immenses et singuliers. Mais l'admiration est la plus forte, et d'ailleurs l'art est si grand! Les fonds et les accessoires y sont appropriés au sentiment des personnages. Solitude de la nature ou agitation des villes, tout y est décrit nerveusement et fantastiquement. Comme notre Eugène Delacroix, qui a élevé son art à la hauteur de la grande poésie, Edgar Poe aime à agiter ses figures sur des fonds violâtres et verdâtres où se révèlent la phosphorescence de la pourriture et la senteur de l'orage. La nature dite inanimée participe de la nature des êtres vivants, et, comme eux, frissonne d'un frisson surnaturel et galvanique. L'espace est approfondi par l'opium;

fill with tears which do not come from the heart—an hallucination at first making room for doubt, and then convinced and reasonable as a book—the absurd taking over the intelligence and governing it with terrible logic —hysteria usurping the place of the will, contradiction established between the nerves and the mind, and man at variance to the point of expressing suffering by laughter. He analyzes the most fleeting thing, weighs the imponderable and describes, with that minute and scientific manner whose effects are terrible, all the imaginary world floating around a nervous man and leading him to harm.

The very ardor with which he throws himself into the grotesque for love of the grotesque and into the horrible for love of the horrible is useful to me in verifying the sincerity of his work and the harmony between the man and the poet. I have already noticed that, in several men, this ardor was often the result of a huge vital unoccupied energy, at times of a stubborn chastity, and also of a profound repressed sensitivity. The supernatural pleasure man can feel in seeing his own blood flow, sudden, violent, useless impulses, great cries hurled into the air, when the mind does not control the throat, are phenomena to be allocated to the same order.

At the heart of this literature where the air is rarefied, the mind may feel a vague anguish, a fear easily tearful and a nausea which inhabit vast unusual places. But admiration is the strongest, and moreover art is so great! The backdrops and the props are suitable for the sentiment of the characters. The solitude of nature or the turmoil of cities, everything is described nervously and fantastically. Like our Eugène Delacroix, who raised his art to the height of great poetry, Edgar Poe likes to move his figures against violet and greenish backgrounds when the phosphorescence of rottenness and the smell of storms are revealed. So-called inanimate nature participates in the nature of living beings, and, like them, trembles with a supernatural and galvanic trembling. Space is sounded by opium; opium gives a

l'opium y donne un sens magique à toutes les teintes, et fait vibrer tous les bruits avec une plus significative sonorité. Quelquefois, des échappées magnifiques, forgées de lumière et de couleur, s'ouvrent soudainement dans ses paysages, et l'on voit apparaître au fond de leurs horizons des villes orientales et des architectures, vaporisées par la distance, où le soleil jette des pluies d'or.

Les personnages de Poe, ou plutôt le personnage de Poe, l'homme aux facultés suraiguës, l'homme aux nerfs relâchés, l'homme dont la volonté ardente et patiente jette un défi aux difficultés, celui dont le regard est tendu avec la roideur d'une épée sur des objets qui grandissent à mesure qu'il les regarde,—c'est Poe lui-même.—Et ses femmes, toutes lumineuses et malades, mourant de maux bizarres et parlant avec une voix qui ressemble à une musique, c'est encore lui; ou du moins, par leurs aspirations étranges, par leur savoir, par leur mélancolie inguérissable, elles participent fortement de la nature de leur créateur. Quant à sa femme idéale, à sa titanide, elle se révèle sous différents portraits éparpillés dans ses poésies trop peu nombreuses, portraits, ou plutôt manières de sentir la beauté, que le tempérament de l'auteur rapproche et confond dans une unité vague mais sensible, et où vit plus délicatement peut-être qu'ailleurs cet amour insatiable du Beau, qui est son grand titre, c'est-à-dire le résumé de ses titres à l'affection et au respect des poètes. . . .

magical meaning to all colors, and makes all noises vibrate with a more significant resonance. At times, magnificent vistas, drenched in light and color, suddenly open into its landscapes, and you see appear on the extreme of their horizons oriental cities and architecture, vaporized by the distance, where the sun throws down a golden rain.

The characters of Poe, or rather the character of Poe, the man of very sharp faculties, the man of relaxed nerves, the man whose ardent, patient will challenges all difficulties, the man whose glance is fixed with the inflexibility of a sword on objects growing large as he looks at them—this is Poe himself. And his women, all of them luminous and ill, dying from strange maladies and speaking with a voice which resembles music, are also Poe; at least by their strange aspirations, by their knowledge, by their incurable melancholy, they participate to a marked degree in the nature of their creator. As for his ideal woman, his Titan woman, she appears in different portraits scattered through his too few poems, portraits, or rather in his ways of feeling beauty, whom the writer's temperament joins and mingles in a vague but perceptible unity, and where lives more delicately than elsewhere that insatiable love for Beauty, which is his great glory, namely the combination of his claims on the affection and the respect of poets. . . .

MON COEUR MIS À NU

JOURNAUX INTIMES

Calcul en faveur de Dieu.
Rien n'existe sans but.
Donc mon existence a un but. Quel but? Je l'ignore.

Ce n'est donc pas moi qui l'ai marqué.
C'est donc quelqu'un plus savant que moi.
Il faut donc prier ce quelqu'un de m'éclairer. C'est le parti le plus sage.

Le Dandy doit aspirer à être sublime sans interruption. Il doit vivre et dormir devant un miroir.

Politique.—Je n'ai pas de convictions, comme l'entendent les gens de mon siècle, parce que je n'ai pas d'ambition.
Il n'y a pas en moi de base pour une conviction.
Il y a une certaine lâcheté, ou plutôt une certaine mollesse chez les honnêtes gens.
Les brigands seuls sont convaincus,—de quoi?—qu'il leur faut réussir. Aussi, ils réussissent.
Pourquoi réussirais-je, puisque je n'ai même pas envie d'essayer?
On peut fonder des empires glorieux sur le crime, et de nobles religions sur l'imposture.

Cependant, j'ai quelques convictions, dans un sens plus élevé, et qui ne peut pas être compris par les gens de mon temps.

Sentiment de *solitude*, dès mon enfance. Malgré la famille,—et au milieu des camarades, surtout,—sentiment de destinée éternellement solitaire.
Cependant, goût très vif de la vie et du plaisir.

MY HEART LAID BARE

PERSONAL JOURNALS

Computation in favor of God.
Nothing exists without a purpose.
Therefore my existence has purpose. What purpose?
I do not know.
It is not I therefore who assigned it.
It is therefore someone more learned than I am.
Therefore I must pray that someone to enlighten me.
That is the wisest resolution.

The Dandy must aspire to reaching uninterruptedly
the state of sublimity. He must live and sleep in front
of a mirror.

Politics.—I have no convictions, in the sense meant
by men of my century, because I have no ambition.

There is no basis in my make-up for a conviction.
Gentlemen have a certain kind of cowardice, or rather
a certain kind of softness.
Only brigands are convinced—of what?—that they
must succeed. Thus, they succeed.
Why should I succeed, since I do not even have the
desire to try?
Glorious empires may be founded on crime, and noble
religions on imposture.

Yet, I do have some convictions, in a lofty sense,
which cannot be understood by men of my time.

As early as childhood, a feeling of *solitude*. In spite
of my family—and especially among friends—the feel-
ing of an eternally solitary fate.
And yet, a very marked taste for life and pleasure.

Mes opinions sur le théâtre. Ce que j'ai toujours trouvé de plus beau dans un théâtre, dans mon enfance et encore maintenant, c'est *le lustre,*—un bel objet lumineux, cristallin, compliqué, circulaire et symétrique.

Cependant, je ne nie pas absolument la valeur de la littérature dramatique. Seulement, je voudrais que les comédiens fussent montés sur des patins très haut, portassent des masques plus expressifs que le visage humain, et parlassent à travers des porte-voix; enfin que les rôles de femmes fussent joués par des hommes.

Après tout, le lustre m'a toujours paru l'acteur principal, vu à travers le gros bout ou le petit bout de la lorgnette.

Il y a dans tout homme, à toute heure, deux postulations simultanées, l'une vers Dieu, l'autre vers Satan.

L'invocation à Dieu, ou spiritualité, est un désir de monter en grade; celle de Satan, ou animalité, est une joie de descendre. C'est à cette dernière que doivent être rapportées les amours pour les femmes et les conversations intimes avec les animaux, chiens, chats, etc. Les joies qui dérivent de ces deux amours sont adaptées à la nature de ces deux amours.

Ce que je pense du vote et du droit d'élection.—Des droits de l'homme.

Ce qu'il y a de vil dans une fonction quelconque.

Un Dandy ne fait rien. Vous figurez-vous un Dandy parlant au peuple, excepté pour le bafouer?

Il n'y a de gouvernement raisonnable et assuré que l'aristocratique.

Monarchie ou république basées sur la démocratie sont également absurdes et faibles.

Immense nausée des affiches.

Il n'existe que trois êtres respectables: le prêtre, le guerrier, le poëte. Savoir, tuer et créer.

Les autres hommes sont taillables et corvéables, faits pour l'écurie, c'est-à-dire pour exercer ce qu'on appelle *professions.*

My opinions about the theater. In childhood and still today, the most beautiful thing I found in a theater is the *chandelier*—a beautiful luminous crystalline, complicated, circular and symmetrical object.

Yet, I do not absolutely deny the value of dramatic literature. I only wish that actors wore very high shoes and wore masks more expressive than the human face, and spoke through loud-speakers; and finally that women's roles were taken by men.

After all, the chandelier has always seemed to me the principal actor, either seen through the large end or the small end of opera glasses.

In every man, at every hour, there are two simultaneous postulations, one toward God and the other toward Satan.

The invocation to God, or spirituality, is a desire to mount higher; the invocation to Satan, or animality, is the joy of descending. This latter accounts for love for women and intimate conversations with animals, dogs, cats, etc. The joys which come from these two loves are adapted to the nature of these two loves.

My thoughts on voting and the right to elect. On the rights of man.

What is abject in any civil position.

A Dandy does nothing. Can you imagine a Dandy speaking to the people, except to insult them?

There is no reasonable or permanent government except the aristocratic form.

A monarchy or a republic based upon democracy is equally absurd and weak.

Poster-advertisements nauseate me.

There are only three respectable creatures: the priest, the soldier, and the poet. They know, kill and create.

Other men are taxable, forced workers, made for the stable, namely to practice what are called *professions*.

Je m'ennuie en France, surtout parce que tout le monde y ressemble à Voltaire.

Emerson a oublié Voltaire dans ses *Représentants de l'humanité.* Il aurait pu faire un joli chapitre intitulé: *Voltaire, ou l'anti-poëte,* le roi des badauds, le prince des superficiels, l'anti-artiste, le prédicateur des concierges, le père-Gigogne des rédacteurs du *Siècle.*

Le goût du plaisir nous attache au présent. Le soin de notre salut nous suspend à l'avenir.

Celui qui s'attache au plaisir, c'est-à-dire au présent, me fait l'effet d'un homme roulant sur une pente, et qui, voulant se raccrocher aux arbustes, les arracherait et les emporterait dans sa chute.

Avant tout, être un *grand homme* et *un saint* pour soi-même.

Il n'y a de grands parmi les hommes que le poëte, le prêtre et le soldat.

L'homme qui chante, l'homme qui sacrifie et se sacrifie.

Le reste est fait pour le fouet.

Défions-nous du peuple, du bon sens, du coeur, de l'inspiration, et de l'evidence.

Théorie de la vraie civilisation. Elle n'est pas dans le gaz, ni dans la vapeur, ni dans les tables tournantes. Elle est dans la diminution des traces du péché originel.

Peuples nomades, pasteurs, chasseurs, agricoles et même anthropophages, *tous* peuvent être supérieurs par l'énergie, par la dignité personnelle, à nos races d'Occident.

Celles-ci peut-être seront détruites.

Théocratie et communisme.

Tout enfant, j'ai senti dans mon coeur deux sentiments contradictoires: l'horreur de la vie et l'extase de la vie. C'est bien le fait d'un paresseux nerveux.

I am bored in France, especially because everyone here resembles Voltaire.

Emerson forgot Voltaire in his *Representative Men.* He might have written an attractive chapter called: *Voltaire* or the *anti-poet*, the king of idlers, the prince of the light-hearted, the anti-artist, the preacher for concierges, old Mother Hubbard of the editors of the *Siècle.*

The taste for pleasure attaches us to the present. Worry over our salvation suspends us over the future.

He who is bent upon pleasure, namely on the present, gives me the impression of a man rolling over a slope, and who, trying to clutch the bushes, pulls them up and carries them along in his fall.

Above all things, one must be a *great man* and *a saint* for oneself.

The only great figures among men are the poet, the priest and the soldier.

The man who sings, the man who sacrifices and the one who is sacrificed.

All the others are good for the whip.

We must be distrustful of the people, common sense, the heart, inspiration, and evidence.

Theory of true civilization. It is not in gas, or steam, or in turning tables. It is in the diminishing of the traces of original sin.

Nomadic peoples, shepherds, hunters, farmers and even cannibals, *all* may be superior in forcefulness and personal dignity to our Western races.

The latter will perhaps be destroyed.

Theocracy and communism.

As a child, I felt in my heart two contradictory sentiments: horror for life and ecstasy for life. This is clearly the fate of a boy who is lazy and high-strung.

Le commerce est, par son essence, *satanique*. Le commerce, c'est le prêté-rendu, c'est le prêt avec le sous-entendu: *Rends-moi plus que je ne te donne.*

L'esprit de tout commerçant est complètement vicié.

Le commerce est *naturel,* donc il est *infâme.*

Le moins infâme de tous les commerçants, c'est celui qui dit: Soyons vertueux pour gagner beaucoup plus d'argent que les sots qui sont vicieux.

Pour le commerçant, l'honnêteté elle-même est une spéculation du lucre.

Le commerce est satanique, parce qu'il est une des formes de l'égoïsme, et la plus basse, et la plus vile.

Hygiène: Projets.—Plus on veut, mieux on veut.

Plus on travaille, mieux on travaille et plus on veut travailler.

Plus on produit, plus on devient fécond.

Après une débauche, on se sent toujours plus seul, plus abandonné.

Au moral comme au physique, j'ai toujours eu la sensation du gouffre, non seulement du gouffre du sommeil, mais du gouffre de l'action, du rêve, du souvenir, du désir, du regret, du remords, du beau, du nombre, etc.

J'ai cultivé mon hystérie avec jouissance et terreur. Maintenant, j'ai toujours le vertige, et aujourd'hui 23 janvier 1862, j'ai subi un singulier avertissement, j'ai senti passer sur moi le vent de l'aile de l'imbécillité.

Hygiène: Conduite, Méthode.

Je me jure à moi-même de prendre désormais les règles suivantes pour règles éternelles de ma vie:

Faire tous les matins ma *prière à Dieu, réservoir de toute force et de toute justice, à mon père, à Mariette et à Poe,* comme intercesseurs; les prier de me communiquer *la force nécessaire* pour accomplir tous mes devoirs, et d'octroyer à ma mère *une vie assez longue* pour jouir de ma transformation; travailler toute la journée, ou du moins *tant que mes forces me le permet-*

Commerce is, in its essence, *Satanic*. Commerce is a loan and a return, a loan with the understanding: *Give me back more than I give you.*

The mind of every businessman is completely corrupt.

Commerce is *natural* and is therefore *infamous*.

The least infamous of all businessmen is the one who says: Let us be virtuous in order to earn more money than the fools who are corrupt.

For the businessman, honesty itself is a lucrative speculation.

Commerce is Satanic, because it is one of the forms of egoism, and the lowest, the vilest.

Hygiene: Projects.—The more one wants, the better one wants.

The more one works, the better one works and the more one wants to work.

The more one produces, the more productive one becomes.

After debauchery, one always feels more alone, more abandoned.

In my moral self as in my physical self, I have always had the sensation of the abyss, not only of the abyss of sleep, but the abyss of action, of dreams, of memories, desires, regrets, remorse, beauty, numbers, etc.

I have cultivated my hysteria with pleasure and terror. Now, I am always dizzy, and today, January 23, 1862, I felt a strange warning. I felt passing over me a wind caused by the wing of insanity.

Hygiene: Conduct, Method.

I swear to myself that henceforth I will adopt the following rules for the eternal rules of my life:

Every morning I will *pray to God, the reservoir of all strength and justice, to my father, to Mariette and to Poe,* as intercessors; I will pray them to give me *the necessary strength* to accomplish all my duties, and grant to my mother *a long enough life* to enjoy my transformation; I will work all day, or at least *as long as my strength permits me;* I will trust God, who is Justice

tront; me fier à Dieu, c'est-à-dire à la Justice même, pour la réussite de mes projets; faire tous les soirs une nouvelle prière, pour demander à Dieu la vie et la force pour ma mère et pour moi; faire de tout ce que je gagnerai quatre parts,—une pour la vie courante, une pour mes créanciers, une pour mes amis, et une pour ma mère;—obéir aux principes de la plus stricte sobriété, dont le premier est la suppression de tous les excitants, quels qu'ils soient.

itself, for the success of my projects; every evening I will say a new prayer, to ask God for life and strength for my mother and for myself; I will divide into four parts everything I earn—one for daily living, one for my creditors, one for my friends, and one for my mother; I will obey the principles of the strictest sobriety, of which the first is the suppression of all stimulants, of every kind.

LETTRES[28]

À MADAME MARIE DAUBRUN[29]

sans date

Madame,

Est-il bien possible que je ne doive plus vous revoir? Là est pour moi la question importante, car j'en suis arrivé à ce point que votre absence est déjà pour moi une énorme privation.

Quand j'ai appris que vous renonciez à poser et qu'involontairement j'en serais la cause, j'ai ressenti une tristesse étrange.

J'ai voulu vous écrire, quoique pourtant je sois peu partisan des écritures; on s'en repent presque toujours. Mais je ne risque rien, puisque mon parti est pris de me donner à vous pour toujours.

Savez-vous que notre longue conversation de jeudi a été fort singulière? C'est cette même conversation qui m'a laissé dans un état nouveau et qui est l'occasion de cette lettre.

Un homme qui dit: "Je vous aime," et qui prie, et une femme qui répond: "Vous aimer? Moi! jamais! Un seul a mon amour, malheur à celui qui viendrait après lui; il n'obtiendrait que mon indifférence et mon mépris." Et ce même homme, pour avoir le plaisir de regarder plus longtemps dans vos yeux, vous laisse lui parler d'un autre, ne parler que de lui, ne vous enflammer que pour lui et en pensant à lui. Il est résulté de tous ces aveux un fait bien singulier, c'est que, pour moi, vous n'êtes plus simplement une femme que l'on désire, mais une femme que l'on aime pour sa franchise, pour sa passion, pour sa verdeur, pour sa jeunesse et pour sa folie.

J'ai beaucoup perdu à ces explications, puisque vous avez été si decisive que j'ai dû me soumettre de suite. Mais vous, madame, vous y avez beaucoup gagné: vous m'avez inspiré du respect et une estime profonde. Soyez

LETTERS

TO MADAME MARIE DAUBRUN

no date

Madame,

Is it possible that I am not to see you any more? That is the important question for me, because I have come to the point when your absence is already a tremendous privation for my heart.

When I learned that you gave up posing and that involuntarily I was the cause for this, I felt a strange sadness.

I decided to write to you, although I do not favor writing letters; one is always sorry afterwards. But I am not running any risk, since my mind is made up to give myself to you forever.

Do you realize that our long conversation Thursday was very unusual? That very conversation left me in a new state of mind and is the reason for this letter.

A man who says: "I love you," and who begs, and a woman who answers: "Me! Love you? Never! Only one man had my love, it would be hard on whoever comes after, because he would have only my indifference and scorn." And that same man, in order to have the pleasure of looking longer into your eyes, allows you to speak of another, and speak only of him, and feel emotions for him as you think of him. From this confession a strange fact has emerged. It is that, for me, you are not simply a woman desired, but a woman who is loved for her frankness, for her passion, for her vitality, her youthfulness and her madness.

I lost out a good deal in these discussions, since you were so determined that I had to give in immediately. But you won a great deal, Madame: you inspired in me respect and great esteem. Do not change, but maintain

toujours ainsi et gardez-la bien, cette passion qui vous rend si belle et si heureuse.

Revenez, je vous en supplie, et je me ferai doux et modeste dans mes désirs. Je méritais d'être méprisé de vous quand je vous ai répondu que je me contenterais des miettes. Je mentais. Oh! si vous saviez comme vous étiez belle, ce soir-là! Je n'ose pas vous faire de compliments, cela est si banal. . . . Mais vos yeux, votre bouche, toute votre personne, vivante et animée, passe, maintenant, devant mes yeux fermés,—et je sens bien que c'est définitif.

Revenez, je vous le demande à genoux; je ne vous dis pas que vous me trouverez sans amour, mais cependant vous ne pourrez empêcher mon esprit d'errer autour de vos bras, de vos si belles mains, de vos yeux où toute votre vie réside, de toute votre adorable personne charnelle; non, je sais que vous ne le pourrez pas; mais soyez tranquille, vous êtes pour moi un objet de culte et il m'est impossible de vous souiller; je vous verrai toujours aussi radieuse qu'avant. Toute votre personne est si bonne, si belle, et si douce à respirer! Vous êtes pour moi la vie et le mouvement, non pas précisément autant à cause de la rapidité de vos gestes et du côté violent de votre nature, qu'à cause de vos yeux, qui ne peuvent inspirer au poëte qu'un amour immortel. Comment vous exprimer à quel point je les aime, vos yeux, et combien j'apprécie votre beauté? Elle contient deux grâces contradictoires et qui, chez vous, ne se contredisent pas, c'est la grâce de l'enfant et celle de la femme. Oh! croyez-moi, je vous le dis du fond du coeur: vous êtes une adorable créature, et je vous aime bien profondément. C'est un sentiment vertueux qui me lie à jamais à vous. En dépit de votre volonté, vous serez désormais mon talisman et ma force. Je vous aime, Marie, c'est indéniable; mais l'amour que je ressens pour vous, c'est celui du chrétien pour son Dieu; aussi ne donnez jamais un nom terrestre et si souvent honteux, à ce culte incorporel et mystérieux, à cette suave et chaste attraction qui unit mon âme à la vôtre, en dépit de votre volonté. Ce serait un sacrilège.—J'étais mort,

always that passion which makes you so beautiful and so happy.

Come back, I beg you, and I will be restrained and modest in my desires. I deserve to be scorned by you when I answered that I would be satisfied with the crumbs. I lied. If you only knew how beautiful you were that evening! It is too silly to pay you compliments. . . . But your eyes, your mouth, all of your person, alive and animated, now passes in front of my closed eyes— and I know that this is forever.

On my knees I ask you to come back; I do not say that you will find me without love, but you will not be able to keep my spirit from moving around your arms, your beautiful hands, your eyes where all your life dwells, your adorable body; no, I know you cannot prevent this; but fear nothing, you are for me an object of worship and I will never degrade you; I will always see you as radiant as you are now. All of your person is kind and beautiful and sweet to smell! For me you are life and movement, not precisely because of the swiftness of your gestures and the violent side of your nature, but because of your eyes, which inspire in the poet only an immortal love. How can I tell you to what degree I love your eyes and how I appreciate your beauty? It is composed of two contradictory graces, which in you are not contradictory, the grace of the child and that of the woman. Believe me when I say from the bottom of my heart: you are an adorable creature, and I love you deeply. It is a virtuous feeling which binds me forever to you. Despite your will, you will be henceforth my talisman and my strength. I love you, Marie, this cannot be denied; but the love I feel for you is that of the Christian for his God; you must never give a worldly and often shameful name to this incorporeal mysterious cult, to this sweet pure attraction which joins my soul with yours, in spite of your will. It would be a sacrilege. I was dead, and you brought me back to life. You do not know all my debt to you! I found in your angelic face unknown happiness; your

vous m'avez fait renaître. Oh! vous ne savez pas tout ce que je vous dois! J'ai puisé dans votre regard d'ange des joies ignorées; vos yeux m'ont initié au bonheur de l'âme, dans tout ce qu'il a de plus parfait, de plus délicat. Désormais, vous êtes mon unique reine, ma passion et ma beauté; vous êtes la partie de moi-même qu'une essence spirituelle a formée. Par vous, Marie, je serai fort et grand. Comme Pétrarque, j'immortaliserai ma Laure. Soyez mon Ange gardien, ma Muse et ma Madone, et conduisez-moi dans la route du Beau. Veuillez me répondre un seul mot, je vous en supplie, un seul. Il y a dans la vie de chacun, des journées douteuses et décisives où un témoignage d'amitié, un regard, un griffonnage quelconque vous pousse vers la sottise ou vers la folie! Je vous jure que j'en suis là. Un mot de vous sera la chose bénie qu'on regarde et qu'on apprend par coeur. Si vous saviez à quel point vous êtes aimée! Tenez, je me mets à vos pieds; un mot, dites un mot. . . Non, vous ne le direz pas!

Heureux, mille fois heureux, celui que vous avez choisi entre tous, vous, si pleine de sagesse et de beauté, vous si désirable, talent, esprit et coeur! Quelle femme pourrait vous remplacer jamais? Je n'ose solliciter une visite, vous me la refuseriez. Je préfère attendre.

J'attendrai des années, et, quand vous vous verrez obstinément aimée, avec respect, avec un désintéressement absolu, vous vous souviendrez alors que vous avez commencé par me maltraiter, et vous avouerez que c'était une mauvaise action.

Enfin, je ne suis pas libre de refuser les coups qu'il plaît à l'idole de m'envoyer. Il vous a plu de me mettre à la porte, il me plaît de vous adorer. C'est un point vidé.

Ch. Baudelaire
15, cité d'Orléans

eyes initiated me to a spiritual joy, in its most perfect and delicate form. You are henceforth my one queen, my passion and my beauty; you are that part of me formed by a spiritual essence.

Because of you, Marie, I shall be strong and noble. Like Petrarch, I will immortalize my Laura. Be my guardian Angel, my Muse, my Madonna, and lead me along the path of Beauty.

I beg you to give me answer in one word, I beseech you, a single word. In the life of each one of us, there are confused decisive days when a testimonial of friendship, a glance, a scribbled word will push us toward something foolish or mad! I swear to you that I am in that situation. A word from you will be a blessing to contemplate and learn by heart. If you knew to what degree you are loved! I am on my knees; one word, say one word. . . . No, you will not say it!

Happy, a hundred times over, the man you have chosen among all, you with your wisdom and beauty, you so desirable, in talent, mind and heart! What woman could ever replace you? I do not dare ask permission to call, you would refuse me. I prefer to wait.

I will wait years, and when you see you are loved obstinately, respectfully, with absolute disinterestedness, you will remember then that you began by mistreating me, and you will confess that you were wrong.

In a word, I am not free to refuse the rebuffs my idol gives me. You sent me away, and I worship you. The question is settled.

Ch. Baudelaire
15, cité d'Orléans

À MADAME AUPICK

jeudi 9 juillet 1857

Je vous assure que vous ne devez avoir aucune inquiétude à mon égard; mais c'est vous qui m'en causez et des plus vives, et certainement ce n'est pas la lettre que vous m'avez envoyée, toute pleine de désolation, qui est faite pour les calmer. Si vous vous abandonnez ainsi, vous tomberez malade, et ce sera alors le pire des malheurs et pour moi la plus insupportable des inquiétudes. Je veux que non seulement vous cherchiez des divertissements, mais je veux encore que vous ayiez [sic] des jouissances nouvelles.

Quant à mon silence, n'en cherchez pas la raison ailleurs que dans une de ces langueurs qui, à mon grand déshonneur, s'emparent quelquefois de moi et m'empêchent non seulement de me livrer à aucun travail, mais même de remplir les plus simples des devoirs. De plus, je voulais à la fois vous écrire, vous envoyer votre paroissien et mon livre de poësies.

Le paroissien n'est pas tout à fait fini; les ouvriers, même les plus intelligents, sont si bêtes, qu'il y a eu quelques petites choses à rectifier. Cela m'a donné un peu de mal, mais vous serez content.

Quant aux *Poësies* (parues il y a quinze jours), j'avais eu d'abord, comme vous savez, l'intention de ne pas vous les montrer. Mais en y pensant mieux, il m'a semblé que puisque vous entendriez, après tout, parler de ce volume, au moins par les comptes-rendus que je vous enverrai, la pudeur serait de ma part aussi folle que la pruderie de la vôtre. J'ai reçu pour moi 16 exempl. sur papier vulgaire, et 4 sur papier de fil. Je vous ai réservé un de ces derniers, et si vous ne l'avez pas encore reçu, c'est parce que j'ai voulu vous l'envoyer relié,—vous savez que je n'ai jamais considéré la littérature et les arts que comme poursuivant un but étranger à la morale, et que la beauté de conception et de style me suffit. Mais ce livre, dont le titre: *Fleurs du Mal*,—dit tout, est revêtu, vous le verrez, d'une beauté

TO MADAME AUPICK

Thursday, 9 July 1857

I assure you that you must have no worry about me; but you cause me worry, and extreme worry, and it is certainly not the letter you sent me, so full of calamity, that will quiet my worry. If you let yourself go in that way, you will fall ill, and this will be the worst calamity and for me the most unbearable anxiety. Not only do I want you to look for diversions, but I want you to have new pleasures.

As for my silence, do not look for its cause beyond one of those moments of depression which, to my disgrace, overcome me at times and keep me not only from working, but even from fulfilling the simplest duties. Moreover, I wanted to write to you, and also to send your missal and my book of poems.

The missal is not quite finished; the men doing the work, even the most intelligent, are so stupid that there are a few small things to correct. This has given me some trouble, but you will be pleased.

As for the *Poems* (which appeared two weeks ago), I intended first, as you know, not to give them to you. But on second thought, it seemed to me that since, after all, you will hear about this book, at least through the articles I will send you, modesty on my part would be as unwise as prudishness on yours. I have received 16 personal copies on ordinary paper, and 4 on fine paper. I have saved one of these for you, and if you haven't yet received it, it is because I wanted to send it to you after it is bound—you know that I have always considered literature and art as seeking a goal foreign to morality, and that the beauty of conception and style are sufficient. But this book, whose title—*Fleurs du Mal* —is self-explanatory, is enveloped—you will see this— in a sinister cold beauty; it was written with fury and patience. Moreover, the proof of its positive value is in all the evil which is said about it. The book infuriates people. (Moreover, I myself was terrified at the horror

sinistre et froide; il a été fait avec fureur et patience. D'ailleurs, la preuve de sa valeur positive est dans tout le mal qu'on en dit. Le livre met les gens en fureur.— Du reste, épouvanté moi-même de l'horreur que j'allais inspirer, j'en ai retranché un tiers aux épreuves.—On me refuse tout, l'esprit d'invention et même la connaissance de la langue française. Je me moque de tous ces imbéciles, et je sais que ce volume, avec ses qualités et ses défauts, fera son chemin dans la mémoire du public lettré, à côté des meilleures poësies de V. Hugo, de Th. Gautier et même de Byron.—Une seule recommandation: puisque vous vivez avec la famille Emon, ne laissez pas le volume traîner dans les mains de mademoiselle Emon. Quant au curé, que sans doute vous recevez, vous pouvez le lui montrer. Il pensera que je suis damné, et n'osera vous le dire.—On avait répandu le bruit que j'allais être poursuivi; mais il n'en sera rien. Un gouvernement qui a sur les bras les terribles élections de Paris n'a pas le temps de poursuivre un fou.

Mille pardons pour tous ces enfantillages de la vanité. J'avais bien pensé à aller à Honfleur; mais je n'osais pas vous en parler. J'avais pensé à cautériser ma fainéantise, et à la cautériser une fois pour toutes, au bord de la mer, par un travail acharné, loin de toute préoccupation frivole; soit sur mon 3e vol. d'*Edgar Poe*, soit sur mon premiere drame, dont il faudra bien que j'accouche, bon gré, mal gré.

Mais j'ai des travaux à faire qui ne peuvent pas se faire dans un lieu sans bibliothèques, sans estampes, et sans musée. Il faut avant tout que je vide la question des *Curiosités esthétiques*, des *Poëmes nocturnes*, et des *Confessions du Mangeur d'opium*.

Les *poëmes nocturnes* sont pour la *Revue des Deux Mondes*; le *Mangeur d'opium* est une nouvelle traduction d'un auteur magnifique, inconnu à Paris. C'est pour le *Moniteur*.

Mais j'ai dû penser (pourquoi ne pas tout dire?) à M. Emon. Il est votre ami, et je tiens à ne pas vous déplaire. Pensez-vous cependant que je puisse oublier son infériorité, sa brutalite, et la manière bourrue dont

I was going to arouse, and I eliminated a third in the proofs.) They grant me nothing, no inventiveness, and not even a knowledge of the French language. But those fools have no effect on me, and I know that this volume, with its virtues and defects, will make its way in the memory of cultivated readers, beside the best poetry of V. Hugo, Th. Gautier and even Byron. Only one request: since you are living with the Emon family, don't allow Mlle Emon to pick up the book. You may show it to the priest, who will doubtless come to your house. He will think I am damned, but won't dare tell you. The news has gone about that I was going to be prosecuted. But this won't happen. A government which has on its hands the terrible election of Paris does not have the time to prosecute a madman.

Excuse me for all these childish vanities. I had thought of going to Honfleur; but I did not dare speak to you about it. I had thought of cauterizing my idleness, and cauterizing it once and for all, at the seashore, by working hard, far from my frivolous preoccupations; either on my 3rd volume of *Edgar Poe*, or on my first play, which I must give birth to in some way or other.

But I have work to do which cannot be done wnere there is no library, no engravings, no museum. I must settle the problems of the *Curiosités esthétiques*, of the *Poëmes nocturnes*, and the *Confessions d'un Mangeur d'opium*.

The *poëmes nocturnes* are for the *Revue des Deux Mondes;* the *Mangeur d'opium* is a new translation of a magnificent writer, unknown to Paris. It is for the *Moniteur*.

But I should have thought of M. Emon (I must say everything). He is your friend, and I don't wish to displease you. Do you think, however, that I cannot forget his inferiority, his brutality and the boorish manner in

il a accueilli ma poignée de main dans cette cruelle journée, où, pour vous plaire, et rien que pour cela, je me suis humilié plus encore que vous ne m'aviez humilié vous-même pendant de si longues années?

—Ancelle va bien; *je ne l'ai vu que deux fois depuis votre départ.* Il est toujours aussi distrait; il a toujours la conception lente, et il aime toujours sa femme et sa fille, sans en rougir.

Je vous renvoie la lettre de ce monsieur que je ne connais pas. Je ne sais pas ce que c'est que M. Durand.

Quand je suis allé visiter la tombe de mon beau-père, j'ai été bien étonné de me trouver vis-à-vis d'une fosse vide. Je suis allé chez le conservateur, qui m'a averti du transfèrement, et qui m'a donné comme guide le petit papier que voici.—Nos couronnes fanées par les grandes pluies, avaient été soigneusement rapportées sur la nouvelle sépulture. J'en ai ajouté d'autres.

Je vous embrasse, chère mère, bien affectueusement.

C.B.

À MADAME SABATIER[30]

mardi 18 août 1857

Chère Madame,

Vous n'avez pas cru un seul instant, n'est-ce pas? que j'aie pu vous oublier. Je vous ai, dès la publication, réservé un exemplaire de choix, et, s'il est revêtu d'un habit si indigne de vous, ce n'est pas ma faute, c'est celle de mon relieur, à qui j'avais commandé quelque chose de beaucoup plus spirituel.

Croiriez-vous que les misérables (je parle du juge d'instruction, du procureur, etc.) ont osé incriminer, entre autres morceaux, deux des pièces composées pour ma chère Idole (*Tout Entière* et *A celle qui est trop gaie*)? Cette dernière est celle que le vénérable Sainte-Beuve déclare la meilleure du volume.

Voilà la première fois que je vous écris avec ma vraie écriture. Si je n'étais pas accablé d'affaires et de lettres (c'est après-demain l'audience), je profiterais de cette occasion pour vous demander pardon de tant de folies

which he shook hands with me on the day of mourning when, to please you, and only for that reason, I humbled myself more than you had humbled me for so many long years?

—Ancelle is well; *I have seen him only twice since you left*. He is still absent-minded; he still makes up his mind slowly, and he still loves his wife and his daughter without being ashamed.

I am returning the letter of this man I do not know. I don't know who M. Durand is.

When I visited the grave of my stepfather, I was surprised to find myself facing an empty hole. I went to the superintendent, who told me of the transference, and who gave me this small paper for directions. Our wreaths, wilted by the heavy rains, had been carefully removed to the new burial place. I added new wreaths.

Affectionate kisses, dear mother.

C.B.

TO MADAME SABATIER

Tuesday 18 August 1857

Dear Madame,

You did not believe for one moment, did you, that I could forget you? As soon as it appeared, I put aside a choice copy for you, and, if it is bound in a covering so unworthy of you, it is not my fault, it is my binder's, to whom I had recommended something much more ethereal.

Will you believe that the wretches (I refer to the judge, the attorney, etc.) dared to incriminate, among others, two of the poems written for my dear Idol (*Tout Entière* and *A celle qui est trop gaie*)? This last is called by the venerable Sainte-Beuve the best in the book.

This is the first time I write you in my own handwriting. If I were not submerged with work and letters (the hearing is the day after tomorrow), I would take advantage of this opportunity to ask your pardon for

et d'enfantillages. Mais d'ailleurs, ne vous en êtes-vous pas suffisamment vengée, surtout avec votre petite soeur? Ah! le petit monstre! Elle m'a glacé, un jour que, nous étant rencontrés elle partit d'un grand éclat de rire à ma face, et me dit: *êtes-vous toujours amoureux de ma soeur, et lui écrivez-vous toujours de superbes lettres?*— J'ai compris, d'abord que quand je voulais me cacher, je me cachais fort mal, et ensuite que sous votre charmant visage, vous déguisiez un esprit peu charitable. Les polissons sont *amoureux*, mais les poëtes sont *idolâtres*, et votre soeur est peu faite, je crois, pour comprendre les choses éternelles.

Permettez-moi donc, au risque de vous divertir, aussi, de renouveler ces protestations qui ont tant diverti cette petite folle. Supposez un amalgame de rêverie, de sympathie, de respect, avec mille enfantillages pleins de sérieux, vous aurez un à peu près de ce quelque chose très sincère que je ne me sens pas capable de mieux définir.

Vous oublier n'est pas possible. On dit qu'il a existé des poëtes qui ont vécu toute leur vie, les yeux fixés sur une image chérie. Je crois, en effet (mais j'y suis trop intéressé), *que la fidélité est un des signes du génie.*

Vous êtes plus qu'une image rêvée et chérie, vous êtes ma *superstition*. Quand je fais quelque grosse sottise, je me dis: *Mon Dieu! si elle le savait!* Quand je fais quelque chose de bien, je me dis: *Voilà quelque chose qui me rapproche d'elle,—en esprit.*

Et la dernière fois que j'ai eu le bonheur (bien malgré moi) de vous recontrer! car vous ignorez avec quel soin je vous suis!—je me disais: il serait singulier que cette voiture l'attendît, je ferais peut-être bien de prendre un autre chemin.—Et puis: *Bonsoir, Monsieur!* avec cette voix aimée dont le timbre enchante et déchire. Je m'en suis allé, répétant tout le long de mon chemin: *Bonsoir, Monsieur!* en essayant de contrefaire votre voix.

J'ai vu mes juges jeudi dernier. Je ne dirai pas qu'ils ne sont pas beaux; ils sont abominablement laids; et leur âme doit ressembler à leur visage.

Flaubert avait pour lui l'impératrice. Il me manque une

so much madness and childishness. But haven't you been sufficiently revenged, especially through your little sister? Oh! the little monster! She horrified me one day when, as we met, she burst out laughing in front of me, and said: *Are you still in love with my sister, and do you still write her superb letters?"* I understood, first that when I tried to hide, I hid very badly, and second that your charming face concealed an uncharitable spirit. Knaves *fall in love,* but poets are *idolaters,* and your sister is ill constituted, I think, to understand eternal things.

Allow me, at the risk of amusing you, to renew those protests which so amused that mad little girl. Imagine an amalgam of dreams, and love, and respect, with a thousand serious childish traits, and you will imagine approximately that very sincere thing which I am incapable of defining any better.

It is not possible to forget you. I am told there are poets who have lived all their lives with their eyes fixed on a beloved image. It is true I believe (but I am too selfish) *that fidelity is one of the signs of genius.*

You are more than a beloved, dreamed-of image, you are my *superstition.* When I do something ludicrous, I say: *Now, if she knew that!* When I do something good, I say to myself: *This brings me closer to her—in spirit.*

And the last time I had the fortune (in spite of myself) to meet you! (You do not know the care with which I avoid you!) I said to myself: it would be strange if this carriage were waiting for her, I would perhaps do well to go by another way. And then: *Bonsoir, Monsieur!* with that beloved voice whose resonance delights and torments. I went off and repeated as I went: *Bonsoir, Monsieur!* and tried to imitate your voice.

I saw my judges last Thursday. I will not say they are handsome. They are abominably ugly; and their souls must resemble their faces.

Flaubert had the empress on his side. I need a woman.

femme. Et la pensée bizarre que peut-être vous pourriez, par des relations et des canaux peut-être compliqués, faire arriver un mot sensé à une de ces grosses cervelles, s'est emparée de moi, il y a quelques jours.

L'audience est pour après-demain matin, jeudi.

Je veux laisser toutes ces trivialités de côté.

Rappelez-vous que quelqu'un pense à vous, que sa pensée n'a jamais rien de trivial, et qu'il vous en veut un peu de votre malicieuse *gaîté*.

Je vous prie très ardemment de garder désormais pour vous tout ce que je pourrai vous confier. Vous êtes ma compagne ordinaire, et mon secret. C'est cette intimité, où je me donne la réplique depuis si longtemps, qui m'a donné l'audace de ce ton si familier.

Adieu, chère Madame, je baise vos mains avec toute ma dévotion.

Tous les vers compris entre la page 84 et la page 105 vous appartiennent.[31]

Charles Baudelaire

The strange thought that you, through friends and perhaps complicated ways, could have a sensible message reach one of those fatheads took hold of me a few days ago.

The hearing is Thursday, day after tomorrow, in the morning.

But I want to lay aside all such trivia.

Remember that someone is thinking of you, that there is nothing light-hearted about his thoughts, and that he is a bit piqued at your malicious *gaiety*.

I ardently beg you to keep for yourself henceforth everything I entrust to you. You are my daily companion, and my secret. It is this intimacy, in which I have been answering myself for such a long time, that has given me the courage to speak in such a familiar way.

Adieu, dear Madame, with all devotion I kiss your hands.

All the poems between page 84 and page 105 are yours.

Charles Baudelaire

NOTES

1. Baudelaire delivered the ms. of *Les Fleurs du Mal* to the young publisher Poulet-Malassis in Alençon in February 1857. Copies of the first edition were seized in Paris in July. The lawsuit against the book took place in August. Baudelaire and Malassis were fined 300 and 200 francs respectively for writing and publishing an immoral book. Six poems were forbidden. The second edition appeared in 1861, with thirty-five new poems. The third edition, complete and definitive, appeared in 1869, with a preface by Théophile Gautier. Baudelaire had died in 1867.

2. This sonnet has been studied as the key to Baudelaire's aesthetics. Consult *La Mystique de Baudelaire* by Jean Pommier.

3. The two quatrains are reminiscent of a stanza of Longfellow ("A Psalm of Life") and the two tercets are a translation of a stanza of Thomas Gray ("Elegy Written in a Country Churchyard").

4. This sonnet, reminiscent of Baudelaire's voyage to the tropics, has been set to music by Henri Duparc.

5. This poem probably owes more to Molière's *Don Juan* than to the painting of Delacroix, *La Barque de Don Juan*.

6. This poem was probably inspired by Jeanne Duval.

7. This poem was probably also inspired by Jeanne Duval.

8. The Latin title is the opening of Psalm 130: "Out of the depths have I cried unto thee."

9. *Duellum* is the archaic form of *bellum* (war).

10. This poem, probably inspired by Jeanne Duval, has been set to music by Debussy.

11. The Latin title *Semper Eadem* ("always the same") is either a feminine singular or a neuter plural.

12. This is one of the five poems of Baudelaire set to music by Debussy (*Cinq Poèmes*).

13. This poem furnishes the one example in *Les Fleurs du Mal* of lines of seven and five syllables. It is reminiscent of Mignon's song in Goethe's *Wilhelm Meister*. The country referred to is doubtless Holland.

14. This mysterious poem probably alludes to Marie Daubrun.

15. The Latin title means "The dreamer and the vagabond."

16. "Spleen" meant boredom to the romantics.

17. Baudelaire probably found the title ("The Self-Torturer") in Joseph de Maistre ("*3e Entretien*" of the *Soirées de Saint-Pétersbourg*).

18. This poem, like the preceding one, is on the subject of evil conscience.

19. Mariette is the old servant who cared for Baudelaire as a boy, and "you" is Mme Aupick.

20. Cythère, or Cerigo, is an island where Venus had a temple.

21. This is one of the *Cinq Poèmes* of Debussy.

22. For the last lines, see Horatio's speech on the coming of dawn in *Hamlet*, act I, scene 1.

23. These prose poems first appeared in book form in 1864.

24. The title comes from "The Bridge of Sighs" by Thomas Hood, which is quoted in Poe's *Poetic Principle*.

25. The definitive edition of these critical essays was published in 1869, with a preface by Théophile Gautier. It includes the *Salon de 1845*, the *Salon de 1846* and the *Salon de 1859*.

26. This article was written on the occasion of the death of Delacroix, in 1863. Baudelaire inserted sections from chapters four and five of his *Salon de 1859*.

27. Baudelaire published in 1852 a study of Poe which he rewrote for his translation (1856) of the *Histoires Extraordinaires*.

28. Taken from the *Correspondance Générale*. The letter to Marie is from Vol. I, p. 99. The letter to Mme Aupick, Vol. II, p. 65. The letter to Mme Sabatier, Vol. II, p. 86.

29. Albert Feuillerat, in *Baudelaire et la Belle aux cheveux d'or* (Yale University Press, 1941) has convincingly demonstrated that this letter is addressed to Marie Daubrun, an actress whom Baudelaire met about 1847 and whose greatest theatrical success was *La Belle aux cheveux d'or*. She inspired the poem "*L'Irréparable*" and possibly also "*Chant d'Automne*," "*A une Madone*," "*Le Beau*

Navire," "Le Chat," "Le Poison," "L'Invitation au Voyage" and "Ciel Brouillé."

30. Mme Aglaé-Joséphine Sabatier (born 1822) held a rather famous salon where she received Gautier, Musset, Flaubert, Dumas *père*, and others. Baudelaire, who met her in 1851, through Gautier, loved her secretly and passionately.

31. "Tout Entière," "Que diras-tu ce soir," "Le flambeau vivant," "A celle qui est trop gaie," "Réversibilité," "Confession," "L'Aube Spirituelle," "Harmonie du Soir," "Le Flacon."

GLOSSARY

ACHILLE (Achilles), Greek hero of the *Iliad*
AGAMEMNON, leader of the Greeks against Troy
AGATHE, has not been identified
ALCIBIADE (Alcibiades), 450-404 B.C., Athenian general
ANDROMAQUE (Andromache), wife of Hector
ANTISTHENE (Antisthenes), Athenian philosopher of the fourth century B.C.
ANTONY, character of Dumas *père*
ARIOSTE (Ariosto), 1474-1533, Italian poet
ARISTOPHANE (Aristophanes), Greek dramatist of the fourth century B.C.

BALZAC, 1799-1850, French novelist
BARBEY D'AUREVILLY, 1808-1889, French writer
BARTHELEMY, SAINT, one of the twelve apostles
BIROTTEAU, a Balzac character
BONAPARTE, NAPOLEON I, 1769-1821, emperor of the French
BOSSUET, 1627-1704, French bishop and preacher
BOURDALOUE, 1632-1704, French preacher
BOUSINGOT, a demagogue
BRUMMEL, 1778-1840, English dandy
BYRON, 1788-1824, English poet

CAPOUE (Capua), Italian town
CATILINA, 109-62 B.C., Roman patrician
CATON D'UTIQUE (Cato of Utica), 95-46 B.C., Roman statesman
CESAR (Julius Caesar), 101-44 B.C., Roman emperor
CHARON, mythological boatman in Hades
CHATEAUBRIAND, 1768-1848, French writer
CHRISTOPHE, ERNEST, French sculptor of Baudelaire's time
CIRCE, magician who figures in Homer
CLEOPATRE (Cleopatra), 69-30 B.C., queen of Egypt
CORDELIER, revolutionist of the French Revolution
COROT, 1796-1875, French painter

CUSTINE, 1742-1793, French general
CYTHERE (Cythera), Ionian island

DANTE, 1265-1321, Italian poet
DAUMIER, 1808-1879, French artist
DAVID, 1748-1825, French painter
DELACROIX, 1798-1863, French painter
DELAROCHE, 1797-1856, French painter
DELAVIGNE, 1793-1843, French poet
DIDEROT, 1713-1784, French philosopher
DON JUAN, the legendary Spanish seducer of women
DON LUIS, father of Don Juan in Molière's play
DU CAMP, MAXIME, 1822-1894, French writer

EAQUE, judge in Hades
ELDORADO, a place of fabulous wealth
ELECTRE (Electra), sister of Orestes
ELVIRE, Don Juan's wife in Molière's play
EMON, neighbor of Baudelaire's mother in Honfleur
EREBE (Erebus), a place through which souls passed to Hades

FLAUBERT, 1821-1880, French novelist

GANGES, river in India
GAUTIER, 1811-1872, French poet
GAVARNI, 1804-1866, French artist
GIRODET, 1767-1824, French painter
GLUCK, 1714-1787, German composer
GOYA, 1746-1828, Spanish painter
GRISWOLD, Poe's first biographer
GUERIN, 1774-1823, French painter
GUYS, 1805-1892, French artist

HECTOR, bravest of the Trojans
HELENUS, Trojan soothsayer
HERCULE (Hercules), Greek god
HOMERE (Homer), Greek poet of the ninth century B.C.
HONFLEUR, port city in Normandy
HUGO, 1802-1885, French poet

ICARE (Icarus), son of Daedalus in Greek mythology
ICARIE (Ikaria), Greek Island

JACOBINS, fervent revolutionists of the French Revolution

JEAN-JACQUES, first name of the French writer Rousseau (1712-1778)

JOCRISSE, a traditional character of farces

JUDEE (Judea), name for Palestine

LACEDEMONIAN, SPARTAN; The incident concerns a Spartan boy who stole a fox and hid it under his tunic. When he was intercepted, rather than reveal his guilt he let the animal gnaw at his vitals.

LAMI, 1800-1890, French painter

LAURE (Laura), the woman immortalized by Petrarch

LEBRUN, 1619-1690, French painter

LEMAITRE, FREDERICK, 1800-1876, French actor

LESBOS, Greek island

LISZT, 1811-1886, Hungarian composer and pianist

LOUVRE, museum in Paris, formerly a royal palace

LUCIFER, a name of Satan

MAISTRE, 1753-1821, French philosopher

MANET, 1832-1883, French painter

MATURIN, 1782-1824, Irish writer of Gothic romances

MEDEE (Medea), mythological Greek magician

Melmoth the Wanderer, famous Gothic romance by Maturin

MICHEL (Michael), an archangel

MICHEL-ANGE (Michelangelo), 1475-1564, Italian painter, sculptor

MINOS, king of Crete

MOISE (Moses), Old Testament liberator and legislator

MOLIERE, 1622-1673, French dramatist

OETA, mountain in Greece

OSGOOD, FRANCES, friend of Poe

OSSIAN, legendary Scottish bard of the third century

OURLIAC, French writer of Baudelaire's time

OVIDE (Ovid), Roman poet of the first century

PAN, Greek Dionysian god

PAPHOS, city of Cyprus

PASCAL, 1623-1666, French writer and scientist

PETRARQUE (Petrarch), 1304-1374, Italian poet

PHOEBE, the moon

PHRYNE, Greek courtesan

PLATON (Plato), 429-347 B.C., Greek philosopher
PLAUTUS, Latin playwright of the second century B.C.
PLUVIOSE, fifth month of the Republican calendar
PUGET, 1620-1694, French sculptor
PYLADE (Pylades), friend of Orestes
PYRRHUS, king of Epirus

RACINE, 1639-1699, French dramatist
RAPHAEL, 1483-1520, Italian painter
RASTIGNAC, a Balzac character
REMBRANDT, 1606-1669, Dutch painter
REYNOLDS, 1723-1792, English painter
RHADAMANTE, a judge in Hades
RUBENS, 1577-1640, Flemish painter

SAINTE-BEUVE, 1804-1869, French critic
SAHARA, African desert
SAPPHO, Greek poetess
SENEQUE (Seneca), Latin philosopher of the first century
SGANARELLE, a character in Molière's *Don Juan*
SHAKESPEARE, 1564-1616, English dramatist
SHERIDAN, 1751-1816, English dramatist
SIMOIS, river in Phrygia
SISYPHE (Sisyphus), king of Corinth
STENDHAL, 1783-1842, French writer
STYX, river of the lower world

VAUTRIN, a character in Balzac
VENUS, Greek goddess of love
VERONESE, 1528-1588, Venetian painter
VINCI, LEONARD DE (Leonardo da Vinci), 1452-1519, Florentine
    artist
VIRGILE (Virgil), 71-19 B.C., Latin poet
VOLTAIRE, 1694-1778, French writer

WATTEAU, 1684-1721, French painter and engraver
WEBER, 1786-1826, German composer

SELECTED BIBLIOGRAPHY

WORKS OF BAUDELAIRE

Oeuvres Complètes (Editions de la Pléiade, 1954).
Les Fleurs du Mal, édition critique par Crépet et Blin (Corti, 1950).
Correspondance générale, six volumes (Conard).

BOOKS ON BAUDELAIRE

Bandy, W. T., *Baudelaire Judged By His Contemporaries* (Columbia University Press, 1933).
Blin, Georges, *Le Sadisme de Baudelaire* (Corti, 1948).
Gilman, Margaret, *Baudelaire the Critic* (Columbia University Press, 1943).
Peyre, Henri, *Connaissance de Baudelaire* (Corti, 1951).
Pommier, Jean, *La Mystique de Baudelaire* (Societé d'Edition Les Belles Lettres, 1932).
Sartre, Jean-Paul, *Baudelaire* (Gallimard, 1947).
Starkie, Enid, *Baudelaire* (New Directions, 1958).
Turnell, Martin, *Baudelaire* (London, 1953).

ARTICLES ON BAUDELAIRE

Bandy, W. T., "New light on Baudelaire and Poe," *Yale French Studies*, 1953, No. 10.
Bataille, Georges, "Baudelaire mis à nu," *Critique*, January, 1947.
Fowlie, Wallace, "Baudelaire today," *Poetry*, May, 1953.
———, "The Centenary of Les Fleurs du Mal," *Poetry*, September, 1957.
Galand, René, "Proust et Baudelaire," *Publications of the Modern Language Association*, December, 1950.

A CATALOG OF SELECTED
DOVER BOOKS
IN ALL FIELDS OF INTEREST

A CATALOG OF SELECTED DOVER BOOKS IN ALL FIELDS OF INTEREST

CONCERNING THE SPIRITUAL IN ART, Wassily Kandinsky. Pioneering work by father of abstract art. Thoughts on color theory, nature of art. Analysis of earlier masters. 12 illustrations. 80pp. of text. 5⅜ x 8½. 23411-8

ANIMALS: 1,419 Copyright-Free Illustrations of Mammals, Birds, Fish, Insects, etc., Jim Harter (ed.). Clear wood engravings present, in extremely lifelike poses, over 1,000 species of animals. One of the most extensive pictorial sourcebooks of its kind. Captions. Index. 284pp. 9 x 12. 23766-4

CELTIC ART: The Methods of Construction, George Bain. Simple geometric techniques for making Celtic interlacements, spirals, Kells-type initials, animals, humans, etc. Over 500 illustrations. 160pp. 9 x 12. (Available in U.S. only.) 22923-8

AN ATLAS OF ANATOMY FOR ARTISTS, Fritz Schider. Most thorough reference work on art anatomy in the world. Hundreds of illustrations, including selections from works by Vesalius, Leonardo, Goya, Ingres, Michelangelo, others. 593 illustrations. 192pp. 7⅛ x 10¼. 20241-0

CELTIC HAND STROKE-BY-STROKE (Irish Half-Uncial from "The Book of Kells"): An Arthur Baker Calligraphy Manual, Arthur Baker. Complete guide to creating each letter of the alphabet in distinctive Celtic manner. Covers hand position, strokes, pens, inks, paper, more. Illustrated. 48pp. 8¼ x 11. 24336-2

EASY ORIGAMI, John Montroll. Charming collection of 32 projects (hat, cup, pelican, piano, swan, many more) specially designed for the novice origami hobbyist. Clearly illustrated easy-to-follow instructions insure that even beginning papercrafters will achieve successful results. 48pp. 8¼ x 11. 27298-2

THE COMPLETE BOOK OF BIRDHOUSE CONSTRUCTION FOR WOODWORKERS, Scott D. Campbell. Detailed instructions, illustrations, tables. Also data on bird habitat and instinct patterns. Bibliography. 3 tables. 63 illustrations in 15 figures. 48pp. 5¼ x 8½. 24407-5

BLOOMINGDALE'S ILLUSTRATED 1886 CATALOG: Fashions, Dry Goods and Housewares, Bloomingdale Brothers. Famed merchants' extremely rare catalog depicting about 1,700 products: clothing, housewares, firearms, dry goods, jewelry, more. Invaluable for dating, identifying vintage items. Also, copyright-free graphics for artists, designers. Co-published with Henry Ford Museum & Greenfield Village. 160pp. 8¼ x 11. 25780-0

HISTORIC COSTUME IN PICTURES, Braun & Schneider. Over 1,450 costumed figures in clearly detailed engravings–from dawn of civilization to end of 19th century. Captions. Many folk costumes. 256pp. 8⅜ x 11¾. 23150-X

THE STORY OF THE TITANIC AS TOLD BY ITS SURVIVORS, Jack Winocour (ed.). What it was really like. Panic, despair, shocking inefficiency, and a little heroism. More thrilling than any fictional account. 26 illustrations. 320pp. 5⅜ x 8½.
20610-6

FAIRY AND FOLK TALES OF THE IRISH PEASANTRY, William Butler Yeats (ed.). Treasury of 64 tales from the twilight world of Celtic myth and legend: "The Soul Cages," "The Kildare Pooka," "King O'Toole and his Goose," many more. Introduction and Notes by W. B. Yeats. 352pp. 5⅜ x 8½.
26941-8

BUDDHIST MAHAYANA TEXTS, E. B. Cowell and others (eds.). Superb, accurate translations of basic documents in Mahayana Buddhism, highly important in history of religions. The Buddha-karita of Asvaghosha, Larger Sukhavativyuha, more. 448pp. 5⅜ x 8½.
25552-2

ONE TWO THREE . . . INFINITY: Facts and Speculations of Science, George Gamow. Great physicist's fascinating, readable overview of contemporary science: number theory, relativity, fourth dimension, entropy, genes, atomic structure, much more. 128 illustrations. Index. 352pp. 5⅜ x 8½.
25664-2

EXPERIMENTATION AND MEASUREMENT, W. J. Youden. Introductory manual explains laws of measurement in simple terms and offers tips for achieving accuracy and minimizing errors. Mathematics of measurement, use of instruments, experimenting with machines. 1994 edition. Foreword. Preface. Introduction. Epilogue. Selected Readings. Glossary. Index. Tables and figures. 128pp. 5⅜ x 8½.
40451-X

DALÍ ON MODERN ART: The Cuckolds of Antiquated Modern Art, Salvador Dalí. Influential painter skewers modern art and its practitioners. Outrageous evaluations of Picasso, Cézanne, Turner, more. 15 renderings of paintings discussed. 44 calligraphic decorations by Dalí. 96pp. 5⅜ x 8½. (Available in U.S. only.)
29220-7

ANTIQUE PLAYING CARDS: A Pictorial History, Henry René D'Allemagne. Over 900 elaborate, decorative images from rare playing cards (14th–20th centuries): Bacchus, death, dancing dogs, hunting scenes, royal coats of arms, players cheating, much more. 96pp. 9¼ x 12¼.
29265-7

MAKING FURNITURE MASTERPIECES: 30 Projects with Measured Drawings, Franklin H. Gottshall. Step-by-step instructions, illustrations for constructing handsome, useful pieces, among them a Sheraton desk, Chippendale chair, Spanish desk, Queen Anne table and a William and Mary dressing mirror. 224pp. 8⅛ x 11¼.
29338-6

THE FOSSIL BOOK: A Record of Prehistoric Life, Patricia V. Rich et al. Profusely illustrated definitive guide covers everything from single-celled organisms and dinosaurs to birds and mammals and the interplay between climate and man. Over 1,500 illustrations. 760pp. 7½ x 10¼.
29371-8

Paperbound unless otherwise indicated. Available at your book dealer, online at **www.doverpublications.com**, or by writing to Dept. GI, Dover Publications, Inc., 31 East 2nd Street, Mineola, NY 11501. For current price information or for free catalogues (please indicate field of interest), write to Dover Publications or log on to **www.doverpublications.com** and see every Dover book in print. Dover publishes more than 500 books each year on science, elementary and advanced mathematics, biology, music, art, literary history, social sciences, and other areas.